将军县的红色征程

安徽金寨干部学院
中共金寨县委党史和地方志研究室 编著

国家行政学院出版社
NATIONAL ACADEMY OF GOVERNANCE PRESS
·北京·

图书在版编目（CIP）数据

将军县的红色征程/安徽金寨干部学院，中共金寨县委党史和地方志研究室编著.—北京：国家行政学院出版社，2021.4（2022.11 重印）
ISBN 978-7-5150-2535-3

Ⅰ.①将… Ⅱ.①安… ②中… Ⅲ.①革命史—金寨县—文集
Ⅳ.①K295.44

中国版本图书馆 CIP 数据核字(2022)第 204346 号

书　　名	将军县的红色征程 JIANGJUNXIAN DE HONGSE ZHENGCHENG
作　　者	安徽金寨干部学院　中共金寨县委党史和地方志研究室　编著
责任编辑	陆夏
出版发行	国家行政学院出版社 （北京市海淀区长春桥路 6 号，100089）
综 合 办	(010)68928903
发 行 部	(010)68928866
经　　销	新华书店
印　　刷	北京九州迅驰传媒文化有限公司
版　　次	2021 年 4 月北京第 1 版
印　　次	2022 年 11 月北京第 2 次印刷
开　　本	170 毫米×240 毫米　1/16
印　　张	14.25
字　　数	240 千字
定　　价	45.00 元

本书如有印装问题，可联系调换，联系电话：(010)68929022

本书编委员会（按姓氏笔画排序）

主　编　胡遵远

副主编　马贤钧　乐登高　赵　丕

　　　　胡本昌

成　员　王亚丽　江　敏　李　燕

　　　　李雨迪　李泽波　沈雁明

　　　　姜　茜　郭　庆

序　言

金寨是中国革命的重要策源地、人民军队的重要发源地。土地革命时期，金寨人民在中国共产党的领导下，认真贯彻党的八七会议和六大会议精神，不畏强暴，揭竿而起。1929 年，金寨先后爆发了立夏节起义（也称商南起义）和六霍起义，分别创建了中国工农红军第十一军第三十二师、第三十三师和豫东南、皖西革命根据地。从此，革命的烈火在金寨大地熊熊燃烧，先后有 10 万英雄儿女义无反顾、赴汤蹈火，为中国人民的解放事业前仆后继、英勇奋斗。在这个革命的大熔炉里，锻造出洪学智、皮定均等 59 位开国将军，孕育了“坚贞忠诚、牺牲奉献、一心为民、永跟党走”的大别山精神。金寨人民以大无畏的牺牲精神，为中国人民的解放事业建立了彪炳史册的功勋。

金寨是红一军的主要创建地。1930 年 3 月 18 日，中共中央给鄂豫皖边特委和红三十一师、红三十二师、红三十三师发出指示信，决定将 3 个师合编为中国工农红军第一军。4 月 10 日，中共鄂豫皖边特委书记郭述申在箭厂河主持召开鄂豫皖边特委和红军领导干部会议，宣布成立红一军前敌委员会，讨论通过改编决议。按照中央的指示，红十一军改编为红一军，许继慎任红一军军长，曹大骏任政治委员，徐向前任副军长，熊受暄任政治部主任。随即，红三十一师改编为红一军第一师，徐向前兼师长，戴克敏任政治委员，下辖 5 个大队，共 800 多人。5 月中旬，军长许继慎和政治委员曹大骏率军部在金寨南溪主持会议，将红三十二师改编为红一军第二师，漆德玮任师长、王培吾任政治委员，下辖 4 个团，共 600 多人。另以红三十二师一部与商南地方武装共 300 多人，组建红一军独立旅，廖业麒任旅长。5 月 23 日，红一军前委在金寨流波䃥召开中共六安中心县委和红二师、红三十三师师委联席会议，决定以红二师一部与红三十三师合编为红一军第三师，周维炯任师长、姜镜堂任政治委员、肖方任副师长，下辖 2 个团，共 300 多人。红一军所辖 3 个师，共 2100 多人，直属中央军委指挥。至此，鄂豫皖边区的 3 支红军队伍统一整编完毕。红一军的建立，既有利于提高红军整体作战能力，又有利于集中兵力开展更大规模的革命战争，是党领导鄂豫皖红军走向正规化建设的重要举措。在红一军的组成中，红二师、红三师和独立旅是由金寨子弟兵组成的，约占红一军总人数的 57%，4 位师（旅）长中，金寨籍的有

3 位。

金寨是鄂豫皖革命根据地的中心区，是鄂豫皖革命根据地的主要组成部分。鄂豫皖革命根据地是我们党在土地革命时期创建的第二大革命根据地，它是由鄂豫边、豫东南和皖西三块革命根据地组成的。其中，鄂豫边根据地是由黄麻起义创建的红三十一师建立的，豫东南根据地是由立夏节起义创建的红三十二师建立的，皖西根据地是由六霍起义创建的红三十三师建立的。金寨是豫东南、皖西革命根据地的核心区。1930 年 2 月，中共中央决定将湖北省的黄安、麻城、黄陂、孝感、罗田、应山，河南省的商城、光山、固始、潢川，安徽省的六安、霍山、英山、霍邱、寿县、颍上、合肥等县划为鄂豫皖边特别区。3 月 20 日，鄂豫皖边区党的代表大会在箭厂河召开，成立了中共鄂豫皖边特别委员会，统一领导鄂豫皖边区的革命斗争。6 月下旬，鄂豫皖边区第一次工农兵代表大会在王家湾召开，标志着鄂豫皖革命根据地的正式形成。从此，鄂豫皖边区的革命斗争进入了新的历史阶段。

2020 年，是中国工农红军第一军和鄂豫皖革命根据地创立 90 周年。为总结鄂豫皖革命根据地的建设成就和宝贵经验，追忆红一军的征战历程和光辉业绩，缅怀革命先烈的高贵品质和丰功伟绩，以此为契机充分利用金寨县宝贵的红色文化资源，广泛深入地开展爱国主义教育和革命传统教育，激励广大干部群众“不忘初心、牢记使命”，继承和弘扬革命先辈崇高的革命精神，巩固脱贫成果，致力乡村振兴，把中国特色社会主义伟大事业坚定不移地推向前进。2020 年 2 月根据中共金寨县委、金寨县人民政府的决定，安徽金寨干部学院、中共金寨县委党史和地方志研究室组织发起了“纪念鄂豫皖革命根据地暨红一军创立 90 周年征文活动”。

这次征文活动得到了相关单位领导、专家的高度关注和大力支持。经军事科学院军队政治工作研究院、中共安徽省委党史研究院、安徽省社会主义学院、中共安徽省委党校、大别山干部学院等单位的专家网上匿名评审，现结集成册，公开出版。

这些论文或以客观视角，结合大量史实讴歌鄂豫皖革命根据地及中国工农红军第一军，展示其重要的地位、辉煌的历史、突出的贡献；或就孕育于鄂豫皖地区的大别山精神，结合全面建设小康社会等当前经济社会发展课题进行系统阐述；或着眼鄂豫皖革命根据地的政治、经济、军事、文化等某一方面展开深入论述……涉及主题凸显了鄂豫皖革命根据地和红一军在中国革命史和人民军队建军史上的重要地位、卓越贡献，深化了对金寨“两源两地”理论和大别山精神的研究，对弘扬大别山精神、传承红色基因、助力脱贫攻坚和全面建设小康社会具有积极的促进作用。

由于我们的水平有限，在编写文辑过程中出现的不妥或不当之处，敬请作者和读者谅解。对社会各界长期以来给予金寨的关心和支持表示衷心的感谢！

主编：胡遵远

2020 年 10 月

目　录

第一篇

鄂豫皖苏区反“围剿”中跑反现象研究

一、群众跑反现象

在整个鄂豫皖苏区反“围剿”斗争中，群众参战的热情极高，基本是无役不从，“每逢红军与白军作战的时候，总有成千成万的群众从四面八方帮助红军，防害白军的行动”①；黄陂作战中，附近村落农民蜂起响应，声势浩大；双桥镇战斗中，“四面山上的地方武装和群众，极英勇地逼迫敌人，滔滔然像山岳般向白军压下去，他们再也支持不住了”。② 最为著名的就是黄安战役：“小小黄安，人人好汉；铜锣一响，四十八万；男将打仗，女将送饭。”③ 这首歌谣将鄂豫皖革命群众踊跃参战的景象描述得淋漓尽致。

但在鄂豫皖苏区的反“围剿”作战中，还有一种现象比较突出，就是跑反：根据地很多群众为了躲避国民党军的疯狂“围剿”，牵着牛、挑着担子背井离乡逃难而去，其中相当一部分群众则是无组织地跟着红军部队行动。

群众跑反现象较早的记载可追溯到1929年3月，中共鄂东特委给中共中央的报告中写道：国民党“军队和清乡团——尤其清乡团的横暴，烧杀奸掳，迄未稍减。他们每一行动，都引起所经过的地方的农民的跑反，而且向我们方

① 中国工农红军第四方面军战史编辑委员会：《中国工农红军第四方面军战史资料选编》（鄂豫皖时期·下），解放军出版社1993年版，第148页。

② 中国工农红军第四方面军战史编辑委员会：《中国工农红军第四方面军战史资料选编》（鄂豫皖时期·下），解放军出版社1993年版，第108页。

③ 中国工农红军第四方面军战史编辑委员会：《中国工农红军第四方面军战史》，解放军出版社1989年版，第154页。

向跑”。[①] 在之后国民党军发动的“罗李会剿”“鄂豫会剿”“徐夏会剿”中，根据地十多万群众纷纷跑反，漫山遍野，扶老携幼。由于当时中心根据地不大，周边地形有利，山高林密，因此有助于群众的行动；而且当时的根据地领导人为避免群众遭受损失，也派出部队掩护群众。

1930 年 12 月第一次反“围剿”之初，由于主力红军远离，因此国民党军长驱直入，数万群众跑反，造成了很大的混乱。曾中生在给中共中央的报告中，汇报的反“围剿”作战中第一个严重问题就是跑反问题：“敌人从四面八方包围，加以烧杀奸淫劫掠，色色应有尽有，因此罗山、光山、黄安南部与北部、麻城北部都以数万计的跑反群众，围绕我们的周围”，“惊号哭泣，频频载道，我们与敌人作战时，马头马尾所在皆是”[②]。

在第二次反“围剿”中，就目前资料看，苏区群众跑反较少：北面的国民党“围剿”军主力部队吉鸿昌第三十师虽进占了新集、檀树岗和七里坪，但“他们走的是大路，对着两边山头放放枪、开开炮就算了事，等于在根据地搞了一次‘武装游行’”[③]，随后就退往罗山。南面“进剿”的国民党军受到根据地军民袭扰，亦不敢孤军深入。红军主力部队的“飘忽”战术，亦沉重打击了国民党“围剿”军。随后苏区红军发动四次进攻战役，打破了国民党军第三次“围剿”计划。因为是进攻战役，苏区是一个向外扩张的态势，所以苏区群众受到的影响较小，群众的跑反现象亦极少，突出的是群众积极参军参战支援前线的景象。

跑反情况最为严重的是鄂豫皖苏区第四次反“围剿”时期，这个现象贯穿了反“围剿”的整个过程。在国民党军大举进攻面前，成千上万的苏区群众跟随军队跑反，没有有组织、有计划地全面展开对敌斗争。中共鄂豫皖省委 1933 年 1 月 5 日给中共中央的报告中也说：“在四次反‘围剿’面临失败之时，仍有‘跑反群众数万’跟随红军行动。”[④] 郭述申在《回忆战斗在皖西北的二十七军》一文中也指出：1932 年 10 月 1 日，在英山县金家铺地区，“那里聚集着两万多名地方干部、跑反群众和红军伤病员，他们是跟随红四方面军向鄂东北转移时被敌人堵截下来的”。即是说，这些群众只是跑反的，是被敌人堵截

① 中国工农红军第四方面军战史编辑委员会：《中国工农红军第四方面军战史资料选编》（鄂豫皖时期·上），解放军出版社 1993 年版，第 225 页。

② 中国工农红军第四方面军战史编辑委员会：《中国工农红军第四方面军战史资料选编》（鄂豫皖时期·下），解放军出版社 1993 年版，第 57 页。

③ 《徐向前回忆录》，解放军出版社 2007 年版，第 100 页。

④ 中国工农红军第四方面军战史编辑委员会：《中国工农红军第四方面军战史资料选编》（鄂豫皖时期·下），解放军出版社 1993 年版，第 702 页。

后留下的一小部分。这也反映出第四次反“围剿”中群众跑反的严重程度。

二、党和红军对群众跑反现象的应对措施及其影响

在鄂豫皖苏区反“围剿”之前，即从根据地初建到1930年夏秋之前，群众跑反现象虽然较为严重，但由于当时苏区中心区域较为狭小，红军的数量较少，实力较弱，面对强敌时尚无法抵御其对苏区的侵犯，还无法大量消灭国民党军，因此只能实行游击战争，采取集中作战，分散游击，敌进我退、敌退我进，实行“跑圈”等方式打击敌人。这是一个客观事实。这一时期，群众跑反虽然没有直接参与作战打击敌人，但他们扶老携幼带着粮食、衣物、牲畜向安全地带转移，在客观上达到了坚壁清野的效果，从而为反对国民党军的“清剿”“清乡”发挥了重要作用。

夏斗寅第十三师团长叶蓬在给上司的报告中写道：在黄安、光山等“方圆二百余里，民众完全赤化。小部军队到着境内，则红军、赤卫队与匪民众群起而攻，四面受敌；大部军队到着境内，或略事抵抗，数十里内逃窜一空，粮食、牲畜、衣物一并带走。军队每到一地，宿营无地，采买莫由，问路无人。驻屯，则所守之境土为空地，保护谁来？宣传，则所发之文告为虚纸，警劝谁去？清乡，则无户口可查；自卫，则无人可组；若云自首，其归来者绝无一人”。① 这既是敌人的自供状，也是关于群众跑反对实现坚壁清野所发挥作用的真实写照。

从1930年夏秋开始，随着根据地的发展，也随着国民党军“围剿”规模的不断扩大，红军战略开始由游击战向运动战转变。在这种情形下，群众在战争中更应立足当地，开展群众性的游击战争，使敌人陷入人民战争的海洋而不能自拔。这一时期，中共中央明确指出，农民群众对红军最好的帮助，不是与红军的队伍一齐退，而是能留在当地继续进行反对国民党军队的工作并使它瓦解，如拒绝供给敌人粮食，不替敌人做向导，破坏敌人的交通运输，隐藏我们自己的力量不使敌人知道，为红军做侦探，并在兵士中宣传拥护苏维埃与红军，鼓动士兵倒戈，组织士兵暴动与哗变，等等。但苏区群众从跑反到坚持当地斗争的转变，并没有随着游击战向运动战的转变而完成。在第一次反“围剿”中，由于跑反群众数量众多，且“许多是补充军自己的家室，致补充军的战士多有饮泣而散去照料家室者（黄陂、孝感的补充军跑回去一大半），且这

---

① 中国工农红军第四方面军战史编辑委员会：《中国工农红军第四方面军战史》，解放军出版社1989年版，第53页。

些人都没有饭吃，需要大批粮食救济，所到地区与当地民众又发生冲突（常有影响民众利益）”。[①] 中共鄂豫皖特委在曾中生领导下，针对跑反群众做了大量工作：首先，加强了政治宣传鼓动，指出“跑不是出路，出路只有一致向敌人斗争。老的少的可以做兵运，可以做侦探，可以为红军送饭，可以为赤区做小的生产事宜（打草鞋、砍木子与砍柴等）。健壮的要到红军补充军守备中去参加作战。妇女参加宣传队、洗衣队、侦探队、放哨守队等”[②]。其次，组织管理委员会，由跑反中的同志和群众领袖与所在地的苏维埃负责人组成，加强对跑反群众的组织管理。最后，想方设法解决跑反群众的基本救济，尤其是粮食问题。这些做法，部分解决了群众跑反问题。与此同时，鄂豫皖特委将地方武装组成三路指挥部，统一指挥地方武装和广大群众开展游击战争，从而稳定了局势，既为主力红军回师打破敌人“围剿”赢得了时间，创造了较为有利的作战环境，也为后来第二次反“围剿”时发动和组织群众参加战斗打下了较好的基础。

苏区第二次反“围剿”作战，由于组织比较得力，虽有群众跑反现象，但在党的总体领导下，对国民党军实行了游击战和运动战相结合的作战方式，并取得了较好的效果。粉碎国民党军第三次“围剿”计划的四次进攻作战，由于敌人处于收缩和防御状态，而红军处于扩张和进攻中，因此人民群众积极参与到战争之中，发挥出了人民战争的威力。

在苏区第四次反“围剿”作战中，国民党军重兵压境，边进边“剿”，主力红军则远在麻城地区围城打援。敌人在残酷的“进剿”中实行编组保甲，厉行“连坐法”等反动措施，加强其党政机关和地方反动武装，动员外逃的土豪劣绅回乡执政。一系列倒行逆施使得人神共愤，群众跑反愈演愈烈。徐向前回忆：在第四次反“围剿”中，“相当一部分群众，脱离我们；还有成千上万的群众，只跟着红军‘跑反’，无法形成人民战争的海洋”[③]。郭述申也说：在红四方面军撤离鄂豫皖苏区前后的半个月里，“我们最感棘手的是随军‘跑反’的群众。他们人多，又无组织。部队行动时，他们漫山遍野跟着走，遇到敌人时，又到处乱跑，有时把部队都插乱了。我们几次试图把这些群众组织起来，但由于敌情紧急，同时，这些人从各地聚到一起，互不相识，而且老的老，小的小，组织几次都未奏效。部队只好边作战，边掩护群众，艰难地前进着”。[④]

---

①② 中国工农红军第四方面军战史编辑委员会：《中国工农红军第四方面军战史资料选编》（鄂豫皖时期·下），解放军出版社 1993 年版，第 57 页。

③ 《徐向前回忆录》，解放军出版社 2007 年版，第 151 页。

④ 中国工农红军第四方面军战史编辑委员会：《中国工农红军第四方面军战史资料选编》（鄂豫皖时期·下），解放军出版社 1993 年版，第 750 页。

规模巨大的跑反群众聚集在红军部队的周围，红军的一切隐蔽企图，出其不意对敌发起的伏击、突击、袭击，均存在着极大的败露可能性。敌人只要发现跑反群众的踪迹，就能判断出红军的行动轨迹，顺藤摸瓜追踪到红军。河口之战就是一个明证。1932 年 10 月 9 日，国民党军报告：“各部遵照前令，至 10 时发现龙王山、观音堂一带土民牵牛、挑担者络绎不绝，纷向西北逃窜，并发现散匪向我射击。当今第五旅即向观音堂搜索前进，旋即与匪接触，经我猛烈攻击，匪势不支，纷向西北逃窜。”“此次本师以急进截敌，阻其回窜七里坪老巢，故未待左军齐头，即行拦腰横击，致使匪众无法脱离我之紧迫，不能不向我作困兽之恶斗。”惨烈的河口之战不仅使红军伤亡惨重，而且由于敌人的各路大军云集而来，逼近压迫，从而阻断了红军主力返回根据地。为保存实力，以图发展，鄂豫皖中央分局不得不率红军向外线出击。严重的跑反情况成为第四次反“围剿”失败的重要原因。

三、群众跑反现象探析

从上文来看，群众跑反现象在鄂豫皖革命根据地各个发展阶段均有出现，并在第四次反“围剿”时达到顶峰。我们会问，群众为什么跑反呢？群众跑反现象为什么没有随着根据地的发展和红军的扩大而逐渐减少，反而愈演愈烈，并且影响到反“围剿”的胜利呢？这主要有四点具体原因。

（一）党的领导特别是地方党组织和苏维埃政权建设薄弱

群众的力量在于组织。从鄂豫皖苏区三次反“会剿”到第一次反“围剿”前期，鄂豫皖苏区的地方党组织基本处于分散状态，各地的苏维埃政权建设刚刚起步，红军和地方之间没有形成统一的指挥，发动和组织群众工作非常薄弱。因此在敌人侵入苏区之时，出现了较为严重的跑反现象。

在第一次反“围剿”过程中，新的中共鄂豫皖特委担负起了指挥全苏区军队和地方的责任，在主力红军到外线出击的情况下，组织了三路指挥部，统一领导地方武装和人民群众开展游击战争，与分区“清剿”之敌展开英勇斗争，并取得了一些战果。譬如在这一时期“罗山县城虽为白军困守，但乡村大半已成苏维埃区域，工农组织异常发展与自由，有工会，有光蛋会、农民会、乡农会、贫民妇女协会。农工丁壮，按户编排，各自武装起来，成为赤卫队、游击队，少年组织先锋队，儿童组织童子团。苏维埃区域守卫全由赤卫队担任，游击队则往白军区域游击，少年先锋队则为猛烈宣传苏维埃政权之宣传员”。组织力保障了群众的统一行动，群众跑反情况不但得到缓解，而且成为苏区反

“围剿”作战的重要助力。

1931年5月，刚刚成立的鄂豫皖中央分局根据中共中央指示，在第一次反“围剿”实行的有效措施基础上，制定和完善了加强组织群众的相关政策，并提出群众参加革命战争的基本原则：“第一，要组织群众的游击队、袭击队，同现在的警卫营、少先队等，抄到敌人右侧、左侧、后方、前面散传单，喊口号，打岗哨，设疑兵，插红旗，割断敌人的电话，断绝敌人的交通，封锁敌人的粮食等。第二，担架队、运输队、割麦队、救护队、慰问队，等等，应吸收鼓动所有的群众来参加，要有统一的指挥，要能随时自如地调动。”① 并要求进行筹集粮食、刺探敌情等项工作。这些都对发动广大群众有组织地参加反“围剿”作战起到了重要作用。

既然党和苏维埃政府做了很多工作，为什么在第四次反“围剿”中还出现了规模巨大的群众跑反呢？很重要的原因是苏维埃政权，尤其是苏维埃的基层和中层非常薄弱，担负不起领导和组织群众的责任。而且这个原因主要是错误的肃反政策所造成的。张国焘在鄂豫皖苏区贯彻王明的“左”倾错误，他在给中央的报告中，否定了经过长期革命斗争考验的鄂豫皖地区的党。在这一错误思想指导下，以及宗派主义作祟，张国焘执行了错误的肃反政策，使一大批忠于革命的干部群众被杀害，很多根据地的重要领导干部成为“整肃”的重点：如曾任鄂豫边特委书记的徐朋人、鄂东特委书记王秀松、鄂豫边第一届革命委员会主席曹学楷、黄麻起义的重要领导人戴克敏、六霍起义总指挥舒传贤、罗山起义主要领导人郑新民等均被诬害。他还对包括区级在内的基层干部进行了“肃反”。就黄安仙居区来说，党和苏维埃政府的基层干部包括区委书记在内，一次就有63人被杀。正是这种错误的肃反政策，使多数干部不安于工作，新提拔分子不愿负责，群众中积极分子不愿入党。

很多对创建根据地和红军有着很大功劳，且土生土长熟悉情况、经过长期斗争考验、在群众中享有高度威信的领导人被杀害后，根据地工作受到很大影响，特别是基层组织丧失了旗帜和引路人，缺少了群众能信任的领导人，没有了富有组织能力又敢于担责的重要干部。另外，一些被突击提拔上来的同志缺乏工作的积极性主动性，缺乏经验和威信，面对强敌进攻无法发挥党的领导力、组织力、号召力，不能有效组织群众的对敌斗争。可以说，严重的群众跑反现象是党的政权建设严重弱化的客观反映。

① 中国工农红军第四方面军战史编辑委员会：《中国工农红军第四方面军战史资料选编》（鄂豫皖时期·下），解放军出版社1993年版，第175页。

（二）根据地生产萎缩，经济枯竭，群众生活无着

1930年前后，在根据地发展之时，湖北等地发生严重水灾，人民生产生活受到很大影响。在根据地建设中，党和苏维埃政府进行了土地革命，彻底破坏了地主土地所有制，实行了革命的土地政策。但有些政策本身，或者在执行层面，都有“左”的成分存在，导致了严重后果。鄂豫皖苏区在土地分配过程中，还由于各种原因使许多土地未被分配，很多土地荒芜，未被耕种，农民也因为怕成为富农不敢多种土地。这些政策极不利于团结农村群众的大多数，同时增加了根据地的经济困难，部分造成了粮食困难的结果。虽然在红军第一次反“围剿”前后，经过中共鄂豫皖特委的努力，经济情况一度好转，但随着张国焘大力推行王明“左”倾路线，加紧错误的肃反，以及过“左”的土地政策、工商业政策等，又给根据地建设造成了严重危害。

在根据地的农业生产过程中，由于战争规模的不断扩大，广大群众参军参战的热情不断高涨，因此后方从事生产工作的大部分是青年团员、少先队员、童子团员、青年妇女等。但连年的灾荒，劳动力的不足，生产力的下降，再加上征收捐出的增加，不仅本已贫穷的民众生活难以为继，而且作战中的军粮都很难筹足了。在黄安战役中，为保证战役的粮食，鄂豫皖中央分局发出紧急通知，要求群众送粮，并规定了数目：黄安一千石，麻城六百石，光山一千石，罗山五百石，陂孝北一千石，陂安南一千石，潢川二百石，商光边三百石。整个根据地统一行动起来，就是为了凑足军粮，有的地方群众甚至将麦种拿出来供给军队，困难情形可见一斑。中央分局还把加强春耕、秋收等问题作为主要问题，多次作出专门指示，并要求各机关一天只能吃两顿稀饭等，以节省粮食。种种情况说明，到第四次反“围剿”前夕，根据地的经济已经陷于停顿，生产处于萎缩状态，而且人民生活面临极大困难，甚至已处于饥饿边缘。这种情况下，如在国民党军“围剿”的间歇期，根据地群众的生产生活尚能继续；如在红军的进攻作战中，人民群众勒紧裤腰带忍饥挨饿支援前线亦能心甘情愿，但在国民党大军的重重“围剿”中，根据地受害区域人民群众的生产生活就完全没有了着落。在这种极端压力下，跑反，尤其是跟着红军跑反，成为他们维持生存的一个重要选项。

（三）国民党军队和反动地方武装对根据地人民群众的残酷虐杀，成为群众跑反的重要推手和事态严重的催化剂

土地革命战争时期，农村中无产阶级与地主阶级的矛盾非常尖锐，在鄂豫皖地区阶级斗争更是异常激化。随着土地革命的深入以及鄂豫皖革命根据地和

红军的发展，敌人“围剿”的规模一次比一次扩大，无所不用其极。而在农村失去统治势力的土豪劣绅纠集爪牙，在赤白交界的险要位置安营扎寨，时常抢劫农民的牲畜、粮食等物。国民党军和地方反动武装，对苏区民众的迫害恶毒残忍之极。

1932 年夏秋，国民党军调集 30 余万重兵向鄂豫皖苏区发动第四次“围剿”，并提出“三分军事、七分政治”的反动政策，动员外逃的土豪劣绅回乡执政，故国民党“围剿”军“每至一处，招回豪绅地主，组织后方自卫团、民团、大刀会，敌人利用盐贩侦察及红枪会等为爪牙，并且派员训练与经常帮助。作战前利用民团向苏区骚扰，劫夺粮食，做引导，或游击（这些部队比较强悍且地形熟习）烧杀”。[①] 他们叫嚣要“血洗大别山”，“绝尽根苗”，对苏区实行灭绝人性的烧光、杀光、抢光的“三光”政策。国民党军和地方反动武装所到之处，大批民众倒在血泊中，大批青年妇女被蹂躏贩卖，苏区遍地尸骨累累，凄惨荒凉。敌人对苏区的疯狂进攻和血腥摧残，造成了极大的白色恐怖。万般无奈下的苏区民众，只得带着仅有的粮食衣被，被迫跑反逃生。

（四）苏区群众信任红军，愿意跟着红军进行斗争，同时依靠红军取得最低的生存需要

人民群众对红军的信任源自战争的实践。在鄂豫皖苏区发展过程中，红军从小到大屡克强敌：双桥镇战斗、黄安战役、苏家埠战役、商潢战役、潢光战役、冯寿二战斗等数百次的激烈战斗，红军均以英勇无畏、前仆后继的革命精神，取得了重大胜利。苏区群众基于亲眼所见作出了最基本的判断：红军的挫折是暂时的，胜利一定属于红军。所以，面对国民党军和土豪劣绅的磨刀霍霍，他们坚信只有红军才能保护他们，才能躲避敌人罪恶的践踏，才能保住仅存的一点财产。

苏区群众跟着红军跑反还有一个需求，就是依靠红军来维持最基本的生活。在整个鄂豫皖时期，赤白地区对立情况非常严重。在苏区生产萎缩、经济逐步恶化的情况下，白区的粮食、布匹等物资成为苏区军民的重要补充。所以，在红军深入白区时，很重要的一个任务就是筹集物资。也正因此，红军的队伍中常备有由苏区群众组成的运输队，专门运输战利品，其中很大一部分是粮食物资。在红军的帮助下，苏区群众还组织了割麦队、割谷队，到白区抢割地主富农的粮食。1932 年 7 月，在第四次反“围剿”前，黄安独立师开展仓

① 中国工农红军第四方面军战史编辑委员会：《中国工农红军第四方面军战史资料选编》（鄂豫皖时期·下），解放军出版社 1993 年版，第 716 页。

子埠一带工作时，从苏区动员了500多名民工，把部队没收的粮食和食盐等挑回苏区，供部队食用，同时将其中的部分粮食食盐等分给苏区群众。这样虽然在一定程度上加剧了赤白对立，但毕竟挑回了粮食布匹等急需物资，部分减轻了根据地的经济困难。也因为苏区群众的随军行动起了很大的积极作用，所以为粉碎敌人的第四次"围剿"，中共鄂豫皖省委书记沈泽民在鄂豫皖省委机关报《红旗》上亲自撰写社论，提出"动员几千几万群众参加运输"。

跑反的群众虽然为了基本生存而努力地跟着红军行动，趋利避害也是他们最朴素、最现实的考虑，但在鄂豫皖苏区第四次反"围剿"作战中，群众跑反现象却成为反"围剿"失败的重要因素，且后果极其严重，这个教训却是非常深刻的。

（作者：翟清华）

第二篇

功勋卓著的红军劲旅

——红四方面军由鄂豫皖到川陕的战斗历程与历史贡献

一、红旗漫卷大别山

1927 年冬至 1930 年春两年半的时间，是鄂豫皖边界地区工农红军和革命根据地的创建时期。

第一次国内革命战争失败后，鄂豫皖边界地区的中共党组织坚决贯彻党的八七会议所确定的武装斗争总方针，组织了多次武装起义，率先举起起义旗帜并获得胜利的是黄麻起义。1927 年 10 月中旬，以符向一为书记的中共黄麻特委，组建以潘忠汝为总指挥的黄麻起义指挥部，以大革命时期发展并由黄安（今红安）和麻城两县党组织掌握的农民自卫军为骨干积极进行起义准备。11 月 13 日，起义队伍在广大农民群众配合下，由七里坪向黄安城进发，于 14 日攻占黄安县城。随后，起义队伍 300 余人组成工农革命军鄂东军。在占领黄安县城的 20 余天中，成立黄安县农民政府，击退了反动势力勾结国民党军 400 余人的进犯。12 月上旬，国民党军第十二军教导师以优势兵力突袭黄安，伤亡惨重的鄂东军被迫突围。翌年，起义部队先后被改编为中国工农革命军第七军、中国工农红军第十一军第三十一师，在以湖北黄陂县木兰山和河南光山县柴山保为中心的大别山区开展游击活动，取得多次反“会剿”的胜利，创建了纵横百余里的鄂豫边苏区。由此，在鄂豫皖边界地区出现了第一块红色区域，大别山飘起了革命红旗。

1929 年 5 月和 11 月，中国共产党的地方组织相继在河南省商城和安徽省六安、霍山地区，领导了立夏节起义（商南起义）和六霍起义，分别组建中国工农红军第十一军第三十二师和第三十三师。红三十二师和红三十三师成立后，立即投入紧张的战斗，分别攻占商城和霍山县城，创建了以南溪、吴家店为中心，纵横六七十里的豫东南苏区，以及以金家寨为中心，纵一百八十余里、横约百里的皖西苏区。黄麻、商南和六霍三次规模较大的武装起义创建的三支红军和三块苏区，都成为中国工农红军第四方面军和鄂豫皖苏区的重要来源和组成部分。

鄂豫皖边界地区的三支红军，虽然都按照红十一军番号命名，但没有军部，没有统一指挥，而是分属鄂豫皖三省党组织领导，各自为战。

1930 年 2 月，中共中央政治局常委、中央军委书记周恩来在上海法租界霞飞路的一座二层小楼里召集会议，听取中央派往鄂豫皖边区的巡视员郭述申的汇报，他对鄂豫皖边区的三个苏区和三支红军的情况非常熟悉，此前就曾向中央建议实现党在鄂豫皖边区的集中统一领导。鄂豫皖边区的革命形势发展和出现的新情况，引起了周恩来和中央政治局的高度重视，并很快作出决策：将三块苏区统一起来，建立鄂豫皖苏区；将三支红军队伍合为一体，实行统一指挥。2 月 25 日，中共中央指示鄂、豫两省省委和六安中心县委，将处于鄂豫皖三省边界的黄安、麻城、黄陂、孝感、罗田、黄冈、六安、英山、合肥、霍山、寿县、霍邱、颍上、潢川、固始、商城、光山、息县等 20 余县划为鄂豫皖边特委，成立党的特区委员会。3 月 18 日，中共中央又发出致鄂豫皖边特委和红三十一师、红三十二师、红三十三师的指示信，决定将上述 3 个师集中组成中国工农红军第一军。

1930 年 4 月，中共中央委派的鄂豫皖边区特委书记郭述申、红一军军长许继慎等抵达鄂东，在黄安箭厂河召开军地领导干部会议，正式组成中共鄂豫皖边特委，郭述申、许继慎、何玉琳、王平章、徐朋人等 9 人为执委；组建红一军前委，由担任军长、军政治委员、副军长、政治部主任、各师师长职务的党员和 2 名士兵党员组成，军政委曹大骏任书记。箭厂河会议后，红一军军部随即组成，设政治部、参谋处、军需处、军械局和军医院。原 3 个师改编为红一军第一师、第二师、第三师和独立旅，全军共 2100 余人。6 月下旬，鄂豫皖工农兵第一次代表大会在光山县王大湾举行，成立鄂豫皖边特别区苏维埃政府，甘元景出任政府主席。

红一军的编成、鄂豫皖边特委的成立、鄂豫皖苏区的统一，是鄂豫皖边革命斗争史上的重要事件，以大别山区为中心的土地革命战争由此进入了一个崭新时期。中央军委选派许继慎任红一军军长起到了关键作用，他不仅有很强的组织协调和军事指挥能力，而且有很高的威望和较深的资历。他是黄埔一期学生中的佼佼者，北伐的英雄，而且鄂豫皖红军指挥员中有不少是黄埔军校毕业生（徐向前、姜镜堂、徐百川、周维炯、肖方、张有余等），他们都十分服从许继慎的领导。许继慎到任后，很快就把鄂豫皖边区的 3 支红军统一整编起来，3 支分散的、相对弱小的红军队伍，握成了一只强有力的铁拳。时任红一军副军长兼第一师师长的徐向前回忆说："红一军 3 个师捏拢在一起，许继慎同志立了一大功。"

大别山革命武装的集中和统一，标志着鄂豫皖边革命武装开始由游击部队向正规部队转变，为提高部队战斗力，并由游击战向运动战过渡创造了条件，对当时的革命战争有着极为重要的意义。正如毛泽东指出："兵力集中的积极的理由是集中了才能消灭大一点的敌人，才能占领城镇。消灭了大一点的敌人，占领了城镇，才能发动大范围的群众，建立几个县联在一块的政权。这样才能耸动远近的视听（所谓扩大政治影响），才能促进革命高潮发生实际的效力。"①

红一军成立后不负众望，连战皆捷，打了几场漂亮仗。军部率领第二师、第三师向六安、霍山西部地区之敌进击，1930 年 6 月中旬打下霍山城，歼敌 1700 余人；7 月在狮子坳地区歼唐生智部韩杰旅，解放英山城。7 月下旬，副军长徐向前率第一师乘敌不备，长途奔袭 40 里，一举攻下京汉路上的重要据点——花园，全歼敌钱大钧部教导师第五团，堪称以小代价取得大胜利的典范战例。此战缴获重机枪 8 挺、迫击炮 5 门，第一师装备显著改善，并进行了扩编，组成 2 个步兵团、1 个机炮混成团，鄂豫皖红军第一次有了自己的炮兵。8 月下旬，红一军 3 个师在大悟县四姑墩地区协同作战，歼敌近 3 个团 2000 余人。

6 月到 8 月的几次战斗，红一军歼敌 7000 余人。红一军在战斗中成长壮大，由改编时的 2100 余人发展到 5000 余人。此时，红一军已经具备在一次战斗中歼敌正规军 1～2 个团的能力，战术也由军部成立前的小规模袭击、伏击，发展到主动调动较大股敌人于运动中加以歼灭，例如英山战斗的攻击据点结合打援、花园战斗的清晨突袭、四姑墩战斗的迂回包抄，都是由游击战向运动战发展的体现。此后，红一军南下作战袭占新洲，歼敌第二十六师 2 个团。战果尤为辉煌的是东进皖西的东西香火岭战役，歼敌 4 个团，粉碎了敌军对苏区的第一次"围剿"，堪称鄂豫皖红军由游击战转变为以运动战为主的重要标志。

根据中共中央指示，红一军与活动于蕲春、黄梅、广济地区的红十五军合编为中国工农红军第四军。合编于 1931 年 1 月中旬在麻城福田河完成，此时红一军已经发展到 11000 余人，与红十五军合编后全军 12500 余人，旷继勋任军长，余笃三任政治委员，徐向前任参谋长，曹大骏任政治部主任。

红四军成立后，对周边之敌发起进攻作战。首次有计划地运用"围点打

① 《毛泽东选集》第一卷，人民出版社 1991 年版，第 103 页。

援”战术，在麻城磨角楼战斗中歼敌千余人；首次采用坑道爆破开辟进攻道路，于1931年2月10日攻克拥有坚固高大石砌寨墙的新集城；战绩最辉煌的战斗是双桥镇大捷，全歼敌第三十四师，俘师长岳维竣以下5000余人。

紧接着1931年4月至5月的第二次反“围剿”，红四军避实就虚，集中兵力各个击破，在独山、浒湾、桃花店等战斗中歼敌4000余人，使国民党军对鄂豫皖苏区的“围剿”再次破产。

1931年10月，红二十五军于皖西金寨麻埠成立，军长旷继勋，政治委员王平章。所辖第七十三师是由红四军第十二师师部和3个师各抽调1个团改编而成，后又组建了第七十四师和第七十五师。

1931年11月7日，中国工农红军第四方面军在黄安七里坪宣告成立，下辖红四军和红二十五军，总兵力近3万人。红四军军部改为方面军总部，徐向前任方面军总指挥，陈昌浩任政治委员。红四方面军的成立是鄂豫皖地区革命武装力量发展壮大的重要标志，是继中央苏区建立红一方面军之后组建的又一支集团部队，是我军发展史上一个具有重大意义的事件。

红四方面军成立后，为打破国民党军正在筹划部署的第三次“围剿”，连续发动了黄安、商潢、苏家埠、潢光四次进攻战役，取得辉煌战果。

1931年11月10日，红四方面军集中8个团的兵力采取围城、打援相结合方式，攻克敌重兵设防的黄安城。战役历时43天，歼敌1.5万人，生俘包括敌六十九师师长赵冠英在内的官兵近万名。此役既是红四方面军第一次取得攻下敌整师兵力设防之坚固据点的重大胜利，也是红军战史上唯一有红军飞机参战的战役——中国工农红军装备的第一架飞机“列宁号”飞临黄安上空投掷宣传品和炸弹。

1932年1月19日至2月10日，红四方面军在豫东南发起商潢战役，解放商城和商潢（川）公路沿线广大地区，歼敌5000余人。尤其是豆腐店一战，红四方面军以10个团兵力击溃敌19个团，创造了以少胜多的辉煌战例。

1932年3月21日至5月8日，红四方面军在皖西地区发起苏家埠战役，进一步发挥“围点打援”调动敌人于运动中加以消灭的作战指导思想，歼敌3万余人，生俘敌总指挥厉式鼎（第七师代师长）和5个旅长、12个团长及以下官兵1.8万余人，缴获长短枪1.6万余支，机枪250余挺，山炮、迫击炮44门，电台1部。5月23日，中华苏维埃临时中央政府专门发出“致贺鄂豫皖红四方面军胜利电”，中华苏维埃临时中央政府机关报《红色中华》刊载了贺电内容。歼俘敌和缴获武器数量之多，祝贺规格之高，也是红军战史上前所未有的。

1932年6月12日至16日，红四方面军在潢川、光山地区发起潢光战役，歼敌 8 个团近万人，缴枪 7000 余支，收复了被敌侵占的广大地区并扩大了部分新区。迅速分割包围、各个歼灭敌人是此役的主要特点。

红四方面军 7 个月中连续取得四次战役的胜利，成建制歼灭敌正规部队近 40 个团约 6 万人，使国民党军的第三次“围剿”计划彻底破产。红四方面军愈战愈强，主力部队增至 45000 余人，赤卫军等武装超过 20 万人。鄂豫皖苏区向外猛烈扩张，苏区面积达到 4 万余平方千米，建立了红安、黄冈、赤城、六安、霍山、罗田、广济、舒城等 26 个县级苏维埃政权，人口达 350 万。连战连捷的 4 次战役，开创了鄂豫皖苏区的极盛局面。

鄂豫皖苏区和红军力量的大发展，严重威胁到国民党的核心统治地区——武汉、南京等地，引起其统治集团的恐惧。1932 年 8 月，蒋介石亲自担任鄂豫皖三省“剿匪”总司令，调集 24 个师另 6 个旅共 30 余万兵力，其中包括许多嫡系精锐师团，还有 4 个航空队，采取稳扎稳打、并列推进战术，分三路大军对鄂豫皖苏区发起第四次“围剿”。鄂豫皖中央分局和军委主要领导张国焘等被四次进攻战役的胜利冲昏头脑，没有及早进行反“围剿”准备，而是要求部队继续向敌进攻。在 1932 年 7 月初的夏店会议上，仍拒绝徐向前提出的主力部队停止进攻作战、转入休整等待战机的正确建议，决定南下夺取麻城。红四方面军苦战两个月，在冯寿二、七里坪、扶山寨、西山口、新集、土桥铺等战斗中虽浴血奋战，歼敌万余人，但终未能扭转战局，损失惨重，主力部队仅存 2 万余人，鄂豫皖根据地中心区几乎全部丧失。在优势敌军继续凶猛地围追堵截下，红四方面军丧失了从外线打回根据地的条件，面临生死存亡的大问题，被迫进行战略转移。

二、川陕苏区创伟业

1932 年 10 月 10 日，中央分局和红四方面军在红安县黄柴畈召开紧急会议，决定跳出敌人的包围圈。翌日黄昏，红四方面军主力在四姑墩地区集结挥师西征，越过京汉铁路线，寻找新的立足点。11 月中旬，红四方面军在关乎生死存亡的漫川关战斗中突出重围，尔后翻越秦岭峡谷，北入关中，南进汉中。12 月上旬，红四方面军渡过汉水，摆脱了多路敌军的围追堵截，准备在陕南地区建立根据地。当工作正待全面展开之际，旋闻四川军阀混战，川北敌人兵力空虚，建立根据地的条件比陕南更为有利，于是红四方面军 12 月 12 日决定翻越大巴山，集中力量向四川发展，创建以川北为中心的川陕边革命根据地。在两个月的艰苦战略转移中，红四方面军由鄂东到陕西，再南下川北，转战三千里，迭破重围，歼敌近万，仍然保存了 14400 人的战斗骨干，成为开创新的根据地的坚强力量。

四川自1920年实行“防区制”后，形成军阀割据、四分五裂的局面。第二十四军刘文辉占有成都、川西及西康81个县市，第二十一军刘湘占有重庆及川东27个县市，第二十八军邓锡侯占有川西北16个县市。川北由3个军阀割据，第二十九军田颂尧占有通南巴等26个县，第二十军杨森占有广安、营山、渠县、岳池4个县，第二十三军刘存厚占有达县、宣汉、万源、城口4个县。几个军阀发生多次混战，1932年10月又爆发了刘湘、刘文辉争霸之战，川军大部分集中于成都、内江一带，川北田颂尧防区兵力空虚，成为红四方面军入川的有利条件。

1932年12月15日，红四方面军在钟家沟召开了团以上干部会议，传达和讨论进军川北、创建川陕根据地的方针，决定立即翻越大巴山。从钟家沟翻过主脉山梁线，向南直下通江县的两河口镇是一条山险路隘的小道，为入川捷径，上山70里、山上70里、下山70里。1932年12月17日，红四方面军以第七十三师二一七团为开路先锋团，由师长王树声率领，顶风冒雪，破冰开路，忍受着饥饿和零下三四十度的严寒，经过三天气壮山河的艰难跋涉，终于翻越了冰雪厚1米多的大巴山主脉山梁线。

二一七团抵达大巴山南麓的两河口镇，镇上有川军田颂尧部一个营驻守，这些“双枪兵”根本没有想到红军会从风雪弥漫的大巴山一侧突然出现。红军向毫无防备的川军发起冲击，兵不血刃便拿下了通江县两河口镇。

两天后，红四方面军全部越过大巴山。大别山的红旗，胜利进入川北。英勇不屈的红军劲旅，开始了再创辉煌的川陕根据地时期。

趁川北军阀田颂尧主力因参加“二刘之战”而后方空虚之际，进至苦草坝的红四方面军总部决定兵分三路，迅速向西、东、南三个方向展开进攻，分别夺取通江、南江、巴中。1932年12月25日，红十二师第三十六团一马当先，疾行上百里，突袭川北重镇通江，守敌1个营和1个民团大部分被歼，小部分落荒而逃，通江县城宣告解放。

田颂尧见其防区被红军占领，急调两师兵力反攻通江。红四方面军第十一师、第十二师由通江西进，在鹦哥嘴抢占有利地形迎击。1933年1月4日，红军击退川军的凶猛进攻之后举行反击，歼敌1个多团，俘敌500余人，缴枪千余支。鹦哥嘴战斗被称为红四方面军“入川第一仗”。

红军乘胜前进，1933年1月23日解放巴中，2月1日占领南江县城。红四方面军入川仅一个多月，就解放了通、南、巴三座县城及其大部分地区，歼敌3个团，击溃敌8个团，初步实现了进军川北的战略任务。

红四方面军一进入川北，就积极着手创建根据地的各项工作。解放通江后的第五天，就在通江城成立了川陕省临时革命委员会，作为省苏维埃政府正式成立前当地的最高政权机关。

红四方面军每占领一地，政权组织工作便随之展开。占领通、南、巴后，将通江东北、巴水上游划为赤北县，通江县改为赤江县，通江北部小江河流域和南江东部划为红江县、巴中县、南江县。五个县的苏维埃政府于1933年2月相继成立。随即在通江县城召开了川陕省工农兵第一次代表大会，选举成立了川陕省苏维埃政府，熊国炳任主席。辖红江、赤江、赤北、南江、巴中五县和巴中特别市及陕南特别区（包括镇巴、西乡部分地区），人口100余万，川陕苏区初具规模。

红四方面军入川和川陕苏区建立震动了四川和南京，四川军阀暂时停止混战，第二十九军长田颂尧被蒋介石委任为川陕边"剿匪"督办，1932年2月中旬纠集38个团约6万兵力，对新生的川陕苏区实施三路围攻。在红四方面军通江军事会议上，徐向前总指挥提出采取"收紧阵地、节节防御"的战略方针粉碎敌之围攻。

在第一阶段作战中，红四方面军4个师利用有利地形，分兵固守隘道要口节节抗击，大量消耗敌人，在中魁山、青杠梁等地歼敌8000余人。红军逐步收紧阵地，相继放弃巴中、南江二城，诱敌深入。

3月19日至4月25日为作战第二阶段，战局呈现对峙状态。红军撤至贵民关、观光山、得胜山一线，构筑新的阻击阵地，同时开展战场练兵，筹集粮秣，养精蓄锐，准备再战；川军暂停进攻，就地休整和补充兵力。

4月26日，川军发起第二次猛烈进攻，作战进入第三阶段。方面军各部队依托工事顽强阻击，在杀牛坪、黑岩场等地歼敌数千，尔后主动撤出通江城诱敌再进，收紧阵地至平溪坝、鹰龙山、九子坡一线。担任主攻的左纵队13个团，孤军进至空山坝西南的余家湾、柳林坝一带。

5月15日，集结于方圆不及百里的空山坝地区的红军主力，如同握紧的铁拳狠狠砸向冒险突进的左纵队，第四阶段作战开始。经三昼夜激战，左纵队遭歼灭性打击，全线崩溃。红军乘胜发起追击，连克南江、通江、巴中、江口等地。6月15日，反三路围攻战役胜利结束。此役历时4个月，歼敌2.4万余人，缴获长短枪8000余支、机枪200余挺、迫击炮50余门。

反三路围攻胜利后，川陕苏区和红四方面军都得到很大发展，部队进行了扩编、整训，由入川时的4个师扩编为4个军，共4万余人，战斗力显著增强。

为进一步扩大根据地，红四方面军乘刘湘、刘文辉正在混战，其他军阀实力不足，力图自保，新的围攻尚未准备就绪之机，集中主力，从8月中旬至10

月底主动对敌发起外线进攻，进行了仪南、营渠、宣达三次进攻战役，歼敌2万余人，取得巨大胜利。

仪南战役是为盐巴而战。1933年8月中旬，败退嘉陵江东岸的田颂尧部和川北军阀虽坚守不战，却加紧了对苏区的经济封锁，使苏区盐巴奇缺，200万军民无盐可食。红四方面军决定向仪陇、南部遍布盐井的地区进军。红九军担负主攻方向作战任务。经过10多天战斗，攻克敌军据险顽抗的仪陇城，控制了嘉陵江东岸广大地区，包括广元、昭化、南部等县和陕南宁强县一部，歼敌3000余人，缴枪1000余支。南部等地90余口盐井被红军占领，缴获盐巴10万余斤，随后组织盐井职工继续生产，保证了苏区食盐供应。

1933年9月下旬，红四方面军发起打击杨森部的营渠战役。该敌盘踞的巴中以南多个据点，是红军向外发展的严重障碍。红三十一军4个主力团担任正面突击，红九军第二十五师、红四军第十一师分别为左翼和右翼。三路红军势如破竹，10余天歼灭杨森部第一混成旅大部，第二、第三、第五混成旅各一部，歼敌3000余人，缴长短枪2500余支，解放营山、渠县大部分地区，苏区向南发展百余里。

1933年10月中旬，红四方面军对盘踞宣汉、达县、万源、城口地区之敌刘存厚第二十三军发起进攻。刘存厚是四川老军阀，混战中败于新崛起的刘湘，所部只有2万人。红四方面军集中兵力，分为南、中、北三个突击部队进攻。战役历时11天，解放宣汉、达县、万源三座县城，歼敌6个团，毙、俘敌官兵4000余人，缴获枪8000余支、炮3门、子弹500万发，以及银元百余万、棉布20万匹等大量物资。

红四方面军总指挥徐向前在回忆录中称："当年从刘存厚手里缴获了许多军用物资，什么武器、弹药、银元、布匹，等等，特别是兵工厂，我们靠它自己制造手榴弹、子弹，修理枪械和炮等，对后来反六路围攻刘湘起了很大作用。假如我们没有缴获敌人许多东西来补充自己，没有把刘存厚的兵工厂搬到根据地来，那么打刘湘就势必遇到更大的困难。"

在宣达战役中，由王维舟领导的川东游击军与红四方面军胜利会师，随后改编为红四方面军第三十三军。

三次进攻战役胜利后，红四方面军迅速发展壮大，由入川时的4个师12个团1.5万人，发展到5个军15个师44个团8万余人，红四方面军和川陕苏区进入空前壮大和发展的鼎盛时期。川陕苏区东起城口近郊，西抵嘉陵江沿岸，南起营山、达县，北至陕南镇巴、宁强，纵400余里，横500余里，总面积达42000余平方千米，人口500余万，控制有通江、南江、巴中、仪陇、营山、宣汉、达县、万源等8座县城，建立了23个县、市的革命政权，赤卫军等群众武装20余万人。

毛泽东1934年1月在第二次全国苏维埃代表大会上的讲话中，对红四方面军和川陕苏区给予了高度评价："红四方面军的远征，在遥远的中国西北部，开展了广泛的群众革命斗争，把苏维埃的种子广播到革命形势比较落后的区域中去了。红四方面军的英勇善战，在不足一年之内，已经在二十余县建立了苏维埃政权，已经发展了十倍以上的红军队伍，号召了整个四川的工农劳动群众与白军士兵倾向于苏维埃革命，在中国西北部建立了苏维埃革命新的强有力的根据地。川陕苏区是中华苏维埃共和国的第二个大区域。川陕苏区有地理上、富源上、战略上和社会条件上的许多优势，川陕苏区是扬子江南北两岸和中国南北两部间苏维埃革命发展的桥梁，川陕苏区在争取苏维埃新中国伟大战斗中具有非常巨大的作用和意义。这使蒋介石与四川军阀都不得不在红四方面军伟大的胜利面前发抖起来。"

1933年10月，刘湘被蒋介石任命为四川"剿匪"总司令，纠集全川军阀部队140余团约20万兵力，组成六路围攻军，狂妄宣称"三个月内全部肃清"川陕边区的红军。

红四方面军仍采取"收紧阵地，积极防御"的战略方针，兵力部署分为东、西两线，以东线为重点，历经第一期收紧阵地和马鞍山反击战，第二期收紧阵地和分水岭反击战，以及万源保卫战、东线和西线大反攻，彻底粉碎了刘湘的六路"围攻"。六路"围攻"失败后，刘湘气急败坏，并要跳江自杀，在给蒋介石的电文中称："耗资一千九百万元，官损五千，兵折八万，二十年的精华毁于一旦……请免四川剿匪总司令等兼各职。"

反六路"围攻"，是红四方面军战史上规模最大、持续时间最久、战绩最辉煌的一个战役，整个战役中最关键、具有决定意义的战斗，就是历时20余天、重创围攻苏区的川军主力刘湘部的万源保卫战，这是关系川陕苏区生死存亡的一次决战，为红四方面军转入大反攻创造了条件。

经过10个月的浴血奋战，红四方面军付出2万余人伤亡的代价，终于成功粉碎了敌军的六路"围攻"，总计歼敌8万余人，缴枪3万余支，炮100余门，击落敌机1架。

三、红四方面军的历史贡献

红四方面军在极为艰苦的条件下从鄂豫皖到川陕一路浴血奋战，逐渐发展壮大，为中国革命胜利作出了不可替代、不可磨灭的贡献，并被永载史册。

第一，高举武装反抗国民党反动派旗帜，创建党领导的主力红军。由黄麻起义后70余人的游击队发展为8万余人的正规红军，是全国红军中数量仅少于中央红军的第二大主力，在湘江战役后则是实力最强的红军劲旅。

第二，坚持工农武装割据道路，开辟鄂豫皖和川陕两大革命根据地。这两个根据地都是仅次于中央苏区的重要苏区，都是战略地位极为重要的地区。鄂豫皖苏区位于宁汉之间钳制中原，被国民党视为威胁其统治的心腹大患。川陕苏区的开辟，标志着中国共产党领导的土地革命战争由东南引到了西北，川陕苏区是长江南北两岸苏维埃革命发展的桥梁。两大苏区如同中央苏区一样，也是新中国的摇篮之一，是共和国的初始奠基。

第三，征战九省，歼敌30余万。先后转战湖北、河南、安徽、陕西、四川、青海、甘肃、宁夏等省份，重要战役、战斗150余次，歼敌36.9万余人。红四方面军英勇善战屡胜强敌，打了许多著名的战役，创造了许多光辉的战例，如歼敌3万余人的苏家埠战役，歼敌8万余人的反六路“围攻”战役，作战规模、辉煌战果、战略战术均可被浓墨重彩地书写在红军战史上。

第四，红四方面军在革命战争实践中探索和运用的战略战术，在军队建设实践中积累的丰富经验，部队形成的优良传统和作风，丰富和发展了毛泽东军事思想，是人民军队优良传统和作风的重要组成部分和源头，是我党、我军和中华民族宝贵的精神财富，也为我党、我军培养造就了大批领导骨干。

第五，为红军长征取得胜利发挥了重要作用。中央红军长征进入贵州后，中央军委发电要求红四方面军“钳制四川全部的军队”“向嘉陵江以西进攻”，并以苍溪、阆中、南部之线为主攻方向，以迎接中央红军进入四川。按此电令指示，红四方面军随即展开了一系列战役以迎接中央红军入川：发起强渡嘉陵江、土门战役等作战行动，有力策应了中央红军；两军会师后，为中央红军补充兵员、军需等；过草地后，取得包座之战重大胜利，打开北上通道。另外接应红二方面军，实现红军三大主力胜利会师。

（作者：李俊亭）

第三篇

鄂豫皖革命根据地的群众工作

人民群众是历史的创造者，是社会变革的决定力量，同时也是我们党的胜利之本和力量源泉。鄂豫皖革命根据地党和政府以及在党领导下的中国工农红军，始终践行群众路线，在根据地全方位地开展群众工作，通过团结群众、宣传群众、教育群众、组织群众、扶助群众、武装群众等方式鼓舞民心、凝聚民力，有效地推动了根据地各项建设事业的发展。鄂豫皖革命根据地善于把握群众工作的规律和特点，以积极主动精神谋划和开展群众工作，不断充实群众工作内容，增强群众工作效果，提升群众工作水平，其工作理念、工作方式对在新形势下进一步加强和改进党的群众工作，获得广泛的群众支持和拥护，进一步巩固党的执政地位有着重要的历史和现实意义。

一、鄂豫皖革命根据地群众工作的生动实践

（一）关注民生，始终把群众工作放在第一位

农业人口占鄂豫皖根据地人口的绝大多数，是共产党领导革命战争的主要依靠力量。要想动员广大农民参加革命战争，就必须改善农民的生活，尽力实行有利于改善农民生活状况的政策，这既是争取革命战争胜利的需要，也是广大农民的迫切要求。因此，关注民生、改善群众的生活，是根据地群众工作的重点之一。

在创建和发展鄂豫皖根据地过程中，敌人不断进行军事“会剿”“围剿”，残酷破坏根据地建设。1929 年 6 月至 10 月，省际地方军阀联合，以多于红军数倍或数十倍的兵力，对鄂豫边、豫东南根据地连续进行了三次“会剿”，烧、杀、掳、掠。6 月中旬，敌罗霖独立旅攻入苏维埃中心区域黄安县七里、紫云两区，将“民众粮食搬运一空，房屋烧毁无数”，“老弱被杀者数百人”，10 万多群众不能归家。敌人在三次“会剿”中，不仅残酷破坏根据地，而且将黄

安、麻城、光山、罗山等县的革命区域边界“民众的房屋、柴草、谷米、衣服等烧得干干净净。因此，跑反的革命民众成千上万的不能归家，甚至有五六个月之久的，吃饭、穿衣、居住……都成了严重的问题”。1930 年 8 月，敌人乘红一军第二、第三师西调出击平汉线，皖西根据地武装力量薄弱之机大举进攻，并专门成立纵火、搜山、拉猪、拉牛、拉妇女、掳男子和小孩等反动队伍随军行动，结果“赤区的祠堂庙宇以及群众的住所被烧尽了，鸡、牛、猪、羊以及稻子都被抢完了”，革命中心区域几乎没有人烟。同年冬，敌人开始对鄂豫皖革命根据地实行全国统一组织的“围剿”，1931 年 5 月又进行了第二次“围剿”，每次都使用了 10 个师左右的兵力。每攻入一地，“即抢挑群众的粮食，把吃不完搬不完的粮食倒在粪窖里，或是把马放在麦子、豌豆田里，在田里挖战壕，拖大炮，损坏农具，屠杀农民或压迫出捐出税，致使一些田地粮食不敢回去耕种收割”。因而黄安、麻城、光山、罗山苏区农民没有饭吃，罗山县宣化区群众“甚至于连菜根也找不着”。

针对这一情况，鄂豫皖根据地党政军民在粉碎敌人军事“会剿”“围剿”之后，全力投入恢复生产、发展经济、重建家园中，从而使根据地渡过一道又一道难关，尽力稳定并改善人民的生活，为革命战争提供了较好的群众基础和必要的物质条件。

根据地各级党委和苏维埃政府把农业生产放在经济建设的第一位，采取有力措施持续开展以增产粮食为主的农业生产运动。为解决缺少劳动力的困难，号召广大妇女参加田间生产，少年儿童参加力所能及的生产劳动，鼓励农民以组织生产队、共耕队等形式开展互助，组织机关工作人员在大忙季节尽可能参加生产劳动。一些田地少的区、乡，在基本完成耕种、收割之后，即组织劳动力去帮助田地多的区、乡开展生产。一些地方在自愿互利的前提下，以村为单位组织变工、换工、换耕，实行劳力互助，调剂余缺。各级党政机关工作人员在大忙季节，除不能分身的以外，一律到附近农村参加农业生产。工农红军也利用战斗间隙，帮助农民抢收抢种。

此外，各级苏维埃政府通过财政信贷渠道发放农业贷款，帮助贫苦农民解决耕牛、农具、资金等困难。1932 年春，红山县苏维埃政府贴出布告，号召在敌人“围剿”时逃难的农民回家生产，“贫农、雇农、中农回家，一样分得土地，努力生产者，如果没有耕牛、粮种，可以向工农银行或合作社借款”。鄂豫皖根据地各级苏维埃政府为了扶持农业的恢复和发展，在信贷政策上，“取消一切债务，禁止高利贷，设立银行，以低利或无利借款给农民流通经济”。在税收政策上，1930 年 9 月以前实行征发制，对贫苦农民完全免征。这些经济政策的制定和执行，不仅在生产中帮助农民解决资金缺乏的困难，而且在收获后尽量减轻农民的负担，因而极大地调动了农民的生产积极性，促进了农业生产的迅速恢复和发展。

（二）宣传、动员群众，提高民众思想觉悟

做好群众工作，从根本上讲就是要把党的主张和党的路线、方针、政策宣传到广大人民群众中，并且变为人民群众的自觉行动，同时得到及时的贯彻和落实。毛泽东曾指出："革命战争没有普遍和深入的政治动员，是不能胜利的……动员了老百姓，就造成了陷敌于灭顶之灾的汪洋大海，造成了弥补武装等等缺陷的补救条件，造成了克服一切战争困难的前提。"① 怎样动员群众呢？"靠口说，靠传单布告，靠报纸书册，靠戏剧电影。"鄂豫皖边区的党组织在根据地建设中始终将宣传动员作为群众工作的第一目标，使之成为团结人民、教育人民、打击人民、消灭敌人的有力武器。

1. 创办报刊

鄂豫皖边区的党组织在根据地建设中，将创办报刊列入动员群众的总体规划之中，并提出具体任务、基本要求。1929 年 6 月 9 日，鄂东北各县第二次联席会议在《训练与宣传工作决议案》中决定"宣传刊物定期出刊"，要求"篇幅要短""文字要浅而通俗""内容要切合实际，忌空泛论文"，在党组织、红军、农委会中建立通讯员队伍，将刊物"散发到各地"。1930 年 4 月 1 日，皖西六霍等六县联席会议在《目前工作计划的决议案》中亦决定："出版定期刊物。如政治通讯、小报、小册子、小丛书等分给党员及群众看，提高他们政治水平。"并要求文字"通俗简单明了"，以"引起群众兴趣和注意"。为此，"设立党报委员会"，"负一切编辑出版之责"；"各级党部应指定一个同志为党报通讯员，支部中可由宣传干事兼任，负按期投稿之责"。1931 年 5 月 17 日，中共鄂豫皖中央分局成立第六天，即作出《关于党报问题的决议》，指出："党报乃中央分局之政治领导机关，其中所载论文尤其是社论，随时指出党可采取的策略路线，并加以解释。"因此，应"设立党报委员会和党报编辑部，在中央分局领导之下进行工作，党报委员会负党报政治方面之总责，党报编辑部负经常进行工作之责"。"各级党部的组织须对党报负供给文章及新闻材料的责任，或由各该县区委书记担任供给《列宁报》新闻栏、党的建设栏及苏维埃建设栏的消息和其他稿件。"

随着根据地的发展，报纸刊物不断增多。据不完全统计，到 1932 年春有近 50 种。其中，既有党报党刊，又有苏维埃政府报刊；既有红军报刊，又有

① 《毛泽东选集》第二卷，人民出版社 1991 年版，第 480—481 页。

群众团体报刊；既有时政性报刊，又有专业性报刊。

创办最早的党刊是1927年10月怀宁临时县委（指导潜山等县）开始出版的《新生活》，1928年3月怀宁县委（指导潜山、太湖等县）改出《血光报》。从1928年2月开始，黄（冈）蕲（水）罗（田）特委出版《黄冈通讯》。此后，逐步发展到全根据地党、政、军及群团都积极创办报纸或杂志。1928年11月，中共鄂东特委出版《血潮》，同年12月改为《英特纳雄耐尔》；1928年7月，红十一军第三十一师政治部开始出版《红旗》杂志。1929年9月，中共鄂东北特委开始出版《鄂东北通讯》。1930年3月，中共鄂豫边特委开始出版《我们的路线》。同年春，中共六安中心县委开始出版《红旗报》。

鄂豫皖根据地统一以后，报刊种类增多。1930年冬，中共鄂豫皖临时特委开始出版《列宁周报》。1931年2月，鄂豫皖特委开始出版《党内生活》，鄂豫皖特区苏维埃政府开始出版《工农兵》（5月改为《苏维埃》三日刊），鄂豫皖特区军委政治部开始出版《红色战士》《红军画报》《消息汇报》，红四军开始出版《红军周报》《红军生活》，红四军政治部开始出版《红军党的生活》《兵士运动》。1931年5月，中共鄂豫皖中央分局开始出版《列宁报》（三日刊）、《列宁》（二日刊），共青团鄂豫皖中央分局开始出版《少年先锋》《赤色儿童》，鄂豫皖军委开始出版《红军报》（1932年春改出《红军周刊》）、《战斗报》；同年7月，鄂豫皖特区苏维埃政府开始出版《苏维埃报》；同年冬，鄂豫皖红军后方总医院开始出版《显微镜》，鄂豫皖特区总工会开始出版《工人周报》。1932年1月，中共鄂豫皖省委开始出版《红旗》（二日刊），鄂豫皖省苏维埃文化委员会出版《识字运动特刊》。

被敌人分割在根据地东部的皖西北特区（1931年12月改为道区），其中共皖西北特委于1931年4月成立党报委员会，特委常委、宣传部部长薛英兼任书记，出版《火花》（半月刊，后改为小册子），5月开始出版《红旗报》（三日刊），6月开始出版《党的建设初步》（半月刊）；皖西北特区苏维埃政府亦于1931年5月出版《苏维埃周报》；共青团皖西北特委于1931年4月开始出版《团的建设ABC》（半月刊），7月出版《赤色先锋》；皖西北特委妇女委员会于1931年5月出版《卢森堡》（周刊）。

有条件的县及直属区也积极创办报刊，据现有资料统计，到1931年底已有7个县及直属区编辑出版报纸或杂志，其中以黄安、商城两县种类最多。中共黄安县委于1929年春开始出版《群众》，平均半月一期；1930年出版《战斗》，次年12月停办，1932年初复刊，更名为《红旗》。中共商城县委于1930年1月出版《红日报》、《咆哮》（旬刊），不久《红日报》分为3种：《红日》（五日刊）、《红日》（半月刊）、《红日画报》；共青团商城县委亦于1930年1

月开始出版《少年先锋》《共产儿童》。其他五县及直属区出版的报刊分别是：中共麻城县委于1930年初开始出版《战斗》报；陂孝北县委于1931年7月开始出版《火线》；霍山县委于1931年5月开始出版《雪花报》；霍邱县委于1931年开始出版《红光日报》，共青团霍邱县委同时出版《前进报》；直属皖西北特区的六安县第六区苏维埃政府于1931年出版《鲜花报》。

以上报刊内容的共同特点是结合鄂豫皖根据地的实际，宣传马克思列宁主义，宣传党在土地革命战争时期的纲领路线、方针政策、工作任务和工作方法，传播经验指导革命实践，只是表现形式不同。

各级各地在创办报刊中坚持质量第一。1931年4月，党中央派到鄂豫皖根据地担任中央分局常委、省委书记的沈泽民，在金家寨代表中共皖西北特委编了“《火花》创刊号，作以后编辑党报的榜样”。由于党政军及群团把办好报刊当作一件大事，全党办报，群众办报，因此质量不断提高，如黄安县委机关刊物《群众》，“用民众化的方式编辑，农民颇欢迎，效力很大”，又如皖西北特委机关报“《红旗报》，与中央的《红旗》差不多，少而精致，很能得群众信仰”。

为了充分发挥报刊的作用，各级各地自创办之日起就重视发行工作。中共鄂豫皖中央分局要求“各级同志以阅读党报为其政治任务之一，凡能读党报的同志必须每日阅读，不识字的同志应当组织读报班，党的组织必须在非党员群众中组织读报班，扩大党的影响到群众中去”。由于当时报刊多是钢笔油印，蜡纸不能多印，纸张困难，油墨短缺，故不少报刊“所出份数均不够分配”。

鄂豫皖各级苏维埃政府“奖励书籍著作”，即使是“非苏维埃公民有价值的著作”，经“审查许可发行者”也“予以独立发行出版的便利”。鄂豫皖特区苏维埃政府及皖西北特区苏维埃政府的文化（文教）委员会国家出版科，分别领导所属的石印厂、石印公司、印刷厂，在保质保量按时完成出版发行各级各类学校的教科书和工农识字课本的前提下，积极出版发行其他图书，如《什么是共产主义》《唯物史观浅说》《鄂豫皖革命歌曲集》《加入红军歌集》等，把有限的人力、物力、财力用到出版好的图书品种上。此外，“印刷机关”还将“印标语、宣言和报纸等到处张贴，虽是山冲小道，也贴得花花绿绿”。书报刊的宣传工作与当地的政治、经济、军事、文化斗争紧密联系着，其内容广泛而全面。

2. 成立社会文化团体

战争的首要任务是战胜敌人，“为战争服务，为前线服务，为战斗部队服务”就成了文化团体和文艺工作的基本口号。文化团体的基本任务就是动员群众，鼓舞士气。凡属于组织群众抗敌协会、组织民兵自卫队、筹粮筹款、动员参军、组织运输、抬担架、送伤员、押俘虏等，都是文化团体的工作，只不过唱歌、演戏，运用文艺宣传鼓动群众和打击敌人是为战争服务的主要手段。

鄂豫皖革命根据地的文化团体主要包括新剧团、文艺宣传队、俱乐部等类型。新剧团由爱好文艺的工农群众和革命知识分子组成，多为各级俱乐部的主要组成部分，县以上为专业的，区、镇为业余的，表演形式包括戏剧、歌舞、曲艺等。各剧团演出的剧目大多是围绕党的中心任务自编自导的，即使是上演三省边区流行的楚剧、汉剧、倒七戏（即今庐剧）和花鼓戏、采茶戏（后统名为黄梅戏）等，也被用来表演革命内容。例如1932年1月，为庆祝商（城）潢（川）战役胜利，皖西北特区苏维埃新剧团和赤城（商城此时改名赤城）红日新剧团联合在赤城县城连演十几台戏，轰动了全城及周围地区。这些戏剧的演出，对教育民众、动员民众、组织民众起到了积极的推动作用。

文艺宣传队是精干的群众性文化团体，每队多则十几人、少则三五人，宣传形式多样，主要有：政治演讲、教唱歌曲、表演节目、张贴标语、散发传单、火线喊话等。为纪念五卅运动六周年，中共鄂豫皖中央分局要求各地“立即组织宣传队，根据宣传大纲以村为单位，向群众宣传”。各乡苏维埃、群众团体和赤卫军普遍组织了经常的宣传队。“宣传队是不必脱离生产，有事起来宣传，无事去生产。”无论临时性的或经常性的宣传队，都很有活动能力，成为宣传教育群众的骨干力量。

随着根据地的创立和发展，根据地逐步在乡以上各级党政军机关所在地和工会学校、医院等设立俱乐部和列宁室。俱乐部的活动内容包括定期组织演讲会，组织识字班，组织唱歌、跳舞、演戏，慰问红军和伤病员，以及检查卫生、美化环境等。列宁室备有图书、报纸、杂志，进行识字、读报、时事讲座、卫生讲座，举办歌咏、游戏等活动。

工农演讲所是教育群众的场所。鄂豫皖区文化教育委员会通知规定，每所列宁初级小学和各机关应在驻地尽可能设立通俗演讲所，各县文化委员会应按期编写通俗演讲大纲，供给演讲人材料。各演讲所以反帝反封建为演讲的中心内容，联系当时实际进行形势与任务、政策与措施教育。各县训练大批演讲员，并被分配到各地参加演讲。工农演讲所的日常事务由当地文化委员会承担，并对如何发动群众参加演讲、如何改变呆板的演讲方式、如何联系实际准备好演讲材料等作了明确规定。

3. 开展文艺创作

鄂豫皖边区的党组织为了繁荣文学艺术创作，组织庞大的革命知识分子与工农兵群众相结合的创作队伍，不断以优秀的作品和群众喜爱的艺术形式宣传党的理论、路线和政策，歌颂当地反帝反封建斗争的英雄事迹，提高广大群众的斗争热情和胜利信心，促进人民内部的团结，同心同德和共同的敌人作斗争。

随着武装斗争的胜利发展，革命根据地的创立、巩固与扩大，土地革命的逐步进行，大大激发工农兵群众的创作热情。他们在党的积极引导下，以当地发生的重要事件为内容，运用歌曲等艺术形式进行创作，密切配合党的中心任务。从已征集到的千余首革命歌谣的内容来看，包括武装斗争、土地革命和根据地建设各个方面，几乎大事都有歌。这些民歌民谣从政治、军事、经济各个方面反映了根据地火红的生活、惊天动地的变革，表达了劳动人民的革命激情和必胜信念，鼓舞人民为美好的未来英勇斗争。

（三）组织群众，建立各类群众团体，凝聚人民力量

建立各种群众组织，充分发挥人民群众在战争中的作用，是巩固和发展根据地，取得革命战争胜利的一项重要任务。毛泽东曾指出："无论是工人、农民、青年、妇女、儿童、商人、自由职业者，都要依据他们的政治觉悟和斗争情绪提高的程度，将其组织在各种必要的抗日团体之内，并逐渐地发展这些团体。"① 鄂豫皖革命根据地非常重视群众团体的建设工作，把千千万万群众团结在党的周围，发展革命战争，进行土地革命和根据地建设。

农民协会（鄂豫皖边区于 1928 年改名为农民委员会）既是农民群众的战斗组织，也是教育农民、领导经济与政治斗争的指挥部。凡雇农、佃农、半自耕农、自耕农、农村中之手工业者，不论男女，不分民族，年满 16 岁，要求入会者，经自愿申请，三名会员介绍，所在乡农协执委会通过，即成为会员。鄂豫皖边区各级党的组织把整顿、恢复和发展农民协会作为发动武装起义、创立农村根据地的主要依靠。在一些新组建农民协会的地方，还根据当地农民的觉悟程度，先组织农民易于接受的兄弟会、姊妹会、穷人会、把子会和劳农联盟等，然后逐步统一转为农民协会，成为农民革命的领导机关。到 1929 年秋，黄安县已有区农委 4 个，乡农委各乡皆已成立，赤色区域内的农民全部加入农委，共计 10 万余人；光山县有区农委 3 个，会员 4 万余人；黄陂县农委会员有 5000 余人；罗山县农委会员有五六千人；商城县农委会员有几千人。同年冬，六安、霍山两县农委会员共约 5 万人。六霍县成立的县农委会共有会员 1530 人。

妇女会是劳动妇女的群众性组织。妇女工作的中心任务是组织广大妇女参加土地革命，拥军优属，支援前线。1931 年 5 月以后，以乡为单位成立妇女生

① 《毛泽东选集》第二卷，人民出版社 1991 年版，第 424 页。

活改善委员会，各村有组织员并将青年、成年人合在一起划分小组。

能否将占人口半数的广大妇女发动与组织起来，关系到能否全面发动与组织群众的大问题。鄂豫皖边区各地党组织经过努力，使广大妇女不仅分别参加了所在乡村的妇女会，而且按各自的年龄、职业和志愿等分别参加了共青团、少先队、工会、农协、反帝大同盟等组织。1931 年5 月以后，各乡妇女生活改善委员会亦普遍成立。为了更好地指导妇女工作，各级党委成立妇女委员会或妇女部。1930 年 11 月成立鄂豫皖特区妇女委员会，1932 年 1 月改为鄂豫皖省妇女委员会，指导1929 年10 月成立的中共六安中心县委妇女部（1931 年1 月改建为皖西分特临委妇委会，5 月改建为皖西北特委妇委会）和鄂豫边 12 个县（市）妇委会，即：1929 年 8 月及此后成立的光山麻城县妇委会，1930 年先后成立的广济、黄梅、罗山、黄陂县妇委会，1931 年先后成立的新集市、陂孝北、黄冈、潢川县妇委会，1932 年 1 月成立的红安、河口县妇委会。其中，六安中心县委妇女部和后来皖西北特委妇委会指导 10 个县（区）妇委会，即：1929 年 7 月成立的商城县妇委会，1930 年先后成立的英山、宿松县及英（山）罗（田）边区妇委会，1931 年先后成立的五县边区和六安、霍山、霍邱、固始县妇委会，1932 年8 月成立的赤南县妇委会。鄂豫皖根据地的广大劳动妇女不仅“参加一切群众的团体及武装的组织”，而且“自动地组织了洗衣队、做鞋队，替红军洗衣做鞋；组织运输队，替红军搬运物件；组织慰劳队去慰问红军；组织看护队，来看护受伤的红军士兵”，还组织守岗队、放哨队、侦探队等。美国进步作家艾格尼丝·史沫特莱在《中国的战歌》中写道：“非常奇怪，这些中华苏维埃的妇女多数不能读书、写字，但是对资本主义和世界大事却了解得一清二楚，在集会上也很善辞令。”广大妇女采取各种方式支援红军和游击队、便衣队开展游击战，涌现出许许多多可歌可泣的事迹。

此外，鄂豫皖革命根据地还先后成立了儿童团、赤色学生联合会、革命互济会、济难会、雇农工会、贫农团等群众性组织。这些群众团体在群众工作的开展中发挥了重要的作用。

（四）武装群众，发展群众武装力量

鄂豫皖边区的党组织大力开展武装群众工作，把组织游击队、赤卫队、特务队、武装小组、钢枪队、别动队等作为群众工作中的首要工作和主要任务之一。确立了以工农为骨干的建军路线，主力红军、地方武装、群众武装三结合的武装力量体制。第一支主力红军诞生后，各地党组织根据当地斗争的需要先后组建了游击队、特务队等地方武装和赤卫队、纠察队等群众武装。黄安、麻城两县于红三十一师诞生的当月即分别组建了赤卫队，在此前后又分别成立了

特务队。1929 年 5 月孝感县成立特务队，8 月罗山县成立游击队，10 月光山县成立赤卫总队。至此，在鄂豫边区形成了主力红军、地方武装、群众武装三结合的武装力量体制的雏形。

在皖西地区，各级党组织挑选共产党员和农协积极分子组成武装小组、钢枪队、别动队，同时大力开展士兵运动夺取敌人的武装。从 1929 年 5 月开始，以这些武装为骨干爆发了大规模的六霍起义，胜利后成立了六霍军委特务队和六安县六区、三区、四区、霍山县西镇游击队及赤卫队。1930 年 1 月，将六安三区、霍山西镇两支游击队改编为安徽红军第一、第二游击纵队，不日又与六安六区游击队合编为红三十三师。此后，上述三个区、镇又重建了游击队或警备队，并成立了霍山县游击队。六安县第六区共有 6.3 万人，其中赤卫队常备队 6500 余人、预备队 2 万人，半军事化的少先队 1700 余人，共计 28200 余人，占总人口的 44% 多，另外还有 60 人的游击大队。

在鄂东地区，1927 年 10 月成立黄梅县农民革命军、农军游击队。1928 年 3 月成立广济县观音寨游击队。1929 年 9 月成立鄂东游击队，11 月成立广济县游击大队。1930 年 4 月成立黄梅县特务队、蕲春县游击大队，5 月鄂东游击队扩编为游击大队，6 月改编为红八军第四纵队，7 月成立红八军第五纵队，9 月成立蕲春县赤卫队指挥部和第九游击大队，10 月不仅将红八军第四、第五纵队和皖西红独立第一师第五团合编为红十五军，成为蕲黄广地区的主力红军，还成立了黄梅县赤卫队总部。

边区党组织在土地革命战争时期创建的革命武装，由小到大、由弱到强。既在组织发展群众武装的基础上组建地方武装，又在地方武装的基础上组建红军和红军兵团。同时，随着根据地的扩大，行政区划的调整，相应的党的领导机关的建立并组建地方武装和群众武装，在地方武装编入主力红军后，即从群众武装中吸取精华进行重建，使主力红军的作战与人民群众的游击战争结合起来。鄂豫皖边根据地在第一次反“围剿”中，直接同敌人作战的群众武装约有 2 万人。

二、鄂豫皖革命根据地群众工作的现实启示

历史证明，群众工作是根据地各项建设事业最根本、最基础性的工作。正是根据地党和政府开展了扎实有效的群众工作，才赢得了民心，巩固了革命根据地，取得了革命战争的最后胜利。鄂豫皖革命根据地的群众工作实践给我们留下了许多有益的启示。

（一）人民群众是我们党革命事业的胜利之本和力量源泉

鄂豫皖革命根据地的创建和发展离不开人民群众的广泛支持和拥护，人民群众是党和政府依靠的主要力量，从根本上讲，“革命战争是群众的战争”，正如毛泽东所指出的“战争的伟力之最深厚的根源，存在于民众之中”①。人民群众是革命战争的主体，而组织起来的群众能发挥巨大的革命力量。鄂豫皖革命根据地的党政军积极发展各类群众组织，广泛深入地发动群众，组织他们成立民众团体，如组织农民协会、青年协进会、学生联合会、妇女协会、红枪会、总工会、农民自卫团等，这些群众组织在中共组织的领导和影响下，不仅成为大革命的强大力量，而且为后来的土地革命战争奠定了雄厚的群众根基。1925 年五卅运动爆发后，鄂豫皖边区掀起了以工人为主体的反帝爱国群众运动新高潮。各地中共组织和共青团组织积极领导成立沪案后援会，组织城镇工人、学生及市民集会游行，罢工、罢课、罢市，通电声援，募捐支援。鄂豫皖边区随着各地农民协会的发展壮大，掀起了农民运动的新高潮。农民协会领导广大农民群众向土豪劣绅和贪官污吏展开了经济、政治斗争，清算积谷、公款，实行减租减息，取消粮食投机，抗租、抗息、抗粮、抗捐、抗债并用武力向地主“借粮”。对罪恶较轻的土豪劣绅处以罚款，开斗争会，游乡示众，或令其立字悔过；对罪大恶极或胆敢向农民反扑的土豪劣绅则关进监狱，或召开群众大会公审处决，并没收其财产。每场斗争都有数千或逾万农民群众参加。农民协会在开展“五抗”斗争中，还领导农民群众搜查、焚烧了许多地主的账簿和契约，召开群众大会，当着地主的面宣布取消一切债务，废除所有租课，地主不得以任何借口辞佃，并提出谁种的田收获归谁和“耕地农有”的要求。1927 年春，鄂豫皖边区广大农村掀起了一场以镇压土豪劣绅为中心迅猛异常的革命大风暴，把地主政权和地主武装打得落花流水。农民协会成为农村唯一的权力机关，真正做到“一切权力归农会”，使人民群众有了自由，尝到了当家作主的甜头，并为后来在土地革命中建立乡村苏维埃政权摸索了经验。

鄂豫皖革命根据地创建和发展的历史充分证明，人民群众是党和政府以及军队生存的基础、行动的靠山、力量的源泉。放手发动最广大的人民群众，打一场人民战争，这是革命战争取得最后胜利的根本原因。在新的历史时期，我们仍要发扬华中抗日根据地密切联系群众的优良传统和作风，坚持相信群众，依靠群众，时时想群众所想，急群众所急，多为群众办好事、办实事。树立牢

① 《毛泽东选集》第二卷，人民出版社 1991 年版，第 513 页。

固的群众观，创新群众工作的方式方法，加强党员干部与人民群众的有效互动，以“为民、务实、清廉”的优良作风投身于群众之中，自觉接受群众监督，以赢得群众的信任与支持。

（二）以维护群众的根本利益作为全部工作的出发点和落脚点

鄂豫皖根据地党政军坚持一心为民，一切为了群众，为了群众的一切，关心群众生活，注意工作方法，把党的宗旨和群众路线成功运用到伟大的实践中，成功塑造了党政军的良好形象，全面开创了党群融合、军民团结的良好局面，彰显了鄂豫皖革命根据地党和政府以及人民军队一心为民的鲜明特点。

鄂豫皖地区在广泛开展群众工作中，秉承“一心为民”的宗旨，真心实意为群众谋利益。党和边区政府从根本上保障群众的各项权利，而且最大限度地发动群众开展减租减息、发展生产、文化教育、社会事业等各方面建设，取得各项事业的蓬勃发展，同时还从群众的日常生活小事人手，把它列入重要议事日程，予以讨论、予以解决。广大干部更是深入贫民中调查研究，访贫问苦，真心实意为群众解决柴米油盐、修桥铺路等一切实际困难，赢得了群众的交口称赞和真心拥戴。

中共鄂豫皖中央分局要求“每个乡苏维埃负责动员农人，将有余力的牛组织成耕队，有组织的到别的乡去帮助春耕，首先就要帮助红军家属”；号召农民“惜秧如惜米”，要把“多余的秧统统交给苏维埃政府，由粮食委员会转送给缺秧的地方去插田”；各县、区委和县、区苏维埃政府共同“动员多余的县区耕牛、秧种去帮助缺乏的县区”。各级苏维埃政府粮食委员会不仅设立粮食储藏所、运输栈和调查统计科，而且设立种子储藏所，按季收购、储藏良种，以备播种之用。各级苏维埃政府土地委员会的水利局，负责修塘、筑埂、挖沟、开河、便利灌溉等事项。在苏维埃政府的领导下，发动农民及时修复被敌人破坏的或山洪冲毁的水塘、水渠、田地，并兴修了大量的水利工程。1931 年夏季一度干旱，霍邱县苏维埃政府组织第二区（马道区）的赤卫军和群众，在叶家集以南的史河中筑坝拦水抗旱，红十二师特派 1 个营支援。2000 多人奋战 7 昼夜，筑起一条从四里店斜向小河洲子长达 1500 米的大坝，将史河拦腰切断，同时加高了南桥河、马道河的堤埂，还挖了一条 3 里长的渠道引水灌溉。尽管当地有 70 多天未下雨，但 4 万多亩农田免遭旱灾，获得丰收。群众歌颂：“打起红军坝，旱魔踩脚下，抗旱夺丰收，人民威力大。”动员和组织起来的人民群众能够自觉地在党的领导下为扩大人民武装、创立根据地而斗争。

在新的形势下，虽然环境和条件发生了变化，但是党的群众工作的优良传统没有变，坚持党的群众路线，进一步做好群众工作依然是我们党各级领导干部一项最基本的职责。只有相信群众、动员群众、依靠群众，维护好、实现好最广大人民的根本利益，才能完成我们肩负的历史使命。新形势下，要坚持党的群众路线，进一步做好群众工作，就必须大力发扬一心为民的优良传统，牢固树立群众观点，建立完善直接联系群众机制，多为群众办实事，时刻把群众的冷暖放在心上，做人民群众的知心人、贴心人，维护好、实现好人民群众的根本利益，努力塑造立党为公、执政为民的良好形象，充分集聚民心民力，奋力推进经济社会发展，加快全面建成小康社会进程。

（三）把“从群众中来，到群众中去”贯穿于群众工作的始终

做好群众工作必须要有正确的群众路线作保证，只有正确的群众组织路线，才能有效发动和领导群众实行政治路线，毛泽东在为中共中央写的《关于领导方法的若干问题的决定》中强调：“从群众中集中起来又到群众中坚持下去，以形成正确的领导意见，这是最基本的领导方法。”① 在《论联合政府》报告中，毛泽东再次指出：“凡属正确的任务、政策和工作作风，都是和当时当地的群众要求相适应，都是联系群众的；凡是错误的任务、政策和工作作风，都是和当时当地的群众要求不相适合，都是脱离群众的。”② 鄂豫皖革命根据地在领导开展群众工作中，深入调查、研究摸索，根据各个时期的形势、任务和群众的自身要求，把中央的路线、方针、政策同根据地的具体实际相结合，使具体政策在原则上既不与中央的方针相冲突，又适合当时、当地情况及人民群众的要求。同时，在实践中不断充实完善中共的政策，改善领导方式，使中共的政策成为革命战斗的思想武器，并转化为强大的物质力量。因而，使群众工作即使在极其困难的条件下也能持续不断地深入发展。在开展群众工作中，各地党和政府多次要求各级干部必须从群众利益出发，走群众路线，一切简单的行政方式、强迫命令、包办代替的作风都必须根除。提出领导干部亲自动手，有重点地组织群众斗争，解决问题，吸收具体经验，采取各种方式推动群众工作的开展。鄂豫皖革命根据地群众工作的经验告诉我们：只有采用群众路线的工作方法，才能发动和组织农民形成大规模的群众运动。根据地党政军始终注意坚持群众路线，密切联系群众，发挥党的优良传统和政治优势，使之成为不断取得新胜利的重要法宝。

党的十九大提出“加强新形势下党的执政能力建设，保持党同人民群众的

---

① 《毛泽东选集》第三卷，人民出版社 1991 年版，第 900 页。
② 《毛泽东选集》第三卷，人民出版社 1991 年版，第 1095 页。

血肉联系”，这是党的建设的重中之重。它标志着我们党在密切联系群众方面更加成熟。因此，我们要以高度的政治自觉，按照党中央的要求及党的十九大精神，切实转变一切脱离群众的不良作风，努力加强党同人民群众的血肉联系，使我们党永远生机勃勃，具有无坚不摧的力量。

（作者：周平）

第四篇

徐向前对鄂豫皖革命根据地的历史贡献

徐向前作为革命家，具有坚定的马克思主义理想信念，在大革命处于困难危机的时刻，正确地判断革命形势，选择了适合中国革命的道路；作为军事家，他有一套行之有效的战略战术思想体系，带领部队不断取得武装斗争的胜利；作为鄂豫皖根据地主要领导人之一，他积累了丰富的创建苏维埃政权的经验，成功领导苏区各项建设事业蓬勃发展。

一、徐向前为坚定革命目标、凝聚革命力量作出重要贡献

1927年3月，在国民党右派发动反革命政变，大肆镇压、逮捕和屠杀共产党员之际，徐向前毅然加入中国共产党，宣誓要为共产主义奋斗终身，为共产主义流尽最后一滴血。1929年，徐向前受党中央和中央军委派遣来到鄂豫皖后，将鄂豫皖苏区的命运与革命形势紧密相连，把各种进步力量凝聚成一股革命洪流，为苏区的全面建设打下了坚实的基础。

（一）坚持党对军队的绝对领导，强调用无产阶级的革命理想和革命精神教育部队

徐向前曾就读于黄埔军校，对于军事工作驾轻就熟，对于在军队中开展党的工作也有着丰富的经验。早在广州起义时，徐向前就担任红四师第十团党代表，对如何应对革命斗争的复杂性、艰巨性和长期性问题，有一定程度的考量和准备。1929年5月，当徐向前与中央负责同志会面陈述意见时，要求“党中央再派他去搞军事工作”①。6月，徐向前作为军事干部被中央军委派至鄂东

① 本书编写组：《徐向前传》，当代中国出版社2015年版，第48页。

北担任红三十一师副师长。由于师长吴光浩已经牺牲，徐向前名义上是红三十一师副师长，实则负责全师的领导工作。11 月，中共鄂豫边第一次党代表大会在光山南部胡子石举行，大会根据党中央指示，选举徐朋人、徐向前等 14 人组成中共鄂豫边特别区委员会，徐向前负责兵运工作。12 月，在光山南部的吴家村召开了鄂豫边第一次工农兵代表大会。大会选举曹学楷、徐向前等 22 人组成边区最高的政治机关——革命委员会，徐向前当选为军事委员会主席。①两次代表大会，标志着鄂豫边革命根据地正式形成。1930 年春，鄂豫皖边特委成立，鄂豫皖革命根据地正式形成。

徐向前始终坚信“黑暗是暂时的，黎明终归会到来，革命一定会胜利”②。到鄂豫皖边区后，徐向前也将这种坚定的信念更深地植入根据地的干部和队伍之中。他认为新创建的人民军队只有在党的领导下，才能区别于一切旧式武装力量，才能夺取革命战争的胜利。中共鄂豫边召开第一次党代表大会时，徐向前就在《军事问题决议案》中指出：红军是执行党的任务的武装集团，其主要任务是发动和帮助白色区域内的民众的各种斗争；坚决实行土地革命；夺取反动武装；保障和扩大苏维埃区域。红军的军事指挥、组织和军事行动，都在革命委员会领导之下，“高级政治指导员非同志（同志是当时对党员的代称）不能充当”③。他把树立党的观念、建立党的各级组织、健全政治委员（党代表）制度和政治工作制度、坚持党委集体领导下的首长分工负责制、积极发挥各级党组织的核心领导作用作为加强部队建设的首要环节。徐向前要求党的工作者必须把提高政治觉悟作为首要任务，让官兵明白为谁当兵、为谁打仗，以此确保工农红军具有无坚不摧的强大战斗力。

（二）坚持正确的政治路线，在复杂的斗争实践中保持清醒的头脑

在先后经历了广州起义和东江游击战争后，徐向前深刻认识到无产阶级的军事斗争，离不开正确的政治路线和策略的指导。统一的思想和政治路线，能使官兵在复杂的斗争实践中保持清醒的头脑，坚持正确的政治方向。

1930 年 5 月，掌握中央实权的李立三不切实际地判断中国革命的高潮已经来临，错误地制订了一个以武汉为中心的全国总暴动和集中全国红军进攻中心城市的冒险计划，提出“会师武汉、饮马长江”的革命目标。受“立三路线”的影响，鄂豫皖根据地的红军离开根据地去执行“切断平汉路，以进逼武汉，

---

① 本书编写组：《徐向前传》，当代中国出版社 2015 年版，第 53 页。

② 本书编写组：《徐向前传》，当代中国出版社 2015 年版，第 46 页。

③ 《徐向前军事文选》，解放军出版社 1993 年版，第 3 页。

并准备联合红二军和红六军进攻武汉”的任务。失去了红军的根据地，仅在六安和霍山两县，就有数万干部群众牺牲在敌人的屠刀下。徐向前认为集中兵力去攻打武汉的策略是不正确的。他结合本地区的实际，就红军的战略行动、红军与苏维埃政府的关系、苏区的统一领导、苏区与非苏区工作的配合等方面存在的错误，向中央提出了意见。中央在六届三中全会结束了李立三的错误领导，鄂豫皖边区的红军开始回归根据地作战。有了正确的政治路线的指引，1931 年春，在粉碎了国民党军的第一次“围剿”后，鄂豫皖苏区又得到恢复和发展。

（三）注重团结保护干部，保持革命队伍的纯洁性与积极性

毛泽东曾强调：“政治路线确定之后，干部就是决定的因素。因此，有计划地培养大批的新干部，就是我们的战斗任务。”① 中共六届四中全会后，党中央派遣张国焘等留苏高级干部前来领导鄂豫皖苏区。受王明“左”倾教条主义错误在中央统治的影响，加之张国焘的个人野心造成外来干部与本地干部之间发生了较为激烈的矛盾冲突，从而导致了大规模的“肃反”。在 1931 年秋的白雀园“大肃反”中，鄂豫皖根据地被“肃反”掉了 2500 多名红军指战员。百分之六七十的团以上干部被逮捕、杀害，极大地削弱了红军的战斗力。② 至 1931 年冬，“肃反”进一步从部队扩展到地方。大批中上层干部在“肃反”中被杀，这给苏区的武装斗争事业带来非常严重的损失。徐向前认为：“我们过去就觉得，中央的委派制度有问题，致使鄂豫皖革命根据地的党和红军的领导干部改组太频繁。不重视土生土长、有丰富实际工作经验的干部，频繁更换根据地的领导人，是‘左’倾路线在组织上的表现之一。”③ 同样作为外派干部的徐向前，却只把自己当作“土马克思”者，从行军打仗、日常生活到军民关系，处处以身作则、平易近人，和干部群众打成一片。他打起仗来身先士卒，即使打了胜仗，也从不居功自傲；如果战斗中失误，就主动承担责任，从不诿过于人。这样一来，徐向前反而很快站住了脚，赢得了各级干部群众的爱戴和信任。徐向前眼看着“肃反”已经严重削弱了广大指战员积极进取的精神，降低了军队的战斗力，便积极从中进行协调，一方面帮助落实中央的指示，另一方面又尽力保护同志免遭杀害，挽救了一批忠于革命事业的干部。

---

① 《毛泽东选集》第二卷，人民出版社 1991 年版，第 526 页。

② 江英：《徐向前画传》，四川人民出版社 2007 年版，第 53 页。

③ 徐向前：《历史的回顾》，解放军出版社 1984 年版，第 145—146 页。

二、徐向前为武装斗争和夺取军事胜利作出重要贡献

土地革命战争时期，军事斗争是最为活跃的领域。徐向前在鄂豫皖革命根据地和红军初创时期，对坚持根据地武装斗争以及红军队伍的建设、发展，起到了十分突出的作用。

（一）丰富和发展了马克思革命战争的战略战术，形成一套高效实用、灵活机动的作战原则

在鄂豫皖革命根据地和工农红军初创时期，根据地被敌人包围分割，红军的力量也较为弱小，只能进行分散性的游击战。如何运用灵活机动的战略战术，利用敌人的统治薄弱环节和有利形势巧妙地打击敌人，不断壮大革命力量，是摆在红军领导人面前最现实的问题。

在筚路蓝缕的苏区初创时期，徐向前和其他军事领导人从分散的游击战争环境出发，结合当地实际总结出了一整套灵活机动的作战原则。徐向前提出，敌强我弱，形势逼人，弱小的红军要生存下去，就必须解决在强敌面前如何保存自己、消灭敌人的问题。“游击战争的关键是避实击虚、避强击弱，消灭敌人，保存自己。”他们提出的“红军游击战术”：集中作战，分散游击；红军尽量号召群众参加；敌情不明不与其作战；敌进我退，敌退我进；对敌采取跑圈子的形式；对远距离的敌人，先动员群众扰乱敌人，再采取突击的方式；敌人如有坚固的防御工事，不与其作战。这些原则是对实践经验的总结，能有效地指导红军作战，帮助部队取得胜利。这些游击战术原则，与毛泽东和朱德在井冈山革命根据地提出的“十六字诀”游击战术核心内容十分相似，反映了红军游击战的基本规律。徐向前还在军事斗争实践中，将战略战术基本原则具体化，提出了“围点打援”和“伏击”“奔袭”等战法，力争多打小仗、胜仗，一口一口地吃掉敌人，逐渐发展壮大自己。在主力红军于 1932 年 10 月撤出苏区后，徐向前的游击战法，依然对鄂豫皖革命根据地的留守红军发挥了很大作用。1933 年冬，留守的鄂豫皖省委向中央报告：“红军既事实上不能负担巩固一方苏区的任务，只能及时采取游击方式来牵制敌人、消灭敌人，以恢复和巩固苏区。”这种灵活机动的作战方式成为鄂豫皖省委在困境中得以坚持的重要手段，随着在武装斗争中得以充分运用，竟使苏区逐渐扭转了不利的局面。

（二）积极发展壮大红军队伍，加强部队正规化建设

徐向前到鄂豫皖苏区后，充分借鉴朱毛红军在井冈山革命根据地的建军经验，提出了一系列行之有效的军队建设原则。徐向前认为红军的力量在民众之中，他从民众中积极发展壮大红军队伍，在不到两年时间里，把300多人的农民武装带成一支4万多人的正规主力部队。在发展主力红军的同时，徐向前还提出要正确解决主力红军与地方武装的关系。他认为，保卫根据地、打游击战，必须要有核心力量。这个核心力量就是主力部队，只有不断加强主力部队的建设，与地方武装和人民群众的游击斗争相结合，才能战胜敌人，发展根据地。徐向前提出，红军作战要依托根据地人民的支持，实行“群众战争的战略战术”。随着红军队伍的迅速发展，必须要有正规化的建设才能保证部队具备较强的作战能力。徐向前采取了“从严治兵，以情带兵”的方式建设部队。他要求红军必须纪律严明，决不能松散慵懒。他还指出，从严治军与以情带兵是不矛盾的。徐向前说：“我们要把战士看成我们的亲兄弟，当作自己的亲生儿女一样爱护。不许蛮干，不讲战术，造成不必要的伤亡。”他还在部队中开展爱兵教育，要求干部做士兵的表率和知心朋友。他认为，只有这样才能把士兵带好，才能使个性不同的战士成为一个团结的战斗体，队伍才能具有强大的战斗力，红军才能无往而不胜。在严明军纪的基础上，徐向前执行了“战教合一、边打边训”的训练方针。他强调只有平时训练多流汗，战时才能少流血。此外，徐向前还认为，作风能出战斗力。他要求干部身先士卒、刺刀见红，部队要能“硬着头皮顶住”“坚持最后五分钟”。在徐向前的带领下，鄂豫皖红军很快形成了“狠、硬、快、猛、活”的作战风格，在历次反“围剿”作战中显示出强大的威力。

（三）凭借高超的指挥艺术，带领红军不断取得胜利

战场既是军事指挥员最能体现才能的地方，也是最考验勇气和智慧的场合。毛泽东曾深刻指出：“战争的指挥问题关系着战争胜负的全局。”① 徐向前到鄂豫皖边区后，指挥才能很快得到展现。由于不断带领部队取得胜利，徐向前在两年多时间里先后担任红三十一师副师长、红一军副军长兼红一师师长，红四军军长。1931年11月，年仅30岁的徐向前担任了中国工农红军第四方面军总指挥，成为当时方面军中最年轻的指挥员。徐向前回顾在大别山时的经历

---

① 《毛泽东选集》第二卷，人民出版社1991年版，第547页。

说："我那时能够站得住脚，很重要的一条，就是能带着部队打仗。"①

鄂豫皖时期，徐向前养成了在每次指挥战役之前，都预先反复推演的习惯。在预先有计划后，他还会再征求意见，完善作战方案。徐向前在土地革命战争时期打了不少漂亮仗，其中苏家埠战役可以算是他指挥的经典战役之一。1932 年 3 月，徐向前主动发起苏家埠战役，4 月下旬，蒋介石命令皖西"剿共"总指挥厉式鼎率 3 个师共 2 万多人，从合肥分两路增援苏家埠方向。千钧一发之际，必须排除干扰、判断正确、果断坚决，徐向前说："敌人来了那么多，打不打，是个难下决心的事。如果打不垮他们，附近只有韩摆渡一个渡口，又逢河水猛涨，我军没有退路，弄不好要被压下淠河'放鸭子'……敌众我寡，背水作战，决心不大好下。这个时候，张国焘不想打了。陈昌浩支持我的意见，打!"② 徐向前指挥红军经过两天激战，使困守于苏家埠、韩摆渡的敌军在突围无望的情况下全部投降。苏家埠战役，徐向前指挥 1.5 万兵力歼敌 3 万余人，俘虏敌总指挥厉式鼎和 5 个旅长、12 个团长及以下官兵 1.8 万余人，解放了淠河以东的广大地区，取得了鄂豫皖苏区红军创建以来的空前大捷。苏家埠战役也成为中国工农红军战争史上"围点打援、以少胜多"最成功的战例之一。

从 1931 年 11 月到 1932 年 6 月，徐向前先后指挥黄安、商潢、苏家埠和潢光战役，全部取得胜利，共歼敌 6 万余人，胜利粉碎了国民党军的第三次"围剿"。红军人数扩至 4.5 万余人，根据地也发展到 4 万多平方千米，苏区人口超过 350 万人。随着徐向前军事指挥艺术日趋精湛，鄂豫皖根据地的革命形势也进入鼎盛时期。

三、徐向前为苏区政权建设打下坚实的基础

徐向前作为鄂豫皖根据地的主要领导人，在苏区经济、社会、文化建设等方面有着较为丰富的领导实践，为苏区政权建设打下坚实的基础。

（一）创建巩固苏区政权

没有强大的军事力量支撑，人民政权的创建与巩固就如同无源之水、无本之木。在来到鄂豫皖根据地之前徐向前曾亲眼见证，海陆丰工农兵苏维埃政府和广州苏维埃政府在国民党当局的残酷镇压下丧失殆尽。

① 本书编写组：《徐向前传》，当代中国出版社 2015 年版，第 50 页。

② 徐向前：《历史的回顾》，解放军出版社 1988 年版，第 183—184 页。

1929年10月26日，共产国际要求中共中央以革命手段推翻资产阶级联盟的政权，“建立苏维埃形式的工农独裁”，“凡是群众农民革命斗争生长和扩大的地方，都要去创造苏维埃区域”①。在共产国际执委远东局给东方书记处的信中，更是明确提出了在中国每一个苏维埃根据地，都要按照当地条件贯彻执行革命路线。根据共产国际的指示精神，1930年2月，鄂豫边革命委员会军事委员会主席徐向前与其他鄂豫边特委成员一同决定，将七里坪命名为列宁市，不仅在七里坪河街建立市苏维埃政府，还在市内建立了经济公社和列宁小学等单位。不久，随着红一军和鄂豫皖边区苏维埃政府的先后成立，鄂豫皖苏区正式形成，成为仅次于中央苏区的第二大革命根据地。

面对迅速发展壮大的革命形势，如何巩固新生的苏维埃政权，成为鄂豫皖苏区革命工作的重要任务。但在“立三路线”影响下，“我们打了那么多胜仗，打开那么多地方，因为不是波浪式的推进，地方工作，政权一下子跟不上，部队一走，一切都塌台，地盘又落入到敌人手里”。面对重重困难，徐向前总结了三条经验：第一，利用军阀混战的有利形势和敌人统治的薄弱环节，发动群众，打击敌人，壮大红军，扩大革命根据地，实行土地革命，坚持工农武装割据的道路。第二，建军思想比较切合实际，并初步形成以弱胜强、以寡敌众的战略战术原则。第三，加强了党对根据地和红军的集中统一领导，党政军民密切配合，关系比较正常。这些都为鄂豫皖根据地的形成和发展，奠定了良好的基础。1931年2月，经过红军三次强攻打下新集，使鄂豫皖苏区连成一片。随后，鄂豫皖苏区最高党政军机关以及教育、医疗等机构陆续进驻新集。11月，徐向前任总指挥的红四方面军也将总部机关设在了新集。在红四方面军的配合下，至1932年秋，鄂豫皖苏区先后建立起黄安、麻城等26个县级苏维埃政权。以新集为首府的鄂豫皖苏区逐渐进入鼎盛时期，成为党在长江以北地区面积最大、人口最多的根据地。

（二）恢复发展苏区经济

经济建设是苏区发展的基础。徐向前深知在战争时期，经济建设与军事斗争互为依存，军事斗争必须在一定程度上服务根据地的经济建设。因此，当时苏区的经济建设带有浓厚的军事化色彩，军事工业也成为苏区经济的重要组成部分。在以大别山为中心的鄂豫皖苏区，在黄安县、陂安南县等地，均创办过

① 《共产国际执委致中共中央委员会的信——论国民党改组派和中国共产党的任务》（1929年10月26日国际政治秘书处通过），《共产国际、联共（布）与中国革命档案资料丛书》第11卷，中央文献出版社2002年版，第584—585页。

兵工厂或修械所；在黄安县、麻城县等地，开办过被服厂和缝纫厂。

鄂豫皖苏区军事委员会兵工厂起先建造在光山县佛尔寺，有几十名工人，只能修理简单的枪械。1931 年秋，徐向前率领红军缴获一座小型制炮厂后，兵工厂规模和技术得到了增强。红四方面军进行战略转移离开鄂豫皖时，兵工厂共生产枪械 3800 余支，还有大批子弹和刀具等。由黄谷畈的红军被服厂改名的鄂豫皖缝纫厂，总厂分为 4 个下属小厂，工人达 700 余人，主要生产军衣、军被等军用品。此外还有，红军与苏维埃政府一同经营的制盐厂、造纸厂、印刷厂、造船厂等，苏区的工业和手工业已初具规模。

（三）促进宣传文化建设

"寓教于文"，是苏区文化教育的显著特点。徐向前不仅重视红军对民众的思想宣传，还积极兴办苏区文化事业，通过提高工农群众的政治觉悟，使群众的文化生活焕然一新。"学过的东西，能结合实际向群众宣传，一讲就是两三个小时，颇受群众欢迎。"过去的善男信女，"现在不再相信菩萨了，他们是相信马克思列宁主义了"。俱乐部、阅览室等公共文化场所，"都高悬列宁和马克思的画像，就是在农民家中，许多从前是供奉菩萨的，现在都是被列宁、马克思驱逐出去了"。

在加强军事斗争和革命武装力量建设的同时，苏区的经济、文化等各项建设也取得了很大发展，处处呈现出一片欣欣向荣的面貌。苏区百姓在艰苦的战争环境中，能够过着相对安居乐业的生活。他们对革命事业报以坚定的信心，并以出人捐物等多种方式支援红军作战，进而促进了革命事业的不断前进。

（作者：李戈瑞）

第五篇

土地革命战争时期党领导鄂豫皖革命根据地扩红工作研究

鄂豫皖革命根据地是土地革命战争时期党领导的重要根据地，为了巩固根据地，应对敌对势力进攻，鄂豫皖中央分局高度重视扩红工作，通过形式多样的方式方法，壮大了红军队伍，有力推动了革命事业的发展。

一、党领导鄂豫皖革命根据地扩红工作的历史背景

（一）扩大红军是应对敌对势力军事进攻的现实需要

鄂豫皖革命根据地建立后，分兵东征皖西，西击平汉线，巩固并扩展了革命根据地。这让蒋介石深感不安，集结兵力连续发起了对鄂豫皖革命根据地的“包剿”。1930 年冬，蒋介石集结了 8 个师 3 个旅共计 10 万兵力，发起对鄂豫皖革命根据地的第一次“围剿”，改变过去由几省军阀对付红军的策略，实行以中央军为主力的全国性统一进攻。1931 年 3 月，蒋介石又发起对鄂豫皖革命根据地的第二次“围剿”，调动兵力先后增加到 11 个师约 13 万人，企图“完全肃清鄂豫皖边区红军”。同年 8 月，国民党再次纠集 15 个师 20 余万人对鄂豫皖革命根据地进行第三次“围剿”，并采取对军事、经济、政治等进行多方面进攻的策略。1932 年 5 月，国民党投入第四次“围剿”的兵力共 26 个师 5 个旅 30 余万人。由此可见，国民党对鄂豫皖革命根据地的进攻较为猛烈，且兵力强、频率高，国民党军的“围剿”形势十分严峻。因此，红军必须要以强有力的兵力才能有效应对敌人的进攻，从而保存根据地和革命力量。正如中共鄂豫皖中央分局指出的，扩大红军“是鄂豫皖苏区在准备着和敌人作残酷斗争的前夜片刻都不能延缓的紧迫任务”，“准备争取大进攻胜利的最主要条件之一，就是工农红军能不断地猛烈地扩大，随时得到满意的补充”。

同时，鄂豫皖革命根据地地处大别山区，还存在一些反动民团和民间武装

力量，如青红帮、小马子等，以及流氓和土匪。这些力量借助山势，展开针对红军的反革命游击袭扰，给红军造成了较大的军事压力。鄂豫皖革命根据地的党组织敏锐地发现，不少帮会成员和土匪是因为“私有和剥削制度的存在，使一部分的破产失业工人、农民、贫民在各种社会变成不同的名义而性质相类的流氓土匪”。因此，“必须用土地政纲及革命群众反豪绅国民党反动统治阶级的各种斗争去争取他们到革命方面来”。这样，既减少了红军敌对势力，也壮大了革命力量。因此，必须抓紧展开扩红运动。

（二）扩大红军是巩固根据地和推进革命的必然要求

随着革命形势的发展，鄂豫皖革命根据地的范围不断扩大，对红军的数量和规模提出了新的要求。1931 年 6 月，中共鄂豫皖中央分局指出“以现在皖西苏区面积的广大来说，红军的发展是异常的不够了，因此改造和扩大红军，成为皖西北党的战斗的任务”。同年 8 月，中共鄂豫皖中央分局再次指出，“就鄂豫皖苏区来说，红军不断有新的胜利，苏区在日益扩大，这都足以说明革命运动的有力发展。党和团应动员广大的工农群众到红军中区，以加强革命斗争的力量”。10 月，鄂豫皖党团中央分局下发《联字通知第一号——关于扩大红军问题》指出，为“完成巩固和扩大苏区的紧急任务，分局特要求全体的党员和团员一致的努力，来进行紧迫的扩大红军工作”。由此可见，鄂豫皖革命根据地的党组织深刻认识到，扩大红军是适应根据地扩大和巩固根据地的现实需要。

同时，随着红军取得了一系列的胜利，一些武器装备出现了无人使用和地区无兵驻扎的现象，这对革命的推进是极为不利的。中共鄂豫皖中央分局曾指出，“红四军南下的胜利，许多枪支又空起来了，以后大范围的战争，都需急加（以）补充，中央分局特以最高的希望，要求各级党、团部加紧继续扩大投入红军的运动”。“红四方面军最近在节节胜利当中，缴得的枪械非常之多，人数至今尚未补齐，加之黄安县城之胜利马上就可以实现，需要新兵之数目，更要加多。在革命形势飞快的高涨当中，在上述这种需要新兵紧急情形之下，扩大红军工作，的确是紧迫又紧迫，中心又中心的任务。”由此可见，为了适应革命形势的发展，扩大红军十分必要。

（三）扩大红军是改造红军加强队伍建设的必要举措

红军是维护鄂豫皖革命根据地的主要武装力量，只有红军建设得坚强了，根据地才能得到巩固。因此，军事工作是中共鄂豫皖中央分局的核心工作之一。党组织在军事工作中发现了红军力量亟待补充，主要有以下几方面原因：

一方面，红军中混入了一些富农、改组派分子，这些分子给红军队伍带来了很不好的影响，影响了红军战士的思想和战斗力。因此，在党的领导下红军进行了政治审查，“清洗出许多不良分子”，导致红军在一定程度上减员。另一方面，由于长期处于战斗状态，红军伤病员较多，削弱了红军的整体战斗力。基于此两点，必须扩大红军并加强红军队伍建设，以弥补因减员带来战斗力减弱的状况。

二、党领导鄂豫皖革命根据地扩红工作的主要举措

（一）党和苏维埃政府高度重视并大力推进扩红工作

鄂豫皖革命根据地建立后，中共鄂豫皖中央分局高度重视扩大红军工作，在各类文件、会议中多次强调要加强各县、地区的扩大红军工作，在党的重视下，扩大红军工作得到了有力的推动。1931 年 5 月 18 日，中共鄂豫皖中央分局下发《紧急通知第一号——加紧扩大红军的工作》，强调扩大红军工作“至要至急”“各级须即动员所有支部加紧这一工作，以应目前紧急的需要”。同年 6 月，中共鄂豫皖中央分局通过《政治决议案》指出，要“（鄂豫皖）更应当努力进攻，打破敌人的对我们重新进攻的布置，给中央苏区以有力的声援，去准备过渡到全国苏区与红军一致的大举进攻……为执行这一进攻的策略，首先必须加紧扩大和改造红军”。同时指出，“坚强红军是一个艰苦的任务，一切不是技术上的问题，而是非常重大的政治问题”。将扩大红军作为党工作的首要任务并上升为政治任务。同月，向皖西北特委下发指示，“今后皖西北特务的基本任务是……扩大与改造红军，坚决地武装群众”。将扩大红军作为该地区党的基本工作之一。10 月，鄂豫皖中央分局再次指出，“各县把补充红军当做第一等的重要任务”，“各地方党部和民众团体，应尽量帮助红军的扩大”不仅再次强调了扩大红军工作的重要性，而且强调了“对扩大红军的工作松懈，毫无疑问这是右倾机会主义的观念，取消党的紧急任务的危险倾向”。

为进一步推进扩大红军工作，中共鄂豫皖中央分局每隔一段时间，就会向各地下达扩红的具体名额，以督促各地扩红工作的开展。在鄂豫皖中央分局的高度重视下，扩红工作取得了很好的成绩，自 1931 年 3 月至 6 月仅 3 个月的时间，鄂豫皖中央分局就“发动了五千以上的群众到红军中当兵，并派了大批的重要同志到红军中去”。

（二）大力开展宣传思想工作，积极动员广大群众参军

宣传思想工作是推动扩红工作的基本方式。中共鄂豫皖中央分局通过卓有成效的宣传思想工作，动员吸引了一大批普通群众加入红军，壮大了红军队伍。1931 年 6 月，中共鄂豫皖中央分局下发指示，“我们必须加强扩大红军，首先是扩大对于加入红军的宣传鼓动，招收青年工农分子到红军中去”。“在扩大红军方面需切实改造各地方党、苏维埃和群众团体对于扩大红军和吸收工农分子加入红军的宣传工作。”要求“动员区委支部的每个同志及所有的群众团体、政府机关来努力进行这一宣传鼓动工作”。

一方面，从宣传形式来看，号召群众加入红军的宣传形式是丰富多样的。一是发布宣传大纲、告示，拟定口号等，以更好地被广大群众接受。1931 年 7 月，中共鄂豫皖中央分局发布了《反军阀战争运动日援助中心苏区告群众书》，号召群众“我们要赶紧地参加红军的战争，投入红军中去，帮助红军运输队，争取红军进攻敌人的胜利”。11 月，中共鄂豫皖中央分局又发布了《号召广大工农群众参加红军宣传大纲》，向群众介绍了鄂豫皖革命根据地面临的国际国内形势，对敌军散布的谣言进行了澄清，号召广大群众加入红军中。同时，还拟定了号召群众参加红军的口号，如“投入红军！参加红军运输队！”“要加入红军去拿枪才是拥护红军！”等。二是组织宣传队赴各地展开宣传。为了扩大宣传，鄂豫皖中央分局组织了宣传队赴各地乃至白区展开宣传，强调“要动员宣传队到各乡各湾各种群众中去宣传，继续加深扩大红军和输送粮食去前方去的工作”。要求宣传队“依照中央分局这次发的宣传大纲到各村各湾区宣传，要召集各湾区的群众会议，向群众作报告，并当场动员群众报名投入红军”。三是通过组织集会展开宣传鼓动。为了扩大宣传，党组织召集了不同界别人士的集会，通过集会向群众进行鼓动和宣传。四是依托广大群众展开宣传。利用农民、工人、妇女和红军家属进行宣传，如中共鄂豫皖中央分局妇委会在《给各县妇女部的指示信》中就指出，“要从宣传鼓动中动员广大妇女群众自动地起来鼓励自己的丈夫和弟兄去参加红军，要知道只有充实红军的力量，才能巩固我们在土地革命中已得到的利益和阶级的胜利”。同时，还注重依托红军家属向周围群众进行宣传，这种现身说法的方式取得了很好的宣传效果。五是依托红军自身展开宣传。鄂豫皖中央分局指出，“红军自身亦必须扩大加入红军的宣传，更亲密与当地群众接近”。

另一方面，从宣传内容来看，主要是通过鼓动、吸引等形式推动群众加入红军。一是宣传革命形势，宣传苏维埃红军实行驱逐帝国主义，分配土地，为工农兵劳苦群众的利益而斗争。二是宣传根据地苏维埃政府的制度政策，要

“切实宣传并实行苏维埃的代耕、红色战士伤亡抚恤条例，红军公田等制度，动员广大群众送棉衣棉被鞋袜、米粮柴草给前方的战士及医院的伤病弟兄等，更是扩大红军的实际的宣传煽动工作”。三是宣传加入红军的好处。如宣传“坚决执行对红军家属的帮助救济，彻底实行分配好的土地给红军家属”。“解决目前粮食困难，对于红军家属的给养和帮助生产问题，慰劳红军的工作方式，改善对于医院伤病的看病和政治工作，等等。尤其重要的是必须动员后方一切物质力量去接济红军，绝对消灭各地方党和苏维埃中一部分分子自己饱食暖衣让红军忍饥挨饿的现象。”以此吸引群众加入红军。

（三）克服存在经验不足问题，注重扩红工作方式技巧

在扩大红军的过程中，由于经验不足，导致出现了一些问题，削弱了扩大红军工作的效果。如存在通过欺骗、野蛮的方式吸收老百姓加入红军，“各地都充满命令群众、强迫群众”的现象，引起了群众一定程度上的反感。同时，由于对加入红军的群众缺乏基本的审查，导致一些豪绅地主与富农分子也加入了红军，严重影响了红军的质量。对此，鄂豫皖苏区中央分局很快意识到这个问题，强调“过去一切拉蛮欺骗的方式要知道是帮助敌人破坏红军和苏维埃的办法，应一概肃清”，“一切命令欺骗等不正确的方式必须肃清灭绝”。使得广大群众可以自愿地为自己的利益踊跃地加入红军。

在克服存在问题的同时，鄂豫皖中央分局还十分注重运用艺术和技巧，切实提升扩红工作效果。一是展开扩红竞赛，激发各县各地区展开扩红工作的动力。二是将红军干部和地方干部对调，通过这一方式来加强扩大红军工作。三是拓展武装形式。在扩大红军力量中，鄂豫皖苏区党委还注重通过多种方式，如规定要将“坚决武装农民群众，扩张地方武装来做扩大红军的另一方式”，增强了红军的后备军，有效拓展了扩大红军的办法。

（四）瓦解敌军以削弱敌军壮大自己

通过政治工作瓦解敌军是我军优良传统之一，鄂豫皖苏区十分重视瓦解敌军工作，以削弱敌军，扩大自身力量。1934 年 7 月，鄂东北道苏维埃政府发布公告《关于招待哗变白色士兵问题》，向国民党士兵阐述了“国民党投降帝国主义出卖中国，蒋介石是法西斯的刽子手，厉行白色恐怖，屠杀群众，虐待士兵”的现实，号召国民党士兵哗变到红军中来，并拟定了鼓动白军士兵哗变的宣传口号。

为了更好地瓦解敌军，使敌军能够加入到红军队伍中，鄂豫皖苏维埃政府出台了一系列举措。强调要打入白军内部瓦解敌军，组织兵变以削弱白军而扩

大红军。红军还在白军中展开了“兵士运动”，如中共六安县委就“在（敌军）警备营中做了上层分子的工作，与在自卫（团）中与守望队有十几个士兵同志，在斗争时都能相起应”。

三、党领导鄂豫皖革命根据地扩红工作对新时代征兵工作的现实启示

鄂豫皖革命根据地的扩红工作是卓有成效的。扩红工作有效扩大了红军队伍，推动了革命事业的发展。土地革命战争时期党领导的鄂豫皖革命根据地扩红工作，对我们推进新时代的征兵工作有着重要启示。

一是征兵工作必须始终坚持党的全面领导。党的十九大报告指出，党政军民学，东西南北中，党是领导一切的。党的领导为军队各项工作指明方向，提供了力量支撑。鄂豫皖革命根据地的扩红工作，正是在党的领导下制定了正确的方针政策，并在各级党组织的重视下不断推动的。由此可见，党的领导是扩红工作得以开展并取得成绩的根本保证。新时代条件下，军队征兵工作仍需始终坚持党的领导，将党关于征兵工作的各项政策制度落实、落细，这也是党对军队绝对领导的深刻体现。

二是征兵工作必须高度重视宣传思想工作。习近平总书记深刻指出，意识形态工作是党的一项极其重要的工作。做好意识形态工作，事关党的前途命运，事关国家长治久安，事关民族凝聚力和向心力。土地革命战争时期鄂豫皖苏区的扩红工作，正是在有力的宣传思想工作下取得了重大进展。新时代条件下，我们要认真总结历史经验，在征兵工作中要发扬好重视宣传思想工作的优良传统，找准工作的切入点和着力点，因势而谋、应势而动、顺势而为。注重向广大群众进行宣传的艺术和技巧，讲述好参军入伍对于国家和个人的意义，特别要注重运用好现代新兴媒体展开宣传，着力提升宣传的效果。

三是征兵工作必须加强和改进群众工作。密切联系群众是我党的政治优势，是我党永葆战斗力的传家宝。土地革命战争时期鄂豫皖革命根据地的扩红工作高度重视群众的所思所想，坚持走群众路线，对群众不利的坚决禁止，对群众有利的坚持发扬。新时代条件下，在征兵工作中，我们要继续总结历史经验，始终站稳群众立场，发扬密切联系群众的良好作风，建立健全服务群众长效机制，从群众角度出发考虑问题，想群众之所想，做群众之所需，切实在征兵工作中维护好群众的利益。

（作者：张磊）

第六篇

大别山精神的丰富内涵与时代价值

2016 年 4 月，习近平总书记在金寨县考察时说，金寨是中国革命的重要策源地、人民军队的重要发源地，无论是革命战争年代还是改革开放新时期，老区人民为党和国家作出了巨大贡献，老区人民对党无限忠诚、无比热爱，老区精神积淀着红色基因。2019 年 9 月，习近平总书记视察河南省新县时指出："焦裕禄精神、红旗渠精神、大别山精神等都是我们党的宝贵精神财富。"大别山精神是党和国家的宝贵精神财富，我们要不断结合新的时代条件发扬光大。

一、大别山精神的丰富内涵

从 1921 年中国共产党诞生，到 1949 年中华人民共和国成立，大别山革命老区经历了 28 年红旗不倒的革命斗争，其持续时间之长久、历经阶段之完整，是其他许多革命老区所不能比拟的，也因此大别山精神拥有非常丰富的内涵。"坚贞忠诚、牺牲奉献、一心为民、永跟党走"这 16 个字高度浓缩了大别山精神，集中体现了大别山精神的本质和精髓，既具有中国革命精神的共性，又突出了大别山精神的鲜明个性，体现了大别山精神自身独特的存在价值。

（一）坚贞忠诚：大别山精神的灵魂所在

它集中展示了大别山老区人民立场坚定、方向明确、追求执着的崇高政治信仰。从大别山区的革命历史进程来看，无论是在革命运动初期，还是在革命发展的高潮时期，甚至在革命运动遭受挫折的危急时刻，大别山区的党组织和人民群众不屈不挠，毫不畏惧，从来没有放弃过对共产主义这一人类美好理想的执着追求和真诚信念。

金寨党组织的创始人、立夏节起义的组织者詹谷堂于 1929 年 9 月被捕后，虽然被敌人 3 次用铁丝穿胳膊游街、5 次深夜陪斩，但他都是挺起胸膛痛斥敌人，并且说“天上有多少星星，地上就有多少共产党”。在生命的最后时刻，他还毅然地用鲜血在墙上写下“共产党万岁”5个大字。皖西革命根据地的创始人之一刘淠西，1930年2月因叛徒出卖被捕入狱，面对敌人的威逼利诱、严刑拷打，他岿然不动、视死如归并写下《告狱中难友书》，宣称“敌人只能折磨我们的肉体，折磨不了我们的革命意志”“一个共产党员死要有死的价值，死要有死的样子”，最终他在刑场上高喊“打倒国民党新军阀”的口号慷慨就义。原六安中心县委常委周狷之在临刑前，仍高声朗诵“头颅抛千斛，风雨撼孤舟；宁为革命死，不作阶下囚”的诗篇，他原本出生在大地主家庭，家有数千亩土地，生活十分富裕，但为了自己的马克思主义信仰，坚定不移地选择了革命，牺牲时只有27岁。在他们身上集中彰显了大别山老区人民的凛然斗志、英勇气概和坚定信念。

在大别山区，还有无数像詹谷堂、刘淠西、周狷之这样的革命者，他们在战场上纵横驰骋、甘洒热血，在敌后鞠躬尽瘁、死而后已，在刑场上从容赴死、慷慨就义。无论是顺境还是困境，他们都初心不改、矢志不渝，坚定不移服从党的领导、响应党的号召，绝不改变自己的信仰与追求。正是受坚定的理想信念的驱使，老区人民才能够坚持革命、坚持斗争，在危难面前一次次挺身而出，在绝境中一次次顽强拼搏，最终创造了28年红旗不倒、火种不灭的伟大奇迹。

（二）牺牲奉献：大别山精神的具体体现

革命战争年代，大别山地区的斗争史，就是一部革命者流血牺牲的战斗历史。革命者为了新民主主义革命的胜利，为了共产主义事业的胜利，牺牲了自己最宝贵的生命。

霍山西镇暴动、桃源河暴动领导人喻石泉，领导霍山县委组建了安徽省第一个县苏维埃政权——霍山县苏维埃政府，后来在一次与国民党军队的战斗中牺牲。喻石泉出生在一个殷实的商人家庭，一家有兄弟姐妹六人，可他不但毅然放弃了优越的生活，而且带领弟弟妹妹投身于革命事业。喻家六兄妹为了无产阶级革命事业先后献身，他们的家人也饱尝了失去亲人之殇。他们兄妹六人，因此被称为“喻氏六杰”。

革命战争年代，无数像“喻氏六杰”这样的革命者用他们的牺牲换来了后世的安稳。在皖西，有百万群众参军参战，30万儿女英勇捐躯。其中，仅金寨一县就为革命献出了10万英雄儿女，查明证实的有名有姓的烈士就有1.1万人。

社会主义建设时期，为响应毛主席“一定要把淮河修好”的伟大号召，六安人民全力以赴除水患、全员上阵搞建设，为治理淮河再次作出了巨大牺牲和奉献。六安境内先后有30万亩良田和30万亩林场被淹没，30万群众离开世代生养之地另走他乡。仅于金寨县境内修建的梅山、响洪甸两大水库，就淹没了三大经济重镇、10万亩良田和14万亩经济林，10万群众离开故土，移居深山。改革开放时期，大别山作为库区上游着力保护生态环境，严格控制工业项目对生态的影响，再次牺牲了发展速度和经济效益。

无论处于什么时期，每当面临局部和全局、当前和长远利益的关键抉择时，大别山人民总是以党和国家的利益为重，自觉服从大局，主动承担义务，用无怨无悔的牺牲和不计得失的奉献，充分展现了革命老区的优良传统和责任担当。

（三）一心为民：大别山精神的价值取向

革命者一心为民的出发点来自我们党的根本宗旨，那就是全心全意为人民服务。自中国共产党成立之日起，就公开宣布代表最广大人民的根本利益，没有自己的特殊利益。带着这样的初心，大别山区党组织和苏维埃政府从诞生之日开始，就一直把为人民服务作为自己的行为准则，始终与人民群众生死相依，患难与共。

为此，大别山地区的革命者坚决实行土地革命，烧田契、账簿，毁债约，公审和处决罪大恶极分子，帮助无土地或者少土地农民获得土地，让贫困农民在政治和经济上翻了身，积极维护了人民群众的实际利益。在金寨县汤家汇，还组建了传统的炼铁厂、榨油厂、造纸厂、木业厂，兴办了红军医院、报社、红色邮局、列宁小学和特区苏维埃银行等，解决群众的实际生活问题。为解决根据地内劳动力缺乏问题，党领导农民群众建立劳动互助社、耕田队、耕牛站等互助合作组织，帮助群众克服困难，发展生产。有一首皖西苏区民歌唱道："苏维埃区别有天，工农自己掌政权。没有苛捐和杂税，人民拍手喜连天。工人农人做主人，工人个个有工作，农人个个有田耕，共产主义为人民。"这首歌曲反映了生活明显得到改善后广大群众的喜悦心情，说明革命者一切为了人民、维护群众利益的行为赢得了人民的民心。

当时六安河西徐家集、丁家集的毛正初、丁香樨，霍山东北乡的舒传贤，西镇的徐狩西、刘仁辅，商南的漆德玮、漆海峰等很多革命者，虽然都是出身于比较富裕的剥削阶级家庭，但是他们心中始终装着伟大的革命理想，始终装着处于水深火热之中的劳苦大众，把枪口对准了自己所在阶级，把人民群众的利益放在了至高无上的位置，为了人民群众以血肉之躯探索革命道路，积极和工人农民同携手，以对自己家庭、对所属阶级的叛逆诠释了对人民群众的厚爱与深情。

（四）永跟党走：大别山精神的永恒主题

1920 年大别山区建立了马克思主义学习小组，1923 年寿县小甸集建立了安徽第一个中共特别支部，在大别山区拉起了党的红旗。此后，无论面对的是国民党反动派的疯狂“围剿”“会剿”“清剿”，日本侵略军的多次“清乡”“扫荡”，还是革命内部分裂主义者的滥杀无辜，大别山军民都始终严守党的纪律，保持革命定力，无条件信任党组织，无条件追随共产党，革命的火焰始终在大别山地区燃烧，从未熄灭。

在红四方面军撤离鄂豫皖的艰难时期，一些被分散安置的红军战士对党、对军队依依不舍，一路从金寨跟到川陕。三年游击战争期间，在与党中央失去联系、被敌人分割包围的情况下，红二十八军紧紧依靠当地群众的鼎力支持、主动配合，在极端困难的环境中拼搏奋战、辗转迂回，坚持艰苦卓绝的革命斗争，为革命保存了火种与实力。在张国焘分裂党、分裂红军的危急关头，广大红四方面军的将士即使蒙受冤屈，也依然在极端困难的环境中坚信组织、为党工作。皖西籍少将苏焕清在“肃反”中被诬陷为“第三党”当“苦工”，但他对革命工作的热情丝毫没有减弱，长征中万里挑银元分文不少，途中几次被打散仍然坚持找到部队。

我们可以看出，无论是为国家前途求索，还是为民族命运奋斗，大别山人民始终以党的决议指示为行动方向、以党的决策部署为工作目标，在任何时期、任何条件下都不曾动摇、不曾改变，切实做到了对党忠诚、为党分忧，不忘初心、永跟党走。“举党旗、听党话、跟党走”已经成为大别山精神族谱的重要组成部分，成为引领老区人民不断攻坚克难最为持久的力量和最为坚强的保证。

二、大别山精神的时代价值

大别山精神作为中国革命精神的重要组成部分和中华民族的宝贵精神财富，体现了中国共产党人的初心使命、根本宗旨、责任担当、政治本色和人格力量。六安是大别山精神的诞生地，作为六安人我们有责任、有义务、有使命带头当好大别山精神的忠实守护者、坚定传承者和自觉践行者。新时代，我们要结合新的实际，大力弘扬大别山精神，使大别山精神成为激励老区人民持续奋进、实现老区振兴发展的强大精神动力，让大别山精神彰显出超越时空的永恒价值。

（一）大别山精神是老区党员干部坚定理想信念的精神之钙

在过去的岁月中，老区人民虽遭遇了险恶严峻的外部环境，却仍保有革命乐观主义的内心，靠的就是对马列主义执着的信仰，对革命理想执着的信念，对革命事业的无比忠诚和革命必胜的坚定追求。这种理想信念是任何困难都吓不倒、摧不垮的。当前，我国正处于历史上最接近实现中华民族伟大复兴中国梦的重要时期，我们更要传承好大别山精神，坚定理想信念，不论时代如何变化，不论条件如何变化，都要做到“风雨不动安如山”，始终保持清醒的头脑，保持正确的政治立场。要把理想信念转化为对奋斗目标的执着追求，转化为对本职工作的不懈进取，转化为对高尚情操的笃定坚持，在思想上正本清源，在实践中迎难而上，带领人民不断取得新胜利，自觉做一个坚定的马克思主义拥护者，做一个共产主义远大理想和中国特色社会主义共同理想的坚定信仰者和忠实实践者。

（二）大别山精神是助力老区脱贫攻坚的强大动力

2016 年，习近平总书记在金寨县花石乡大湾村考察脱贫攻坚工作时说：“全面建成小康社会，一个不能少，特别是不能忘了老区。要怀着对人民的热爱、按照党中央提出的精准扶贫要求，打好脱贫攻坚战，让老区人民过上幸福美好生活。”2020 年 4 月 29 日，六安市金寨县、霍邱县退出贫困县序列，至此，六安市贫困县（区）也全部实现脱贫“摘帽”。脱贫攻坚目标的如期完成来之不易。六安市所辖四县三区中，霍邱县、金寨县曾被列入大别山集中连片特困地区，同时也是国家级贫困县和省级深度贫困县，舒城县、裕安区为国家级贫困县，金安区为省级贫困县，叶集区比照受省级贫困县待遇。为了打赢脱贫“摘帽”攻坚这场硬战，六安人民以大别山精神时刻警醒和鞭策自己，铭记经历过的苦难历史，不忘为人民服务的初心，以强烈的责任感与使命感，把困难群众当亲人来看、把贫困村当家来建、把脱贫工作当事业来干；不断坚定脱贫攻坚的信心，坚定持续奋斗的信念，以实事求是的态度、艰苦奋斗的作风和攻坚拔寨的勇气，夯实工作基础，补齐问题短板，创建脱贫氛围，高质量完成了脱贫“摘帽”攻坚工作。

（三）大别山精神是老区党员干部砥砺前行的精神引擎

四年来，六安全市上下深入学习贯彻习近平总书记视察安徽重要讲话精神，按照省委、省政府部署要求，深入贯彻五大发展理念，持续实施绿色振兴战略，传承大别山精神，把保护好绿水青山作为老区人民的历史职责，努力把自然禀赋优势转化为经济社会发展优势，走高质量发展之路，实现老区绿色振兴。我们要挖掘好大别山精神这一笔精神财富的实践价值，把大别山精神转化为埋头苦干的实际行动，脚踏实地，自力更生，要从大别山精神中汲取前行的智慧和力量，为老区人民提供坚强的思想保证、强大的精神力量和丰润的道德滋养，解决现在的问题，应对当前的挑战，打赢一场场硬仗。要把大别山精神转化为一种昂扬向上、奋发进取的精神风貌，激发内生动力，坚定奋斗信心，凝聚起发展前进的正能量，让人民生活日新月异，让老区发展日就月将。

（四）大别山精神是老区党员干部严守纪律的清明之鉴

解放战争时期，刘邓大军挺进大别山地区时严肃军纪，严格遵守“三大纪律、八项注意”，自觉保护群众利益。那时候的共产党人即使再困难，也要纪律严明；即使再困难，也要和群众搞好关系；即使再困难，也不能拿群众“一针一线”。正是这铁一般的纪律，夯实了刘邓大军在大别山区的群众基础，为革命胜利写下了辉煌的一页。如今，中国特色社会主义进入了新时代，党群关系的好坏，人民利益既得与否，直接影响着党和国家威望，影响着中华民族伟大复兴宏伟目标的实现。老区的党员干部要让大别山精神浸透肌体，把老一辈无产阶级革命家严守纪律的先例作为自己的行为参照和重要标准，严格按照全面从严治党要求，始终把政治纪律和政治规矩摆在最前面。不论条件多么艰苦、环境多么恶劣，始终把党的事业和人民的利益放在第一位，廉洁奉公，不谋私利，自律自警，拒腐防变，这既是我们党处于不败之地的重要保证，也是实现新时代老区振兴的有力支撑。

我们相信，经历过血与火考验的大别山精神，不会因为历史方位的变换而失去自身存在的价值。新时代，我们有责任把大别山精神传承下去、发扬开来，用大别山精神让脊梁更挺直，让信仰更坚定，让脚步更稳重，不断增加新的时代内涵，并持续转化为强大的发展动力，为如期全面建成小康社会、开创新时代幸福六安建设新局面而不懈奋斗。

（作者：黄国耀，尹明）

第七篇

略论鄂豫皖革命根据地的若干特点

鄂豫皖革命根据地是土地革命战争时期中国共产党领导创建的除中央苏区外规模较大的革命根据地之一。根据地在实行工农武装割据、探索中国特色的革命道路过程中披荆斩棘，开拓创新，经历了创建、统一、保卫、坚守四个阶段，经历了五次反“围剿”斗争，取得了土地改革、党的建设、政权建设、经济建设、教育文化卫生事业等方面的突出成就，积累了丰富经验。纵观鄂豫皖革命根据地创建和发展的历史，与同时期其他革命根据地相比，大致有以下显著特点。

一、从发展地域上看，鄂豫皖革命根据地点多面广，多中心发展，多区域联动，相互策应和支持，形成了蔚为壮观的革命形势

首先，根据地创建阶段的联动。1927 年 11 月至 1930 年 3 月，鄂豫边以柴山保为中心，豫东南以南溪、吴家店为中心，皖西以金家寨为中心发动起义。商南起义由乐区丁家埠民团首先兵变，随即 200 多名农协会员和进步师生手执刀枪开进南溪，在街心火神庙召开大会宣布起义。和区、乐区共有 10 余处民团和农民起义同时举行，相互配合，夺取武器，开仓放粮。各路起义武装会师斑竹园，形成排山倒海之势；六霍起义由独山暴动开始，各县区立即举行武装起义予以策应。几十处持续不断的农民和民团起义，构成了以农民起义为主体、民团兵变相结合的连锁武装暴动。

其次，各地党组织的相互策应与支持。黄麻起义建立第一块根据地后，1929 年初，中共鄂东特委除先后派出徐子清、徐其虚、卢玉成等到商城帮助工作外，还同豫东南特委举行联席会议，共同计划发动商南起义；鉴于商南交通阻隔，直接指挥不便，便将商南党组织委托给鄂东特委领导。鄂东（北）特

委把商城南部、罗田北部和麻城东北部划为商罗麻特别区，成立特别区委，徐子清任书记领导商南起义发动工作。不久，又和皖西之六安、霍山、英山的党组织取得联系。5 月初，红十一军军长兼三十一师师长吴光浩率十余人到商南帮助工作，途中遭敌袭击牺牲。

最后，武装力量的相互策应与支持。比如，皖西根据地创建过程中得到鄂豫边根据地党组织及红三十二师的大力支持。1929 年 11 月霍山西镇暴动时，周维炯率红三十二师一部应邀及时赶到，与 200 多名武装群众一起连续攻克多个乡镇，击退反动民团三次进犯。1930 年 2 月至 4 月，红三十二师协同红三十三师先后攻占麻埠、独山，解放霍山县城。两师又积极支持潜山、英山武装暴动，建立根据地。鄂豫皖根据地统一后，各武装力量的协调配合更加便利，作战行动更加集中，战斗力进一步增强，为武装斗争由游击战向运动战过渡创造了有利条件。

二、从持续时间上看，鄂豫皖革命根据地从 1927 年大革命失败后开始创建，到 1937 年全面抗日战争爆发 10 年间红旗不倒，日后成为中国革命战争的重要战略支点

鄂豫皖根据地从 1927 年湖北黄麻起义开始创建，至 1937 年安徽岳西谈判国共停止内战，其间经历了五次反“围剿”斗争的严酷考验，经历了党内第二、第三次“左”倾路线的严重干扰，经受了两次主力红军撤离后带来的严峻挑战，根据地得而复失、失而复得，反复争夺、拉锯，在斗争中逐步发展壮大，党的信念、革命的信念逐步深入人心。即便在艰苦卓绝的三年游击战争时期，根据地军民同甘共苦，相依为命，筑起了打不破、摧不垮的“钢铁长城”，多次粉碎敌人的“清剿”计划，使敌“殊深焦念”。正是有了这样深厚的政治基础和群众基础，日后鄂豫皖边区成为抗日战争时期新四军实力最强的第四支队的集结地和东进抗日的出发地，成为全国 19 块抗日根据地之一——鄂豫边抗日根据地和新四军第五师活动的核心区域，成为 1944 年 11 月王震领导的八路军南下支队挺进华中、华南的目的地之一和大本营。解放战争时期，鄂豫皖边区成为皮旅中原突围的重要休整和物资补给地、刘邓大军千里跃进大别山的目的地和解放全中国的前进基地。当年，刘邓大军挺进大别山，揭开了人民解放军战略进攻的序幕。毛泽东曾预计千里跃进有三种可能的结果：一是付出代价，站不住脚，转回来；二是付出代价，站不稳脚，在周围打游击；三是付出代价，站稳了脚。一开始，群众看见有军队开进来因不明真相而躲进深山，当得知是当年的红军回来了便纷纷扶老携幼，从栖身的密林、山洞中走出，像当

年一样热情迎接刘邓大军。刘邓大军最终实现了毛泽东预期的第三种结果，除了人民军队英勇善战、不怕牺牲之外，与鄂豫皖革命根据地播下的革命火种密切相关，老区人民的拥护和支持成为刘邓大军无往不胜的力量源泉。

三、从创建过程上看，鄂豫皖革命根据地始终伴随着激烈的对内对外斗争

对内斗争，主要是指苏区内部的“肃反”。1931 年 1 月中共六届四中全会召开，党内王明“左”倾教条主义占据统治地位。会后，党中央决定向全国各根据地派遣中央代表，成立中央代表机关。5 月，中央政治局常委张国焘被派到鄂豫皖革命根据地担任中共鄂豫皖中央分局书记兼军委主席。为推行王明路线、排除异己，张国焘在多次会议和给中央的报告中全盘否定鄂豫皖根据地的工作，指责根据地“长期执行了非布尔什维克的路线，党内充满了地主、富农、资产阶级知识分子、商人、高利贷者，特别是在党的领导干部中”，“因此要及时改造组织，完成肃反”。于是，以打击“改组派”“AB 团”“第三党”为借口，开始大规模“肃反”。为了树立自己的权威，张国焘等人对持不同意见者进行残酷斗争，无情打击。9 月，红四军到达河南光山白雀园，张国焘亲自主持红四军内部“肃反”，以逼供信的方式将一大批红军优秀的中高级干部逮捕杀害，制造了骇人听闻的“白雀园冤案”。随后，“肃反”运动迅速扩大，发展到各级党政机关、群众团体各个部门，致使人人自危，冤案迭出。在“肃反”扩大化的 3 个月中，被逮捕、整肃、杀害和株连的干部群众近万人，许多参与创建根据地的党政军干部和群众领袖，如许继慎、周维炯、李荣桂、熊受暄、肖方、姜镜堂等遭到无端杀害，严重削弱了党和红军的战斗力，给根据地造成巨大损失。徐向前回忆道：“将近 3 个月的肃反，肃掉了 2500 名以上的红军指战员，十之六七的团以上干部被逮捕、杀害。”据粗略统计，被杀害的红军干部中军级 17 人，师级 35 人，团级 44 人。在连续作战中，有些被诬陷为“反革命”遭逮捕的干部战士，当被暂时释放出来编为突击队时，毅然冲锋陷阵，奋不顾身地打击敌人，许多人光荣牺牲。红四方面军和红二十五军走后，从 1934 年到 1937 年，鄂豫皖边区三年游击战争的主要领导人在部队和地方先后进行了三次“肃反”，红八十二师政委方永乐、手枪团团长余雄、皖西特委书记徐成基、鄂东北道委书记陈守信、豫东南特委书记张家胜等一批相当优秀的党和部队领导干部因莫须有的罪名而受到迫害。一些优秀的同志因受到错误的处理而被诬陷致死，有的则为了证明自己的清白，在战场上故意让敌人的枪弹打死，从而造成了令人极为痛心的重大损失。

对外斗争，即对敌斗争。在鄂豫皖根据地创建和发展过程中，始终面临着优势敌军的镇压和“围剿”。一开始是各派国民党军阀的“会剿”：第一步四面包围，分进合击，消灭红军主力；第二步分区“清乡”“清剿”“搜剿”；全面“围剿”开始后，进一步采取“驻剿”“追剿”“堵剿”的办法。同时，组织反动地方武装清查户口，诱使革命群众自首，并实行血腥镇压。1932 年 6 月第四次“围剿”时，国民党军队还提出所谓“三分军事，七分政治”的口号，采取编组保甲，移民并村，厉行连坐的办法，强化各级政权的统治和武装力量。主力红军西移后，仍以 15 个师 2 个旅的兵力进行“清剿”，实行“三光”政策。敌军所至血流遍地，庐舍成墟，满目凄凉。敌人攻占麻城苏区后，经常有数千贫苦农民被杀，一次集体屠杀几十甚至几百人，其所用的活埋、刀砍、火烧的野蛮手段难以枚举，许多革命者即使手足被砍去，或被钉在门板上，也仍然宁死不屈。

四、从军事斗争上看，鄂豫皖革命根据地探索和运用人民战争的战略战术达到了炉火纯青的地步

根据地在创建时期和后期坚守阶段主要采用游击战术，主要的战争形式是机动灵活的游击战争。1929 年 11 月，鄂豫边第一次党代会通过的《军事问题决议案》提出了游击战术的 7 条原则：集中作战，分散游击；红军作战尽量号召群众参加；敌情不明，不与作战；敌进我退，敌退我进；对敌采取跑圈的形式；对远距离的敌人，先动员群众扰乱敌人，次采取突袭的方式；敌人如有坚固防御工事，不与作战。红二十八军在坚持鄂豫皖游击战争的三年中，不断摸索战争规律，总结战斗经验。1935 年 7 月，高敬亭在店前河召开营以上干部会议，提出了“敌情不明不打，伤亡过大不打，地形不利不打，缴获不多不打”，即“四不打”的作战指导原则。在作战形式上，提出以游击战为主，辅以必要的伏击战。在作战区域上，要求不仅在苏区打，而且要到苏区外围的游击区和敌占区去打。在战术上，每战应集中比较优势的兵力，利用有利地形采取突然迅猛的手段，穿插分割围歼敌人。

根据地统一和保卫阶段主要采用运动战术，主要的战争形式是大规模运动战，辅以游击战。一般从小规模袭击、伏击开始，逐步发展到主动调动较大股敌人于运动中加以歼灭，一次歼敌人数已不只是成十成百而是成千上万；战术上避实就虚、围点打援、诱敌中伏、远途突袭、快速穿插、迂回包抄，运用自如。

比如，迂回包抄的经典战役双桥镇大捷：1931 年 3 月，红军首先用一部兵

力以飘忽行动袭占京汉路上的李家寨和柳林车站，调动大批敌人来援，然后抓住敌三十四师师长岳维峻所率部队孤军进抵双桥镇之机，集中5个团的优势兵力予以四面包围并攻击。战术动作上，以突然的正面进攻突破敌之外围，抢占若干要点，以一部从侧后迂回，对敌形成包抄之势；双方对峙时及时投入预备队，直捣敌军指挥中心分割敌人，并乘敌军阵势混乱、全面溃逃之际发起总攻，前后仅7个小时就全歼敌军，俘岳维峻以下5000多人。

又如，围困攻坚的经典战役黄安战役：1931年11月10日至12月23日，红军发起黄安战役，历时43天，歼敌近15000人，活捉敌六十九师师长赵冠英。这是红军第一次取得攻下由敌一个整编师兵力设防之强固据点的重大胜利，打乱了敌之南线"围剿"部署。战役采取了长期围困，逐步削弱敌人，创造条件，待机攻城的方针。作战步骤是：扫清外围，断敌联系；紧缩包围，打击援兵；时机成熟，发起总攻。

再如，围点打援的经典战役苏家埠战役：1932年3月，敌军12个团集结于六安之霍山的淠河东岸，以苏家埠为枢纽构成一线防御，阻止红四方面军向东发展。红军主力乘敌后方防御空虚渡过淠河，一部将敌6个团分别包围于青山店、苏家埠、韩摆渡三点。鉴于三地寨高濠深，强攻不易奏效，决定采用围困办法消灭守敌，并吸引六安、霍山之敌出援予以歼灭。时仅一周，环绕敌据点的密如蛛网的交通壕、盖沟、掩体便构筑起来。在红军坚固工事和严密火力封锁下，守敌如瓮中之鳖，而红军战士却在工事内练兵上课，歌声不绝。后六安、霍山两地同时出援，守敌被打援部队歼灭大部。青山店之敌冒死突围，死伤过半，余部窜入苏家埠、韩摆渡。4月，敌调集15个团兵力约2万人从合肥大举增援，红军以逸待劳将敌分割包围，予以全歼。困敌突围未成，待援无望，粮食匮乏，士气低落，于5月8日全部投降。历时48天，共歼敌3万余人，生俘敌总指挥厉世鼎、5个旅长、12个团长及以下18000余人。

五、从历史地位上看，鄂豫皖革命根据地在中国革命史上地位独特，贡献突出，是新民主主义革命时期中国革命的重要战略支点

一方面，鄂豫皖根据地与同时期的湘鄂西、湘鄂赣革命根据地互为犄角，同江西中央革命根据地南北呼应，成为中国土地革命战争不可或缺的重要战略区域。土地革命战争初期，井冈山在根据地的创建、武装斗争、土地革命和苏区建设等方面的经验，为全国各地实行工农武装割据树立了光辉榜样。早在1928年10月，中共鄂东特委成立后，就开始纠正把党的工作重点放在城市的

错误，提出“学江西井冈山的办法”，巩固与扩大现有割据区域，依托大别山造成武装割据的局面。沿着井冈山的道路到1932年6月，经过三次反“围剿”斗争的胜利，鄂豫皖革命根据地进入全盛时期。根据地迅速扩大，东起舒城附近，南到黄梅、广济，西跨平汉铁路，北濒淮河，面积达4万余平方千米，人口350万人，拥有黄安、商城、霍邱、英山、罗田5座县城，建立起26个县的革命政权，成为全国六大根据地之一。鄂豫皖根据地积累了党的建设、军队建设、政权建设、经济和社会建设等方面的丰富经验，一度成为苏区建设的典范。

另一方面，鄂豫皖根据地先后组建了三支主力红军——红四方面军、红二十五军、红二十八军，鼎盛时期主力红军一度发展到2个军6个师，还组建了4个独立师和少共国际团，总兵力达4.5万余人，各县独立团、游击队、赤卫军等地方武装发展到20万人以上。在五次反“围剿”中，牵制、歼灭了国民党80多万军队，有力地配合了其他根据地的革命斗争。1934年11月红二十五军北上长征后，留下红军和地方武装重建红二十八军，至全面抗战爆发前的3年间，在同中共中央失去联系的特殊环境下，多次粉碎敌人的重兵“清剿”，以不足2000人的兵力，牵制国民党大量正规军，最多时达68个团，约17万人，歼敌18个营又15个连和大量小股敌军，有力地支援了三大主力红军和红二十五军的长征，使革命的旗帜始终高高飘扬在大别山上。

鄂豫皖革命根据地是中国共产党的重要建党基地、中国革命的重要策源地、人民军队的重要发源地，被誉为“红军的故乡，将军的摇篮”。在鄂豫皖根据地创建和发展过程中，几十万共产党员、共青团员和人民群众献出宝贵生命，同时也造就了一大批党政军优秀干部，为以后抗日战争、解放战争和新中国成立建立了不朽功勋。

（作者：朱贵平）

第八篇

思想引领与鄂豫皖革命根据地的创立

2020 年，是鄂豫皖革命根据地创立 90 周年。这块当时的“全国第二大革命根据地”是怎么创建的？今天，重温 90 年前那段峥嵘岁月，回顾它的创建历程，我们感到，无论是从其创立的前提条件、组织决策来看，还是从其创立的力量支撑、基础保障来讲，党的正确思想引领都非常关键，在其中发挥了重要作用。本文拟对此作一些粗浅分析。

一、马列思想传播形成的斗争成果，为创立鄂豫皖革命根据地准备了前提条件

先进思想的广泛传播，对于革命运动的兴起和发展具有重要的思想引领作用。鄂豫皖革命根据地不是凭空而立的，是在马列主义思想指引下，在这种科学思想被广泛传播并取得一系列斗争成果的基础上诞生的。

（一）开展斗争的思想觉悟得以提高

五四运动以后，介绍、研究、宣传马克思列宁主义和各种社会思潮，在大别山地区成为一股时代的潮流。

一些在外地工作或求学的进步知识分子和青年学生，怀着拯救中华、改造社会的强烈愿望，不断将介绍马克思列宁主义和各种社会主义思潮的进步书刊传入家乡。他们创办进步刊物，学习研究马克思列宁主义和中国革命的理论，探讨改造中国的革命道路。

各种学习和研究团体陆续出现，宣传革命思想，培养革命骨干，集合了许多进步的积极分子。他们自己动手办报刊、开书店、办新校，学习传播马克列宁思主义。经过对马克思列宁主义的初步学习，更多的人开始懂得，要使中国革命取得胜利，就必须学习俄国十月革命的经验。

一些初步接受马克思列宁主义思想的优秀分子走出书斋，将革命理论与革命实践相结合，广泛地宣传和组织群众，不仅促进了革命群众运动的进一步发展，而且在马克思列宁主义引导下和革命实践活动中，其世界观发生了根本性的改变，斗争觉悟不断提高，迅速成长为无产阶级的先锋战士。

（二）领导斗争的党的组织得以建立

大别山地区是最早建立党组织的地区。经过五四运动及一系列反帝反封建的革命运动，大别山地区马克思列宁主义的传播日益广泛和深入，群众革命运动也达到相当规模，思想和干部骨干的准备更加成熟，并且有提高了革命觉悟的工人阶级和人民群众做基础，领导这里斗争的党的组织迅速发展起来。

1920 年 7 月中旬，恽代英等成立的利群书社在黄冈开会，成员一致拥护无产阶级专政，拥护苏维埃，赞成组织俄国式党，并成立了名叫“波社”（布尔什维克）的组织。中国共产党在上海宣布成立后，“波社”成员加入了党的组织。1921 年秋陈潭秋回到家乡，在聚星学校建立党组织，先后发展成立了两个党支部。随后，鄂东地区党的地方组织逐步建立起来。

从 1922 年开始，中共武汉党组织派人在豫南地区开展活动。1925 年 4 月，刘少猷组织召开党团会议，经过慎重讨论并报请中共中央批准，正式成立了中共信阳党团独立支部。这是豫南第一个以共产党员为主、党团合组的基层支部。在中共湖北党组织的帮助下，1925 年 6 月，商城也建立了党团支部。豫南地区中共地方组织也逐步建立起来。

皖西地区党的组织是从建团起步，而建团又是从旅外青年学生中开始的。1920 年 10 月，在安庆读书的霍山籍进步青年学生舒传贤开始组织社会主义青年团。1923 年寒假，薛卓汉、徐梦秋回乡期间，在小甸集小学组织党员成立中国共产党特别支部。1925 年冬，上海大学党组织派共产党员王绍虞（化名刘静）回原籍六安建党，在城区成立了中共六安特别支部。皖西地区党的组织也逐步建立起来。

（三）蓬勃的农民运动得以开展

在革命思想指引下建立起来的大别山地区党的组织，与实际斗争紧密结合，进行了卓有成效的工作，推动了鄂豫皖地区农民运动的迅猛开展。

北伐战争前，信阳于 1925 年 8 月至 9 月，在鄂豫皖三省边区最先竖起农民协会的旗帜。到 1925 年底，信阳一县即建立 10 个区农会，会员 5 万人。湖北全省建立起农民协会等各类组织的有 10 余县，3 万人参加。皖西寿县小甸集特支建立后，成立了瓦埠五区农民协会。霍邱乌龙庙总支成立了下辖 6 个支会的区农民协会。六安特支还举办农民夜校，建立农民协会，开办民众师资训练所，专门培训农民运动骨干。积极向农民宣传革命道理，启发农民认清组织起来的力量。随着北伐革命战争胜利进军，农民协会组织得到了普遍发展。

在北伐革命的凯歌声中，鄂豫皖农民协会领导下的农民武装以多种形式建立和发展起来。他们争取和改编红枪会，动员和引导各种枪会实行反军阀的武装联合，组建农民卫军，积极掌握部分枪会的领导权等，积极配合北伐革命军的行动，形成了对北伐战争的有力支援。

与此同时，各地农民协会领导广大农民向封建地主阶级展开猛烈而坚决的斗争。实行减租减息，削弱地主剥削，开展抗租、抗息、抗债、抗捐、抗粮的“五抗”斗争，摧毁各种“税卡”，摆脱军阀勒索，等等。在政治上、经济上，狠狠打击了封建地主阶级的代表土豪劣绅，掀起了一场深刻的农村变革，改变了农村的封建统治秩序。

大别山地区先进思想的传播，使人们的斗争觉悟得到很大提高，领导斗争的党组织得以迅速建立，农民运动得到广泛开展，这些都是创立鄂豫皖革命根据地非常重要的前提条件。

二、规模发展共识达成的重要决策，为创立鄂豫皖革命根据地提供了组织保证

大别山地区是分属三省的一个区域。在实际斗争中，三省党政军领导形成了统一领导、统一指挥，达成了整个大别山地区割据局面规模发展的共识。党中央适应新的斗争形势要求对其给予充分肯定，着眼全局及时作出决策，从而提供了有力的组织保证，直接推动了鄂豫皖革命根据地的形成。

（一）各自为战难显鼎足优势

鄂豫皖边区革命根据地统一形成之前，鄂豫边、豫东南、皖西三块革命根据地及其工农武装，在三省边界地区鼎足而立。战略上遥相呼应，战术上积极支持。不仅取得军事上的胜利，也使三块革命根据地日益巩固。但随着三省边界武装割据局面的不断扩大，三省军阀势力对根据地的“会剿”和“围剿”也步步升级、不断加强。三块红色区域自成一体的斗争格局，已很难适应斗争形势的需要。

一是三块根据地的党组织分属位于三省中心城市的本省省委领导。在交通不便、形势瞬息万变的情况下，很难做到上令及时下传、下情及时上达，难以保证迅速贯彻上级指示和及时汇报下级情况，使工作受到很大影响。

二是三地的红军武装各自为战，缺乏统一指挥，行动不能一致，难以共同对敌。存在着被敌人分割围困、各个击破的危险。

尽快实现三块根据地党组织、革命政权和红军队伍的统一领导，成为推动大别山地区革命形势发展的必然趋势和迫切要求。

（二）三省心愿上下达成共识

在斗争实践过程中，鄂豫皖党组织逐步形成了根据地党组织和红军统一领导、统一指挥，形成对整个大别山地区武装割据局面的战略构想和宏伟目标，这是三省党组织的共同心愿。在这种战略构想指导下，鄂豫边和豫东南革命根据地率先在实践中进行了积极的尝试。

对此，身处鄂豫皖边区的中共中央巡视员给予了热情支持。他们在给中央的报告中反映，鄂东北特委在与豫东南特委召开的联席会议上，提议召集皖西北特委召开“三特委”联席会议，组建联合办事处；豫东南特委赞同召集“三特委”会议，讨论“三特委”横向关系上的所有问题。建议把湖北的黄安、麻城，河南的商城、光山，安徽的六安等县联络起来，建立鄂豫皖边界特别区，以创造有利于整个大别山区的武装割据。

对此种战略构想，党中央也给予了充分肯定。1930 年 2 月，中央军委书记周恩来得知大别山区情况后甚是高兴。他认为，大别山位于鄂豫皖三省交界处，战略地位十分重要。以红十一军番号命名的三支红军队伍没有军部，分属三省党组织领导，不利于集中协同作战，不利于整体作用发挥。三支红军队伍统一领导、统一指挥，把三块革命根据地统一起来，不仅对鄂豫皖三省，而且对全国都具有重大战略意义。

建立统一的鄂豫皖革命根据地不仅是三省心愿，而且与中央上下达成了共识。

（三）着眼全局作出正确决策

中共中央根据鄂豫皖边区革命形势的发展需要和当时的有利时机，当机立断，迅速作出关于建立鄂豫皖革命根据地的决定。在不到一个月时间里，连续发出多封指示信，作出相关安排和部署。

2 月 25 日，中共中央指示，将湖北的黄安、麻城、黄陂、孝感、罗田、应山（后增黄冈、安陆），河南的商城、光山、固始、潢川（后增罗山），安徽的六安、霍山、霍邱、英山、寿县、颍上、合肥等县划为鄂豫皖边特别区，成立中共鄂豫皖边特别区委员会，统一领导边区的革命斗争。

3 月 17 日，中央指示信就鄂豫皖边特委的组成和主要领导成员作出了决定，郭述申为书记。

3 月 18 日，中央指示信又对鄂豫皖边区军事工作的任务和策略路线作出指示，并决定将红三十一、三十二、三十三师合编为中国工农红军第一军，集中组织、统一指挥作战。

根据中央指示，中共鄂豫皖边区特委于 3 月 20 日在黄安县箭厂河成立，红一军于 4 月至 5 月改编完成，鄂豫皖边区苏维埃政府于 6 月下旬成立。自此，鄂豫皖革命根据地正式形成并迅速崛起，成为全国的六大根据地之一。

中共中央在与鄂豫皖党组织达成寻求更大规模发展共识基础上，作出的一系列重要决策，为创立鄂豫皖革命根据地提供了有力的政治领导和组织保证。

三、武装斗争号召诞生的工农红军，为创立鄂豫皖革命根据地提供了有力支撑

虽然具备了一定的前提条件，并拥有一致的迫切愿望，但在白色恐怖笼罩之下，建立工农革命根据地没有一定的硬实力是不可能实现的。党的八七会议发出武装反抗反动派镇压的号召后，在大别山地区三大武装起义中诞生并发展壮大的工农红军，为创立鄂豫皖革命根据地提供了有力支撑。

（一）三支起义武装，开辟了三块红色区域

江南有我党领导的三次著名起义，江北大别山地区也有三大起义。在鄂豫皖革命根据地形成前，大别山地区三大起义建立的三支工农武装，分别开辟、建立了自己的根据地。

1927 年 11 月，黄安和麻城两县委联合行动，共同举行黄麻起义。3 万人的农民起义军一举攻克黄安县城，起义取得重大胜利。参加暴动的黄、麻两县农民自卫军被改编为中国工农革命军鄂东军，于 12 月转移到湖北黄陂的木兰山地区开展游击战争。1928 年 1 月，鄂东军被改编为中国工农革命军第七军。5 月，红七军进驻柴山保开展革命斗争，开辟了包括湖北黄安、麻城，河南光山三县边界地区在内的鄂豫边革命根据地。这是鄂豫皖边界地区诞生的第一块革命根据地。7 月下旬，第七军被改编为中国工农红军第十一军第三十一师。

1929 年 5 月，中共商罗麻特别区委在 5 月 6 日（即农历立夏节）午夜举行武装起义。当晚，商南地区 10 余处起义同时举行，经过巧妙设计，一枪未发便瓦解了民团主力。起义队伍基本控制了这一地区。5 月 9 日，商罗麻特别区委组织各路起义队伍会师商城县斑竹园，召开了有数千人参加的庆祝起义胜利大会，宣布成立中国工农红军第十一军第三十二师。这是鄂豫皖边界地区诞生

的第二支红军部队。之后展开创建根据地的游击战争，形成了以商城县南溪、吴家店为中心，纵横六七十里的豫东南革命根据地。

1929年10月，六安中心县委决定在六安、霍山地区“领导农民由一个群众示威的形式”转变为“地方暴动”。11月8日，数千名手持大刀、长矛、鸟枪的农民涌向独山镇，将反动自卫团驻地马家祠堂团团包围，经过一番激战，起义队伍占领了独山。与此同时，独山周围地区的农民纷纷举行暴动，与之紧密呼应，横扫这里的反动武装，六霍起义取得全面胜利。1930年1月20日，六安中心县委宣布成立中国工农红军第十一军第三十三师。这是鄂豫皖边界地区诞生的第三支工农红军。之后，在兄弟部队配合下积极开展游击战争，开辟了以六霍为中心，南北长200余里、东西宽100余里的皖西革命根据地。

在黄麻、商南、六霍起义的基础上，鄂豫边、豫东南、皖西三块革命根据地和三支工农红军的创建与发展，为创立以大别山为中心的鄂豫皖革命根据地奠定了基础，提供了可能。

（二）主动出击作战，扩大了根据地的规模

1930年6月至8月，鄂豫皖革命根据地形成之初，由红十一军3个师合编而成的红一军，利用蒋介石与冯玉祥、阎锡山军阀之间中原大战的有利时机主动出击，连战皆捷，促进了根据地规模的不断扩大。

徐向前率领红一师向平汉铁路线出击，开展机动灵活的游击战争。6月11日，夜袭鄂北广水镇杨家寨车站，歼敌2个连。6月29日，诱敌深入，消灭进驻杨平口以南的郑家店之敌，毙、伤、俘敌千余人。7月29日，突袭孝感县花园镇，全歼蒋嫡系1个团。部队由原来的800多人扩大到3000余人。

红二师、红三师在军长许继慎率领下出击皖西，向六安、霍山西部地区的反动据点发动进攻，并第3次攻下霍山县城。围点打援，全歼了唐生智部韩杰旅1000余人，并迅即占领了英山县城。部队在战斗中得到了很好的锻炼与发展。

紧接其后，3个师在会合过程中寻找战机、配合作战，于8月下旬在黄安县西北区四姑镇，又歼灭、击溃敌各一个团。

红一军的进攻作战取得重大胜利，部队由改编时的2100余人，发展到5000余人。所到之处收复失地，开辟新区，打击反动武装，帮助群众重整家园，恢复苏维埃政权，鄂豫皖革命根据地逐步扩大，与湘鄂西、湘鄂赣革命根据地互成犄角之势，与中央革命根据地南北呼应，在全国革命斗争中进一步凸显了重要作用。

（三）打破三次“围剿”，促进了根据地的巩固

1931年10月，蒋、冯、阎军阀混战结束。针对蒋介石反动派对革命根据地发动的大规模“围剿”，根据地军民采用正确的战略战术，先后打破敌人的三次“围剿”，进一步扩大和巩固了鄂豫皖革命根据地。

1930年11月至12月，鄂豫边的地方武装和游击队在内线依靠人民群众，坚持游击战争，牵制、袭扰和打击敌人。此外，刚刚进入鄂豫皖的红十五军迅速会合红一军，在外线集中优势力量，在运动中寻机歼敌，先后歼敌4个团，毙、俘敌团长以下5000余人，打破了敌人的第一次“围剿”。

1931年3月至5月，由红十五军与红一军合编而成的红四军，以一部分兵力牵制麻埠的敌人，另集中4个团的兵力全歼独山镇守敌1个多团，先后歼敌5000余人，并收复皖西被敌占领的地区。国民党军队的第二次“围剿”又被打破，红四军总人数发展到近2万人。

1931年9月至11月，红四军和10月成立的红二十五军合编为红军第四方面军，根据国民党军队暂无行动和缺乏统一指挥的有利形势，实行外线进攻作战的方针，先后发起黄安、商潢、苏家埠、潢光四次战役，歼敌约6万人，给予敌人沉重打击，使国民党军队对鄂豫皖根据地的第三次“围剿”未及发动，即宣告流产。

到1932年6月，鄂豫皖革命根据地得到了进一步的巩固和扩大。根据地东起淠河，西至平汉铁路线，北达潢川、固始，南至黄梅、广济，总面积4万余平方千米，人口350多万人，拥有黄安、商城、英山、罗田、霍邱5座县城，建立了27个县的革命政权，成为当时全国第二大革命根据地。红四方面军发展到4.5万余人，成为全国三大主力红军之一，在鄂豫皖革命根据地的创建中，发挥了重要的支撑和保障作用。

四、工农割据构想展开的社会变革，为创立鄂豫皖革命根据地奠定了扎实基础

不是有了武装力量，有了组织机构，革命根据地就建成了。一块革命根据地要真正立起来、站得住，还需要扎扎实实地进行社会变革，搞好根据地建设。在工农武装割据构想的统领下，根据地内部开展的一系列改革和建设，为创立鄂豫皖革命根据地打下了坚实基础。

（一）加强党的建设

党的建设是根据地建设的重要内容。鄂豫皖三省边区党的组织，在工作中十分重视所辖区域县以上党委，如特委、中心县委，以及县委和党的基层组织建设。为适应发动工农武装起义、开创革命根据地的需要，适时地建立、健全和调整、加强党的组织领导。

鄂豫皖边特别区委成立后，根据地建立起了统一的党的组织系统，逐步形成了比较健全的领导机构。党的建设更加规范，并得到了进一步的加强。

各级党委实行民主集中制，充分发挥广大党员的积极性、创造性。建立健全党的组织生活制度，规定各级党委成员都要参加支部生活。注重党的思想建设，通过多种形式用马克思列宁主义教育党员。注重加强党的作风建设，坚持实事求是的原则，强调调查研究，发扬党的优良作风，克服工作中各种形式的主观主义。注意区分党委与政府的职能，避免出现以党的组织代替群众组织，充分发挥政府、军队和群众团体的作用等。

根据地党的建设，密切了党与人民群众的联系，形成了生动活泼的政治局面。支部的战斗堡垒作用和共产党员的先锋模范作用得到充分发挥，各级党组织成为领导群众向反动派斗争的坚强核心力量。

（二）建立红色政权

政权问题是一切革命的根本问题。鄂豫皖三省的党组织，始终把武装推翻代表地主阶级和买办资产阶级利益的国民党政权，建立以代表工农为主体的人民大众根本利益的革命政权当作一项重要任务。

在发动武装起义和创建三块革命根据地之初，即迅速建立了革命政权。1927 年 11 月黄麻起义胜利后，黄安县农民政府成立，后改为苏维埃政府。这是鄂东北乃至鄂豫皖边区最早创立的县级红色政权。1929 年 5 月商南（立夏节）起义胜利后，成立了商城县苏维埃政府。1929 年六霍起义后，成立了霍山县苏维埃政府等。

1930 年 6 月下旬，鄂豫皖边区第一次工农兵代表大会召开，选举产生了鄂豫皖边区苏维埃政府。制定了苏维埃政府临时组织大纲，逐步形成了特区、县、区、乡、村 5 级苏维埃政权，并依照苏维埃政纲和法规行使执政职能。

鄂豫皖革命根据地的苏维埃政权建设，打碎了旧的反动统治机器，改变了半封建半殖民地的社会性质，使广大人民群众第一次真正成为社会的主人，积累了局部执政、开展政权建设的经验，对搞好工农武装割据发挥了重要作用。

（三）实行土地革命

大别山三大起义之后，党的组织及其建立的红色政权，明确提出了实行土地革命的口号，准备开始有组织、有计划地进行土地制度改革。但由于革命根据地尚未巩固，环境不够稳定，除少数地区尝试性地开始改革土地制度外，多数地方主要进行“五抗”运动，或减租减息，或镇压罪大恶极的土豪劣绅，或把没收地主的粮食分给贫苦农民等。

鄂豫皖革命根据地统一形成后，出现了相对稳定的局面，具备了有利条件，根据地全面开展了以分配土地为中心内容的土地革命运动。制定了土地改革法令，颁布了土地政纲实施细则，开办训练班培训骨干，进行土改工作试点，采用合理的步骤和方法等。到 1930 年仲夏，根据地范围内基本上完成了土地制度改革。

党领导的这场土地革命，改变了土地所有制性质，摧毁了延续几千年的封建土地制度，扫除了社会经济发展的障碍，使广大农民迅速分清了国共两党、两个政府所代表与维护的阶级利益的根本不同，调动了他们支援革命战争、保卫和建设革命根据地的积极性，从而成为工农武装割据的雄厚基础和强大力量，保证和促进了根据地的建设与革命战争的发展。这是鄂豫皖革命根据地得以创立起来，并能够长期坚持的基本原因和扎实基础。

在鄂豫皖革命根据地的后来发展中，顽强斗争信念支撑的浴血拼搏，赓续了鄂豫皖革命根据地的不熄薪火；抗战救亡方针引领的敌后作战，立起了鄂豫皖抗日根据地的战斗旗帜；打破围困指示促成的中原突围，保存了鄂豫皖革命根据地的骨干力量；外线作战思想指引的千里跃进，实现了鄂豫皖革命根据地的恢复重建（创建大别山解放区）等。这些都是思想引领在这个区域的革命斗争中发挥作用的重要表现。

回顾是为了纪念，而纪念就要对它进行深刻认识和总结，以有利于现在和将来的事业。我们要永远铭记鄂豫皖革命根据地的历史地位、巨大贡献和重要意义。从本文的研究角度来说，主要是着眼新时代的形势任务要求，深刻认识思想引领的重要性，把握思想引领的特点规律，运用有效方法实施科学引领，提高思想引领力，把我们的事业不断引向光明灿烂的未来。

（作者：吕杰）

第九篇

论红一军的突出历史贡献

中国工农红军第一军，是诞生于鄂豫皖革命根据地的主力红军，是鄂豫皖边区第一支实现统一指挥的红军，是红四方面军的主要源头。六安是红一军的主要发源地，其初建时所辖的3个师、1个独立旅中，有2个师、1个旅是在六安境内组建的。红一军的组建统一了鄂豫皖边区的军事指挥，是鄂豫皖革命根据地形成过程中的关键一环。红一军完成改编后，先后在皖西和鄂豫边实行进攻作战，打破了国民党军对鄂豫皖根据地的第一次大“围剿”，对根据地的巩固和发展起到了关键作用。红一军作战勇猛、战术灵活，形成了鄂豫皖红军的战斗作风，丰富和发展了红军的战略战术。

一、红一军的组建统一了鄂豫皖边区的军事指挥

红一军的组建是在中共中央直接指导下进行的。1930年春，随着红三十一师、三十二师、三十三师先后成立，鄂豫皖边区以大别山为中心的工农武装割据已初具规模。在鄂豫皖边区革命斗争发展的关键时期，党中央作出组建鄂豫皖边特委和红一军的重要决策，并且派郭述申、许继慎、曹大骏、熊受暄等人担任党和红军的领导人，加强对鄂豫皖边区革命的直接领导。2月25日，中共中央发出给湖北省委、河南省委、六安中心县委的指示信，决定将湖北的黄安、麻城、黄陂、孝感、罗田、应山（后又增加黄冈、安陆），河南省的商城、光山、固始、潢川（后又增加罗山），安徽省的六安、霍山、英山、霍邱、寿县、颍上、合肥等县，划为鄂豫皖边特别区，成立鄂豫皖边特委。3月18日，中共中央发出给鄂豫皖边特委并转红三十一、三十二、三十三师的指示信，决定将3个师编成红军第一军，并且加紧执行扩大红一军的策略，明确提出其军事工作的任务和策略路线，并指定了红一军前委、军部、各师的主要领导人及其组织隶属关系。

红一军的组建与改编是分三次完成的。4月10日，鄂豫皖边特委书记郭述

申在黄安县箭厂河主持召开鄂豫皖边特委和红军领导干部会议，传达党中央关于组建红一军的指示，宣布成立红一军前敌委员会，曹大骏任书记，讨论和通过了红军改编的决议。会后组成红一军军部，军长许继慎，政治委员曹大骏，副军长徐向前，政治部主任熊受暄。军部下设政治部、参谋处、军需处、军械局和直属医院、教导队。红三十一师被改编为红一军第一师，徐向前兼任师长，戴克敏任政委，下辖5个大队800多人。红一军组建之时，红三十二师、三十三师正在皖西活动，前委于4月中旬决定由许继慎、曹大骏率军部前往商南和皖西完成改编任务，徐向前率第一师留鄂东北。5月中旬，红一军军部与红三十二师在南溪会合，将红三十二师改编为红一军第二师，漆德玮任师长，王培吾任政委，下辖4个团600多人。同时，以红三十二师一部和当地游击队300多人组建为红一军独立旅，廖业祺为旅长，留守豫东南根据地。军部则率第二师东进皖西。5月23日，红一军前委在流波礛召开六安中心县委和红一军第二师、三十三师师委联席会议，决定将第二师一部与红三十三师合编为红一军第三师，周维炯任师长，姜镜堂任政委，下辖2个团300多人。至此，鄂豫皖边区的三支红军统一整编完毕，全军2100余人直属中央军委指挥。红一军初建时共3个师和1个独立旅，其源自皖西的部队有第二师、第三师和独立旅3支部队，人数达到1200余人，占到红一军总人数的60%。

红一军的组建将3支分散的红军部队统一起来指挥，是鄂豫皖革命根据地形成统一的关键一环。中共鄂豫皖边特委、红一军、鄂豫皖边区苏维埃政府的成立，标志着鄂豫皖革命根据地正式形成，使大别山区域工农武装割据成为现实。

二、红一军对鄂豫皖革命根据地的巩固和发展起到了关键作用

红一军自组建到1931年1月与红十五军合编为红四军，前后历时9个月时间，对鄂豫皖革命根据地的巩固和发展起到了至关重要的作用。

（一）红一军实施进攻作战，巩固了刚刚建立的鄂豫皖革命根据地

红一军成立之后，前委遵照中央军委指示的发展方向，决定第一师向平汉线南段出击，军部指挥第二、第三师东征皖西，扩大游击范围。6月，红一军第二、第三师向六安、霍山西部地区反动据点进攻，接连收复流波礛、麻埠、独山、两河口等地，接着东渡淠河第三次打下霍山县城。此后，敌新编第五旅反扑霍山，红军迎头痛击，共毙、俘敌副旅长以下700余人。7月初，第二、

第三师在燕子河与中共英山县委领导的游击队会合，于13日在英山县狮子坳全歼敌韩杰旅1000余人，红军乘胜占领英山县城。英山县城解放后，第二、第三师又奔袭罗田。从6月到7月，第二、第三师在军部率领下东征皖西和鄂皖边，先后解放霍山、英山、罗田3座县城，歼敌3000余人。部队也得到迅速发展，第二师发展到1200余人枪，第三师发展到600余人枪，并且装备了迫击炮和机关枪等重型武器。

在军部率领第二、第三师东征皖西的同时，第一师在徐向前的指挥下向平汉线南段实施突击作战，取得了“三战三捷三扩编”的胜利。6月11日晚，红一师向平汉线南段首战出击，夜袭杨家寨车站，歼敌两个连，战后在夏店进行首次扩编，由800余人扩大到1200余人。6月29日，第一师在杨平口东北消灭敌人一个团，毙俘敌1000余人，接着进行第二次扩编，全师兵力达1500余人。7月29日清晨，第一师突袭花园，全歼蒋嫡系1个团，毙俘敌1400余人，缴获重机枪8挺、迫击炮5门、长短枪800余支。战后进行了第三次扩编，全师组成2个步兵团、1个机炮混成团，共3000余人。8月22日，军部率领第二、第三师与第一师在四姑墩会合，再歼敌2个多团。

从6月至8月，红一军抓住新军阀大混战的有利时机，分东西两线积极开展进攻作战，取得了一系列战斗的重大胜利，歼敌7000余人。红一军采取边作战、边整训、边补充的方法，使战斗力不断提高，部队人数由改编时的2100余人发展到5000余人。随着红一军进攻作战的胜利，失陷的根据地得到恢复，各地党组织和政权组织积极发展。鄂豫边区的黄安、麻城、黄陂、商城、光山、罗山、潢川等县党组织得到很大发展，并新成立了中共陂孝北县委、县临时苏维埃政府，商固边区苏维埃政府，在光山县成立了6个区苏维埃政府；六安中心县委领导下的皖西根据地也得到恢复和发展，拥有2座县城——霍山、英山，4个县级工农政权——霍山县苏维埃政府，六安、潜山、英山县革命委员会，红色区域进一步向南发展，与红八军第四、第五纵队活动的蕲黄广红色区域相呼应。

（二）正确抵制“左”倾冒险错误，使鄂豫皖革命根据地避免遭受更大损失

1930年6月11日，中共中央政治局会议通过了《新的革命高潮与一省或几省首先胜利》的决议，以李立三为代表的“左”倾冒险错误在党中央占了统治地位。中央军委给予鄂豫皖边区的任务是迅速发动武汉周围地方起义，配合以“武汉为中心的一省与数省革命暴动首先胜利”，并要求红一军在8月1日前扩大到3万人，发展方向是切断平汉路，联合红二军和红六军“打到武汉

去”。9月初，中共鄂豫皖边特委、京汉区特委和红一军前委及同级工会、共青团领导机关合并为京汉特别行动委员会，根据中共中央关于“一支枪也要集中到红军中去”的指示组成红色补充军，成立了鄂豫边区红色补充军总部。同时，将各县、区游击队集中起来，扩大为正规红军。9月18日，边特委根据党中央提出“组织以武汉为中心的全国总暴动，建立全国苏维埃政权”的策略任务，决定“组织黄陂、潢川、宋埠为中心的全区总暴动，以促进与巩固以武汉为中心的全国总暴动的胜利”。在皖西成立了六霍总暴动指挥部，制订了总暴动计划，将地方红军和游击队扩大为正规红军，先后组建了中央独立第一师3000余人、中央独立第二师约700人、六霍赤卫师四五千人。“左”倾冒险错误的贯彻给鄂豫皖边区党、红军和根据地带来了严重危害。9月中下旬，红一军北上广水、信阳，不仅均未达到作战目的，部队还遭到不少伤亡。六安中心县委领导新组建的独立一师、二师和六霍赤卫师苦战月余，未能保卫根据地，到10月初皖西苏区“几乎完全塌台，军事上只留很少部分”①。

在贯彻“左”倾冒险错误过程中，红一军逐渐认识到切断平汉线的冒险任务难以实现，远离根据地得不到支援将难以立足，于是在外线作战中开始注重地方武装和政权建设。红一军前委鉴于在平汉铁路沿线继续活动不利，在占领正阳以南陡沟镇之后，帮助当地组建游击队。同时，抽出干部发动群众，建立农民协会，开展了打土豪、分钱粮的斗争。红一军于10月初返回光山、潢川。10月7日，第一师强攻潢川县城未克，向西于16日攻克罗山县城，成立了罗山县工农兵革命委员会。第二、第三师于10月6日占领光山县城，中共光山县委召开群众大会、县革命委员会，成立了县工会和儿童团。从9月开始，红一军在平汉线往返转战于敌占区，歼灭不少反动武装，而且每到一地都帮助地方党组织开展宣传工作，深入发动群众，建立农民协会，扩大地方武装，开仓分粮，扩大了党和红军的政治影响。

10月中旬，红一军在光山县城召开全军第一次党员代表大会，对部队进行统一整编。第一师由3个团合并为第一、第三团，第二、第三师合编为第二师，辖第四、第六团，同时从第一、第二师各抽调5个连对调混编，各级干部也进行了调整。红一军前委应中共六安中心县委的要求，将军属独立旅、黄麻补充营同中央独立一师合编为红一军第三师，师长肖方，全师约1000人，配合皖西地方党组织和武装恢复根据地。红一军整编后，共辖3个师和1个随营学校，共6000余人。红一军第一次党员代表大会召开时，党的六届三中全会精神还未传达到鄂豫皖边区，因此在检查前委工作时仍以是否坚决执行“立三

① 中共六安地委党史工作委员会：《皖西革命史》，安徽人民出版社1987年版，第113页。

路线”为尺度，使错误的批评占了上风。但“左”倾冒险错误脱离客观实际，急于求成，从一开始推行就遭到了怀疑、抵制和反对。红一军虽然按照“左”倾冒险计划集中兵力向平汉线出击，但也没有完全按照“切断平汉线，切断长江，以进逼武汉”的指示去办，特别是在作战不利的情况下，前委适时地改变了攻打城市的计划，主动撤出平汉线，返回根据地，这种行动本身就是对“左”倾冒险计划的抵制。正如徐向前在《历史的回顾》中所说：“我军三次出击平汉路，积极向外发展，虽取得不少胜利，但不能说没有受‘左’倾路线的影响。那个时候，我们水平不高，不懂得什么路线斗争，中央的指示发下来，总的是要执行的。实在行不通的事，如打武汉，不干就是了，只能采取这种方式抵制。”根据地和红军的领导人在讨论时认为，“一支枪也要集中到红军中去”的做法势必给地方造成不良的影响，根据地的巩固和人民群众离不开地方武装，红军作战也离不开地方武装的支援配合等。

1930 年 9 月 24 日至 28 日，中共中央在上海召开扩大的六届三中全会，结束了李立三“左”倾冒险错误在中央的统治。10 月 18 日，中共中央给鄂豫皖边特委发出指示信，说明目前全国还没有“直接武装暴动的形势”，指出根据地党组织的中心任务是“巩固根据地的发展”，“加强红军，巩固红军”，进一步建设苏维埃政权，深入土地革命，纠正对中农不正确的态度和在经济政策上“实行过早的办法”。指示中还对红军的发展方向，统一各个根据地的领导和统一整编红军问题作了具体规定；并纠正了红一军过去直属中央指挥的决定，改为“一切直接集中于特委指挥之下”，从而使红军作战与地方工作协同一致。11 月底，中共中央派曾中生来到鄂豫皖革命根据地担任特委书记兼军委主席，进一步纠正“左”倾冒险错误各项政策，使根据地和红军又走向了健康发展的道路。

（三）红一军打破第一次“围剿”，胜利地保卫了鄂豫皖革命根据地

1930 年冬，敌人对全国的革命根据地实施第一次“围剿”，对鄂豫皖革命根据地的“围剿”由武汉行营主任何成浚负责。这时，敌人由于几乎侵占了皖西根据地，故将“围剿”的重点放在鄂豫边根据地，“围剿”的兵力达 8 个师又 3 个旅近 10 万人。

红一军在未查明敌人“围剿”的企图和部署之前，仍依照长江局的指示，于 11 月上旬率第一、第二师南下，准备向长江沿岸发展，打通与红十五军的联系。南下途中，先后在姚家集、黄安、谢店、新洲打了 4 场仗，意外打乱了敌人“围剿”的部署，为鄂豫边军民反“围剿”赢得了准备时间。12 月 1 日，红一军东移旦店休整，传达了党的六届三中全会的决议，考虑到向东深入沿江

一带的白区不利于机动作战，而皖西根据地大部分地区被敌侵占两个月之久，商南形势危急，前委改变了向长江沿岸发展的计划，转向皖西、商南作战。

敌人对鄂豫边革命根据地大举“围剿”之时，红一军已挺进商南、皖西，鄂豫边区无主力红军，形势十分危急。在此情况下，曾中生召开原边特委、红一军前委（留后方者）和邻近各县县委负责人紧急会议，撤销了京汉行动委员会，成立了鄂豫皖临时特委、军委和临时特区苏维埃政府，以集中统一对反“围剿”的领导和指挥。12 月 9 日，南线之敌徐源泉第四十四师开始以黄安、七里界为中心进行合围。恰在这时，红十五军在军长蔡申熙、政治委员陈奇率领下转至黄麻地界，临时特委遂以红十五军为主力配合地方武装反击敌人。16 日，红十五军突破河口镇，迫使南线之敌转入守势。12 月 27 日，北线之敌吉鸿昌第三师、张印相第三十一师进犯七里坪，红十五军在阻击后有计划地撤离，决定东转外线，以求得与红一军相会合打破“围剿”。

红一军主力在皖西军民的配合下，反“围剿”斗争取得了重大胜利。12 月 6 日，第一、第二师在东进途中与在商南活动的第三师会合。14 日，第一、第二师奔袭金家寨，歼敌 1000 余人。随后乘胜东进，攻占麻埠、独山、青山店、苏家埠、韩摆渡，兵分两路包围六安县城。攻城战斗中，第一师师长刘英负伤，副军长徐向前代理师长。军部鉴于攻城作战不利，加之敌援兵赶至，下令撤围向南转移。至西河口后，第一师逼近霍山，第二师一部攻克叶家集，皖西根据地大部收复。敌见六安一度被围，霍山告急，急令 1 个师又 3 个旅向红军合围。红一军前委正确判断敌人意图，将主力集中于麻埠地区，伺机打破敌人“围剿”。12 月 29 日，敌第四十六师分左、中、右三路向麻埠进犯，而进占金家寨、叶家集之敌未敢冒进配合。军部决定采取集中主力，于运动中击破敌分路进攻。30 日，红一军第一、第三、第四团在东香火岭、同兴寺全歼敌中路军；接着，第九团在西香火岭将敌右路军击溃，追至石婆店与第六团前后夹击，将其全歼；随后，敌左路军在麻埠外围也被第一团、军部直属队和赤卫队击溃。东西香火岭战斗是打破敌在皖西“围剿”计划的关键一仗，红一军一天时间内歼敌 3 个团，溃敌 3 个团，毙、俘敌团长以下官兵 3000 余人，缴获长短枪 1700 余支、迫击炮数门和电台 1 部。此次战斗给敌第四十六师以毁灭性打击，其残部退守六安、霍山城，金家寨、叶家集之敌也退回商城、固始不敢复出。1930 年 1 月 14 日，军部率领第一、第二师在商城四姑墩地区再歼敌 1 个团。从 1930 年 12 月到 1931 年 1 月，红一军、红十五军和地方武装、群众武装，经过 1 个多月英勇顽强的战斗，毙、俘敌 5000 余人，缴枪近 3000 支，使敌人的第一次“围剿”计划破产。

四姑墩战斗后，红一军向商南转移，在长竹园与红十五军会师。随后，两支红军开往麻城福田河，组成了中国工农红军第四军，全军 12500 余人。根据党中央指示，红四军由中共鄂豫皖临时特委直接领导，从而改变了军队脱离地方党委领导的不正常状况。红四军的组成使两支红军部队统一起来，加强了领导，壮大了力量，这就为进一步巩固和扩大根据地奠定了基础。

三、红一军奠定了鄂豫皖红军的作战风格，丰富了红军战略战术

（一）红一军奠定了鄂豫皖红军的作战风格

徐向前在《历史的回顾》中，将红四方面军的战斗作风概括为 5 个字：狠、硬、快、猛、活。这种战斗作风是红军在鄂豫皖革命根据地的武装斗争实践中产生的，而且正是红一军奠定了鄂豫皖红军的战斗作风。红一军成立以后，始终处于连续作战状态，三次出击平汉线、两次东征皖西，先后取得了杨平口战斗、花园战斗、英山战斗、金家寨战斗、东西香火岭战斗等重大胜利。这些胜利的取得与红一军将士的英勇作战密不可分。红一军作战时红军将领靠前指挥、身先士卒，只要枪声一响，指挥员高呼“同志们，跟我来”，战士就奋不顾身，前赴后继，直至消灭敌人。据《中国工农红军第四方面军烈士名录》中统计，9 个月中红一军作战牺牲的团级以上军政干部就有 40 多人。这种作战风格延续到红四军、红四方面军、红二十五军、红二十八军，成为鄂豫皖红军的优良传统，在后来的历次战役战斗中显示了强大的威力。

（二）红一军丰富和发展了红军的战略战术

一是从游击战到运动战的发展和转变。红一军组建后，抓住军阀混战的有利时机，积极开展进攻作战。红一军集中主力，能够更有力地打击敌人，经常在战斗中一次性歼敌正规军 1 ~ 2 个团。红军的战术素养明显提高，由开始的小规模袭击、伏击，发展到主动调动较大股敌人于运动中加以歼灭，或是以全歼为目的对驻扎之较大股敌人实施突然攻击。英山战斗是攻据点与打援兵相结合，杨平口战斗是诱敌前来中伏，花园战斗是清晨夜袭，四姑墩战斗是迂回包抄，实现了红军战术由游击战向运动战的重要发展。在第一次反“围剿”斗争中，鄂豫皖红军的作战形式已经转变为以运动战为主，东西香火岭战斗正是这一转变的重要标志。

二是注重军事打击与政治攻势并重。杨平口战斗中，残敌据守有利地形，

第一师在加紧包围时火线喊话，高喊“穷人不打穷人”“交枪发路费回家”等口号，最终敌人在军事压力和政治争取下，全部缴械投降。花园战斗中，对负隅顽抗的残敌避免强攻硬打，巧妙地采取政治攻势和准备火攻相结合，迫使敌军瓦解，缴械投降，使红军以很小伤亡拿下敌人据守地点。此后在鄂豫皖红军的战役中，政治攻势结合军事打击的方式屡试不爽，尤其是在红四方面军开展的黄安、商潢、苏家埠、潢光四大进攻战役中，发挥了重要的作用。

三是重视发挥人民战争的威力。红一军进攻作战前，根据地内开展了热烈的拥军支前活动，苏维埃政府专门成立扩大红军委员会，动员数千名新战士到部队中，组织运输队、洗衣队、做鞋队，捐献大批慰劳品，支援和鼓舞了红军的作战。红一军在战斗中也得到了地方武装和群众的积极支持。第一师在首次出击平汉线时，地方党组织及时提供敌情，地方武装和群众大力支援，最终取得战斗的胜利。在东西香火岭战斗中，六安中心县委领导的游击队、赤卫队沿途袭扰和钳制敌军，红军反攻时主动配合夹击，对战斗的胜利起到了重要作用。开展人民战争也是鄂豫皖根据地第一次反“围剿”胜利的关键，当敌人“围剿”根据地时，鄂豫皖临时特委依靠人民群众开展广泛的游击战争，在游击队和群众武装的日夜袭扰下，数万敌军如陷入汪洋大海。皖西地区赤卫队和游击队的积极活动也有力支援了主力红军的作战，最终取得第一次反“围剿”的完全胜利，显示了人民群众游击战争的巨大威力。

（作者：苏明波）

第十篇

红一军的创建发展及相关问题的思考

1930年3月，党中央根据鄂豫皖地区高涨的革命形势，决定将鄂豫皖三省边界的三支红军整编为红一军，自此红一军诞生。1931年1月，为了粉碎国民党的“围剿”、壮大红军、发展鄂豫皖根据地，党中央决定将红一军与红十五军合编为红四军。虽然红一军在中国人民解放军的历史上只存在了10个月时间，但是在这短暂的时间内，红一军却对中国革命作出了巨大贡献。

一、红一军的诞生

1930年春，随着红三十一师、三十二师和鄂豫边、豫东南根据地的发展，红三十三师和皖西根据地的创建，由黄麻起义点燃的星星之火，已在鄂豫皖边区形成了燎原之势，初步实现了以大别山为中心的工农武装割据。同时，蒋介石与阎锡山、冯玉祥之间的“中原大战”在即，这样鄂豫皖边界地区各根据地和红军的统一，不仅条件成熟，而且日益迫切了。为此，1930年3月18日，党中央决定将红三十一、三十二、三十三师改编为中国工农红军第一军，以便统一指挥，集中力量乘着有利形势向外发展，红一军就此诞生。关于红一军诞生的原因，主要有三个方面。

（一）鄂豫皖苏区革命形势发展的结果

1927年11月13日，湖北爆发了黄麻起义。黄麻起义后保存下来的农民自卫军被改编为中国工农革命军鄂东军。1928年1月1日，湖北省委将鄂东军改编为中国工农革命军第七军。1928年5月下旬，红七军转移至地处湖北黄安、麻城和河南光山三县交界的柴山保，在鄂豫边实行“工农武装割据”。1928年7月，中共中央将红七军改编为中国工农红军第十一军第三十一师，吴光浩任军长兼师长，戴克敏任师党代表，曹学楷任参谋长。全师约120人，长短枪

100余支。这是鄂豫皖地区诞生的第一支红军。

1929年5月6日（农历立夏节），在中共豫东南特委的领导下，爆发了商南起义。同年5月9日，商南起义的队伍被改编为中国工农红军第十一军第三十二师。周维炯任师长，徐其虚任党代表，漆德玮任副师长，漆海峰任参谋长。全师100人，枪36支。这是鄂豫皖边界地区第二支红军。

1929年11月8日，在中共六安县中心县委的领导下，六安发动了独山暴动，起义队伍占领独山镇。11月19日，霍山县西镇地区爆发武装起义。两次起义合称“六霍起义”。1930年1月20日，六霍起义的队伍被改编为中国工农红军第三十三师，徐百川任师长，姜镜堂任政治部主任。全师共200余人，其中共产党员40余人，长短枪140余支。这是鄂豫皖边区的第三支红军。

在鄂豫皖三省交界的大别山地区诞生了三支红军后，为了壮大红军队伍，发展革命根据地，也为了在反“围剿”中统一指挥和作战协调，三支红军的整编势在必行。

（二）根据地建设发展的需要

在红一军诞生前，在鄂豫皖三省边界处的三支红军分别创建了鄂豫边、豫东南、皖西革命根据地。

鄂豫边根据地创建后，到1929年5月，割据地区已发展到北起光山县柴山保，南抵黄安县八里湾、桃花和麻城近郊，东达麻城县黄土岗，西迄孝感县汪洋店附近。在这纵百余里、横百三十里的区域内，普遍建立了基层农民政权，以柴山保为中心的鄂豫边革命根据地初步形成。到1929年10月，已经发展到南起黄安之八里湾和尹家河，北至光山陡沙河，西至罗山宣化店和孝感汪洋店，东至麻城黄土岗，纵横一百七八十里。在此范围内，除黄安县城、七里、八里湾仍驻有敌军之外，其余各地均为革命势力所有。

豫东南革命根据地创建后，到1929年10月初，在南溪林氏祠堂成立了商城县工农革命委员会。很快商城县南部各区、乡、村苏维埃政权便普遍建立起来，形成了一块以吴家店、斑竹园、南溪为中心，纵百余里，横近百里的豫东南革命根据地。

党中央为统一鄂豫边、豫东南两块根据地，于1929年9月24日决定将黄安、麻城、黄陂、罗田、黄冈，商城、光山、罗山等八县划为鄂豫边特别区，改鄂东北特委为鄂豫边特委。同年12月下旬，鄂豫边第一届工农兵代表大会在光山县召开，选举产生了鄂豫边革命委员会。鄂豫边特委和革命委员会的成立，使原鄂豫边、豫东南两块根据地和两支红军在领导上实现了统一。

皖西革命根据地创建后，到1930年春，初步创建了北起白塔畈、徐集、丁家集，南至金家铺、水吼岭，东抵淠河，西接商城南部的皖西革命根据地。纵180余里，横约百里，人口30多万。

到1930年3月，鄂豫边、豫东南和皖西三块革命根据地已经形成了“工农武装割据”的大好局面，为了保卫苏区，红一军的创建已经箭在弦上。

（三）扩大红军、发展红军的需要

1930年3月18日，《中共中央给鄂豫皖边特委并转红军三十一、三十二、三十三师师委及全体同志信》中指出：目前边特的军事工作任务无疑“是根据总的政治任务而决定的，就是扩大红军，发动地方暴动，扩大游击战争……与各方革命势力联系起来，以争取湘鄂赣等省政权（首）先胜利的前途”。要完成上面的重大任务，“首先是建立第一军，扩大第一军……中央认为，在目前要配合湘、鄂、赣等省（首）先胜利的工作准备，无疑的要把三十一、三十二、三十三三师红军在集中组织统一指挥原则之下联系起来，将这三师编成第一军，并且加紧执行扩大第一军的策略”①。

可见中央的目的非常明确，就是发展红一军，扩大红一军，为配合湘、鄂、赣等省首先胜利做准备工作。

从三支红军的具体发展形势看，红三十一师成立后发展迅速，1928年7月成立时约120人；到了1929年4月，红三十一师已发展到400余人；1929年10月，在取得了三次反“会剿”战斗的胜利后，红三十一师已经发展到700余人；到1930年3月，红一军成立时，红三十一师被整编为红一师，下辖5个大队，共800余人。红三十二师成立于1929年5月，到1930年4月中旬，在商南南溪被改编为红一军第二师时，共600人，枪500余支。红三十三师成立于1930年1月，到1930年5月下旬，在皖西被改编为红一军第三师，共300余人。

三支红军在整编前，从红三十一师到红三十三师的人数分别发展到800人、500人和300人，这就为整编为红一军创造了坚实的基础。1930年5月，鄂豫皖边区三支红军统一整编，红三十一、三十二、三十三师依次被改编为红一军第一、第二、第三师，另以红三十二师一部和商南地方游击队合编为独立旅，全军共2100余人。红一军诞生，军长许继慎、政治委员曹大骏、副军长徐向前、政治部主任熊受暄。

红一军成立后，革命队伍发展壮大得很快，到1930年10月中旬，红一军在光山县召开第一次党员代表大会时，红一军人数已经发展到6000人。

---

① 本书编委会：《鄂豫皖革命根据地》第一册，河南人民出版社1989年版，第77页。

二、红一军的发展

1930年3月红一军诞生后，不仅在国民党“中原大战”时期得到很大的发展，而且在鄂豫皖苏区第一次反“围剿”中得到了锻炼，取得了重大胜利。当然，也受到过“左”倾路线的干扰。

（一）利用“中原大战”壮大发展

1930年5月，蒋介石与冯玉祥、阎锡山之间的“中原大战”爆发。蒋介石为集中兵力，把原布防于鄂豫皖边区的精锐部队调至陇海铁路东段和京汉线上，而代之以川军中装备较差、战斗力弱的郭汝栋二十军一部驻守鄂东，这为红一军的大发展提供了良机。

面对难得的发展机遇，红一军党委决定在巩固根据地和扩大苏区任务的前提下，主动大举出击，向薄弱之敌发动进攻。

在皖西，1930年6月中旬，红一军的第二、第三师在军长许继慎、政委曹大骏的率领下，向六安、霍山西部的反动据点发起进攻，先后收复流波碴、麻埠、金家寨、独山等地，并攻下了霍山县城，共歼敌千余人。7月12日，军部率第二、第三师南下英山。13日，在英山县委领导的游击队配合下，在金家铺以南十五里的狮子坳，痛击国民党唐生智部的韩杰旅，并解放了英山县城，歼敌1000余人，缴枪1000余支，英山西部地区成为红色区域。

红一军在皖西作战期间，得到了皖西地区人民群众的大力支持。六安、霍山县一些区乡苏维埃政府还专门成立了“扩大红军委员会”，使第二、第三师由原来的900多人发展到1800多人。

第二、第三师在皖西作战胜利的同时，第一师在副军长兼师长徐向前率领下，积极向京汉线南段出击，行动于黄陂、孝感一带，连战连捷连扩编，使部队迅速壮大起来。

6月中旬，第一师奔袭了京汉线上的杨家寨车站，全歼国民党二十军郭汝栋部2个连，战后进行了第一次扩编，全师由原来的800余人扩充为1200余人。6月27日，第一师利用郭汝栋部刚刚失败后急于报复的心理，又在杨平口地区设伏，歼灭敌军千余人，战后进行了第二次扩编。

7月29日，第一师再度出击京汉线，袭击花园车站。经过3个小时战斗，全歼花园守敌，俘敌1400余人，缴重机枪8挺，迫击炮5门，长枪800余支。花园战斗的胜利，使第一师装备获得了显著的改进。战后，第一师在小河溪进行了第三次扩编，全师组成了2个步兵团、1个机炮混合团，人员已发展近

3000 人。

从 6 月至 8 月，红一军利用“中原大战”的有利时机，集中兵力向外发展，取得了在皖西、鄂东作战的重大胜利，这使刚刚统一起来的鄂豫皖红军得到了锻炼，壮大了队伍，提高了战斗力，使刚刚统一形成的鄂豫皖苏区得到了扩大和发展。

（二）在第一次反“围剿”中锻炼发展

1930 年 10 月，国民党“中原大战”结束以后，蒋介石集结了 8 个师 30 个旅近 10 万人的兵力，对鄂豫皖苏区发动了第一次“围剿”。

面对蒋介石的“围剿”，当时红一军主力正转战于商南、皖西，鄂豫边因无主力红军，情况十分危急。恰在此时，党中央派担任鄂豫皖特委领导工作的曾中生来到根据地。曾中生立即在七里坪召开了紧急会议并决定：一是充分发动群众，组织地方武装，广泛开展游击战争；二是集中红军精锐的力量攻击敌人的弱点，以达到转变全部的战局，创造新的局面。

12 月中旬，蕲（春）、黄（梅）、广（济）的红十五军在军长蔡申熙、政委陈奇的率领下，转战到黄麻苏区。于是，曾中生决定以红十五军为主力，向敌人弱点反击。12 月 16 日，曾中生亲自作战前动员，在地方武装的配合下，红十五军一举突入河口镇。敌人遭到严重打击后，遂不敢再行冒进，南线之敌转入守势。

在东线，12 月中旬，红一军由罗田出发，远程奔袭驻皖西苏区中心的金家寨之敌，全歼国民党范熙绩第四十六师一个营及反动民团共千余人。之后，在皖西连克麻埠、独山、叶家集、苏家埠、韩摆渡，包围六安，转逼霍山，收复了皖西大部苏区。

此时，敌安徽省主席陈调元见皖西大部分地区落入红军手中，急令其第四十六师和警备二旅全力防守六安、霍山县城，并进占韩摆渡、苏家埠、诸佛庵。敌鄂豫皖三省边区“绥靖”督办李鸣钟也令第三十师的 1 个旅由商城进占金家寨，敌第二十五师的 1 个旅由固始进占叶家集，企图组织新的合围。

面对敌人的合围，12 月 20 日，红一军将红军主力集结于麻埠地区，准备乘敌未完成合围之时，伺机在香火岭歼灭敌人。29 日，敌四十六师及警备二旅分左、中、右三路向麻埠进犯；30 日，红一军乘敌三路尚未靠拢，兵力分散之机，以红一师第一、第三团与红二师的第四团由麻埠出发迎击中路之敌。两军战于东香火岭，经过 4 个小时激战，全歼敌先头部队一个团。军部调红二师第四团迎头痛击敌右路西香火岭之敌，并歼敌一部，余部逃窜至石婆店时，亦被红一师第四团和红二师第六团前后夹击，右路之敌被全歼。

香火岭战斗仅用一天时间，共歼敌3个团，击溃3个团，毙俘敌团长以下3000余人，缴获长短枪1700余支，迫击炮数门，电台1部。香火岭战斗后，敌对皖西地区的合围即被粉碎。

1931年1月上旬，在商城县长竹园，红一军与红十五军会合。按中央指示，红一军与红十五军合编为中国工农红军第四军，军长旷继勋，政委余笃三，参谋长徐向前，政治部主任曹大骏，全军12500余人。红四军成立后于1931年2月，攻下了鄂豫皖苏区敌人最坚固的据点新集。3月，在孝感双桥镇战役中，歼敌三十四师，活捉敌师长岳维峻，彻底粉碎了国民党对鄂豫皖苏区发动的第一次“围剿”。

（三）“左”倾路线的干扰

红一军成立后，在发展壮大的同时，也受到“左”倾路线的干扰。1930年6月至9月，党内以李立三为代表的“左”倾政策和计划传达到鄂豫皖边区，给红一军的建设发展造成了一定的干扰。

当时，“左”倾主义者制订了一个以武汉为中心的组织全国中心城市武装起义和集中全国红军进攻中心城市的冒险计划。为了落实这一计划，需要迅速发展武汉周围的地方起义来配合以武汉为中心的全国总暴动，切断京汉路以进逼武汉。

1930年9月中旬，红一军根据上级指示，集中兵力向平汉路出击。虽袭广水，攻信阳，但都未能实现作战意图。鉴于广水、信阳两次战斗的失利，遂决定放弃在平汉线活动的计划，移师豫东南。10月上旬，第二、第三师在许继慎率领下袭占了光山县城，歼敌新编第二十五旅1个补充营；第一师在徐向前指挥下攻打潢川，因潢川城高壕深而强攻未下，仅在县北门外歼敌1个营后，移师西指，攻克罗山。

在红一军北上豫南作战期间，“各地的暴动因得不到主力红军的支援而失败，皖西新组建的中央独立第一、第二师和六霍赤卫师苦战月余，未能打退强敌进攻，被迫转到外线，根据地几乎全部丧失，二万三千多名干部、群众惨遭杀害”①。

1930年9月下旬，中共六届三中全会后，纠正了李立三的“左”倾路线；10月18日，中共中央向中共鄂豫皖边特委发出纠正“左”倾错误指示，“左”倾错误逐步得到克服。

---

① 本书编委会：《鄂豫皖革命根据地》第一册，河南人民出版社1989年版，第12页。

三、有关问题的思考

2020年是红一军创立90周年，此时回顾红一军的发展历程，对于我们“不忘初心、牢记使命”，努力实现中华民族伟大复兴有着重大的借鉴意义，其中最重要的应该把握三点。

第一，党的坚强领导是实现中华民族伟大复兴的根本保证。毛泽东指出：“领导我们事业的核心力量是中国共产党。”① 从红一军的发展历史看，党的坚强领导保证了红一军的诞生、发展和壮大。

就红一军的诞生而言，1930年春为了创立红一军，党中央连续发出三封指示信，分别是2月25日的《中共中央关于组织鄂豫皖边特委的决定》、3月17日的《中共中央关于鄂豫皖边特委名单的新决定给湖北省委信》和3月18日的《中共中央给鄂豫皖边特委并转红军三十一、三十二、三十三师师委及全体同志信》。正是这三封信确保了郭树勋、许继慎等到达鄂豫皖边区后，能在黄安县的箭厂河召开会议，正式组成了中国共产党鄂豫皖特别区委员会和红一军前敌委员会，通过了红军改编的决议。

习近平总书记说：“党政军民学，东西南北中，党是领导一切的。”② 当今世界正经历百年未有之大变局，中华民族伟大复兴绝不是轻轻松松、敲锣打鼓就能实现的，必须付出巨大的努力。为此，我们必须加强党的领导，在党的坚强领导下，实现中华民族的伟大复兴。

第二，人民的大力支持是实现中国梦的坚强后盾。1934年1月，毛泽东提出：“真正的铜墙铁壁是什么？是群众，是千百万真心实意地拥护革命的群众。这是真正的铜墙铁壁，什么力量也打不破的，完全打不破的。”③ 这充分说明了人民群众的伟大作用。

在红一军的诞生和发展壮大过程中，人民群众成为红一军发展壮大的坚强后盾。如1930年6月至7月，红一军在皖西作战，当时的中共六安中心县委号召群众踊跃参军参战，并支援、慰劳红一军。各地不仅捐献了大批慰劳品，还组织起救护队、运输队、侦探队、交通队、洗衣队、做鞋队，支援红军作战。六安县郝家集的群众仅用两天时间，就为红一军运送烧柴2万多斤、粮食30石，做军鞋150多双。有了人民群众的大力支持，才确保了红一军在皖西取

① 《毛泽东文集》第六卷，人民出版社1999年版，第350页。

② 《习近平谈治国理政》第二卷，外文出版社2017年版，第21页。

③ 《毛泽东选集》第一卷，人民出版社1991年版，第139页。

得重大胜利。

习近平总书记说："我们党来自人民、植根人民、服务人民，一旦脱离群众，就会失去生命力。"[①] 为此，我们必须加强作风建设，必须紧紧围绕保持党同人民群众的血肉联系，增强群众观念和群众感情，只有这样才能不断厚植党执政的群众基础，赢得人民群众的大力支持。

第三，灵活机动的战略战术是人民军队打胜仗的根本保障。毛泽东提出："军队的使用需要进步的灵活的战略战术，没有这一点，也是不能胜利的。"[②] 灵活机动的战略战术是弱小的军队战胜强大军队的一个法宝。红一军正是依靠灵活机动的战略战术，才不断打胜仗、不断发展壮大的。

1928 年 11 月，面对国民党的"会剿"，在鄂东特委领导下，红三十一师运用"敌来我退，敌去我回，敌驻我扰，昼伏夜动，敌不出则诱，敌出发则击"的游击战术，屡破敌之"会剿"。这种游击战术已经十分接近毛泽东所赞誉的"十六字诀"了。在 1930 年 5 月到 10 月的国民党"中原大战"之时，鄂豫皖苏区敌人力量空虚。面对难得的机遇，红一军立即采取"大举出击，向外发展，实施进攻作战"的方针，取得了重大胜利。在第一次反"围剿"中，红军的战略战术已经比较成熟了，如"采取内线作战法，以飘忽的战略""出奇兵而消灭之""诱敌深入""围点打援""坑道作业"等。

习近平总书记强调，必须"全面推进军事理论现代化、军队组织形态现代化、军事人员现代化、武器装备现代化"[③]。未来战场上，面对强敌时，我们必须推进军事理论创新，必须把人民军队"灵活机动的战略战术"这一优良传统发扬光大。"能胜强敌者，先自胜者也。"只有这样，我们才能战胜强敌，打赢未来战争。

（作者：徐士友，牛冬梅）

---

① 习近平：《在纪念周恩来同志诞辰 120 周年座谈会上的讲话》，人民出版社 2018 年版，第 13 页。

② 《毛泽东选集》第二卷，人民出版社 1991 年版，第 511 页。

③ 习近平：《决胜全面建成小康社会、夺取新时代中国特色社会主义伟大胜利》，人民出版社 2017 年版，第 53 页。

第十一篇

大别山精神的历史传承

大别山地区，历经大革命、土地革命、抗日战争、解放战争等整个新民主主义革命各个时期，是全国为数不多的，在党的领导下，21 年革命武装斗争持续不断、28 年革命红旗始终高高飘扬的地区。大别山地区是重要的建党基地，是中国革命的重要策源地，是人民军队的重要发源地，是中国革命的重要根据地，是抗日战争的战略要地，是解放战争两大转折的重要发生地。伟大的事业铸就伟大的精神。一方面，大别山精神是在长期艰苦卓绝的革命实践中形成的革命精神，是中国革命精神的重要组成部分；另一方面，大别山精神既不是凭空产生的，也不是孤立存在的，它与近代革命文化、新文化运动、马克思主义先进文化有着千丝万缕的联系，它与同时期其他革命精神相互作用、相互影响，共同组成了中国革命精神，同时它也深深影响了后来的一系列精神。

一、大别山精神与近代革命文化

（一）大别山地区自发的反帝反封建斗争

帝国主义的侵略和国内封建势力的欺压，使大别山区人民群众的生活越来越艰难，生存面临极大威胁。他们通过焚烧教堂、驱逐神父、关闭教会学校、打富济贫、抗租抗债、开仓放粮等形式，不断同外国侵略者和国内封建势力进行斗争。

1898 年 1 月 19 日，霍邱县白塔畈佃户傅延龙和他的 4 个儿子，组织三四百人，举起“打富济贫”的旗帜，发动不交租、不还粮的反对地主阶级的斗争。起因是 1897 年，白塔畈地区先是大旱灾，后是大水灾，粮食严重歉收。年关地主逼租逼债，农民走投无路，傅延龙和乡民自发地组织起来抗租、抗债。起义农民发展到2000 多人，并分了多家地主的粮食。不久，傅延龙被官府逮捕并遭杀害。1905 年，霍山县发生了以张正金为首的民众反教斗争。

1909 年，大别山地区的桐城红枪会聚众起义，打富济贫和官府作斗争。1918 年秋，金寨燕子河地区旱灾严重，地主照原订租约收租。佃户王有典因交不齐租，房子被扒，耕牛被抢。王有典很快组织 1000 多人的农民抗租队，拿起长矛、大刀、火枪等武器，同地主作斗争，并处死大地主王有朋，分了其三仓稻谷，但很快被镇压。

大别山人民为了争取自己的生存权和发展权，多次自发地组织起来同封建主义和帝国主义势力作斗争，虽然都以失败告终，但给外国侵略者和国内封建势力以沉重打击。

（二）孙中山革命思想深深影响大别山地区反抗斗争

1894 年，孙中山在美国檀香山创立兴中会，第一次喊出“振兴中华”的口号。1905 年，他在日本东京发起成立资产阶级革命政党——中国同盟会，制定“驱除鞑虏，恢复中华，创立民国，平均地权”的 16 字革命纲领，首次提出以资产阶级民主共和国取代腐朽专制的清王朝的革命目标。在孙中山革命旗帜影响下，大别山先进青年开始组织革命团体，进行反对腐败的清王朝和帝国主义的革命斗争。与此同时，同盟会、光复会等革命党人也在大别山各地秘密发展组织，从事反清活动。

1905 年同盟会创建时，第一批会员只有 70 人，而在日本的鄂东籍留学生中就有 9 人加入。1907 年全国同盟会会员不足 1000 人，湖北只有 124 人，而鄂东此时就有同盟会会员 36 人，占湖北全省 29%。1905 年，陈独秀、柏文蔚、常恒芳等青年在芜湖首创秘密的革命组织岳王会，参加者起誓要像岳飞那样精忠报国。陈独秀任会长，常恒芳任安庆分会会长，柏文蔚任南京分会会长。1906 年，岳王会的工作重心转移到安庆，活动的对象是清军新军士官，策动他们参加反清起义。1908 年 11 月 19 日，在岳王会的策动下，安庆爆发了清军马炮营起义。是月，清政府在安徽太湖举行新军秋操，安庆岳王会领导人熊成基、范传甲、张劲夫等议定趁安庆城清军兵力空虚之际发动新军起义，由任炮营官的熊成基为革命军总司令。11 月 19 日晚，城东的新军炮营和城西的马营同时发难，会合前往争夺菱湖弹药库。因巡抚朱家宝早有防范，派巡防营加强了城防，起义军苦战一昼夜，仍未能攻入城内，被迫分两路撤退，在退往合肥途中又遭清军拦截，最终被击溃。此后，岳王会接受中国同盟会的领导，大部分岳王会成员加入中国同盟会。

可以说，资产阶级革命党人在大别山地区的革命实践活动，扩大了革命的影响，促进了革命高潮的到来，促进了辛亥革命的爆发和胜利。

（三）辛亥革命进一步推动了大别山地区革命斗争

辛亥革命不仅推翻了清王朝的封建统治，而且结束了统治中国几千年的君主专制制度，在中国大地上竖起民主共和国的旗帜，从而有力地促进了中华民族的觉醒，推动了中国人民的思想解放，激励中国人民为争取民族独立和人民解放、实现国家富强而更加勇敢地奋斗。辛亥革命对大别山地区产生的冲击和影响更为巨大，在大别山地区散播了民主共和思想的种子，进一步激励了大别山地区的革命斗争。

辛亥革命后，在鄂东，革命党人为保卫辛亥革命取得的胜利成果，同北洋军阀的统治展开了持续不断的斗争。1915 年 5 月，袁世凯同日本政府签订卖国的“二十一条”。消息传来，广济县的武穴、梅川等地群众在革命党人的组织下举行了声势浩大的示威游行活动，愤怒声讨袁世凯的卖国勾当。1915 年 6 月，参加过辛亥武昌首义的中华革命党人董必武等奉孙中山之命从日本回国，在武昌南湖谋划反对袁世凯的秘密军事活动，董必武因计划泄露而遭逮捕；1916 年 5 月，在黄安以秦文卿为首的辛亥革命同志会，为反抗北洋军阀的反动统治，成立了黄安革命军突击队，在云台山发动武装起义并一举攻占了县城，缴获各种枪支 30 余支，炸弹 100 余枚，没收县署钱币 15000 多元。革命军突击队占领县城后打开粮仓，分粮赈济穷苦百姓，受到了城乡人民的热烈欢迎。

在皖西，以“打富济贫”为号召的河南农民起义军——白朗军，接受了孙中山、黄兴提出的联合反袁的要求。1914 年 1 月 18 日，白朗率部 1 万多人进入皖西，大批青壮年踊跃加入白朗军，总兵力迅速扩充到 2 万人左右。白朗军首先在霍邱县叶家集、开顺街一带歼灭了从北京转调至此的袁世凯的拱卫军两个营和地主武装，在六安县流波𬒗歼敌一个营。接着强渡淠河，击溃鄂军一个营。各股军阀闻风丧胆，白朗军所向披靡，在短短的 8 天中，连克六安、霍山县城，兵锋直达英山、太湖、舒城县境。在六安，斩除自舒城增援的倪军路团，同时开仓济贫，和六安人民共度春节。在霍山，打开监狱救出无辜群众数十人，烧毁教堂、监牢及官绅住宅 30 多处，杀恶迹昭著的官绅 40 多人，没收豪绅地主财产 50 万元分给贫苦农民。白朗军在皖西的胜利是同皖西人民的大力支援分不开的。

综上所述，面对帝国主义的侵略和国内封建势力的欺压，大别山人民开始了反帝反封建的斗争，这是大别山精神形成的历史渊源，以辛亥革命为突出代表的近代革命文化对大别山精神的形成具有不可替代的作用。

二、大别山精神与新文化运动、马克思主义先进文化

（一）大别山精神与新文化运动

陈独秀，大别山地区怀宁人，后来成为中国新文化运动的主帅，中国共产党的主要创始人之一。1903 年底，陈独秀回到安庆，决意创办《安徽俗话报》。1904 年春，陈独秀只身来到芜湖，正式创办《安徽俗话报》。《安徽俗话报》旗帜鲜明地反对帝国主义、封建主义，猛烈地抨击封建主义的伦理道德和旧传统恶习的同时，介绍了一些西方资产阶级思想家的人文主义、社会契约论，明确提出了“民主政体”概念，并鼓吹富国强兵之术。《安徽俗话报》开始的文化启蒙，同《新青年》倡导的新文化运动是一脉相承的。《安徽俗话报》中的思想火花，在《新青年》中得到发扬光大。

在皖西，青年学生在这些激进民主主义者及其所创办报刊的影响下，小部分到安庆、芜湖等地或出国求学，大部分在本地与进步知识分子一起开展新文化运动，努力探索救国救民的真理。1917 年 2 月初，皖西在芜湖从事教育的高语罕、刘希平、朱蕴山等磋商，从改革教育、培养青年入手，通过普及国民知识提倡新文化，竭力而慎重地介绍新思潮，以增强青年的社会责任心。11 月，朱蕴山在六安筹办安徽省立第三甲种农业学校，进行新思想、新文化的传播；成立爱国剧社，指导学生上街演出《朝鲜亡国惨史》《不平命》和《新家庭》等文明新戏；在六安城内举办工人、职员和失学青年夜校，宣传革命。陈绍禹（即王明）等成了皖西新文化运动的坚强骨干。舒城、寿县的新文化运动也得到迅速发展。1918 年夏天，毕业于北京女子师范的高君曼与其丈夫陈独秀回霍邱探亲，随身带回一些进步书刊，并应邀在霍邱讲学，揭露帝国主义和封建军阀的罪行，号召青年学生和各界人士冲破思想的束缚，革新教育和政治。

在豫南，新文化运动首先在追求进步的知识分子和青年学生中产生反响。购买新书刊，研究新思潮、新文化，在许多学校师生中形成自发的热潮。省立信阳第三师范学校在五四运动前夕，还创设了“第三师范贩卖部”，除销售教科书以外，还公开向青年学生推荐和出售《新青年》《每周评论》《新潮》《心声国民》等进步刊物和鲁迅的杂文、小说等书籍，成为传输新思想、新文化的重要窗口。随着新文化运动影响的日渐扩展和深入，许多青年学生受到启蒙，挣脱封建主义思想的束缚，大胆地用批判的眼光观察社会、思考问题，要民主、要科学，反对旧道德、旧文学，赞成新道德、新文学的呼声日高。

总之，新文化运动让大别山地区经历了一场深刻的思想革命，启发了大别

山地区人民群众的民主主义觉悟，促进了知识青年的进一步觉醒，激励着大别山地区人民群众的斗争精神。

（二）大别山精神与马克思主义先进文化

五四运动的爆发，标志着一场新的伟大的反帝反封建斗争的开始，并由此引起一场广泛的深层次的马克思主义传播运动。五四运动后，大别山地区学习和研究马克思主义的团体陆续出现，一些在外的青年学生不断将马克思主义和各种社会主义思潮的进步书刊传入家乡，大别山青年和知识分子经历了一场马克思主义先进文化的洗礼。

在鄂东，1920 年 2 月，恽代英、林育南等创办“利群书社”，经销进步书刊，成为武汉地区宣传马克思主义新思想的重要阵地。董必武，大别山地区红安人，早年追随孙中山的革命斗争不断失利后，认真研读马克思主义书籍并自觉将其与当时中国革命形势相结合，从民主主义者转变为马克思主义者。1920 年 3 月，董必武回到武汉与张国恩等在武昌创办私立武汉中学，以此为阵地传播马克思主义。鄂东黄安、麻城、黄陂、黄冈等县到武汉中学读书的学生很多，他们中的一些进步学生受到马克思主义的熏陶，迅速成长为骨干力量。

在皖西，进步知识分子把办报刊、办学校、开书店，作为传播马克思主义的手段。1920 年初，六安三农教师朱蕴山等和进步学生组建了“中国革命小组”，研究、宣传马克思主义。朱蕴山还主编《安庆评议报》，评议安徽政局，宣传革命思想。霍山县燕子河燕溪小学在校长徐守西、教师刘长青的倡导下，成立了“马克思学习小组”，一边学习革命理论，一边讨论如何推翻封建军阀统治和打倒帝国主义问题。1921 年，高语罕编写的《白话书信》出版，它通俗地叙述了马克思科学社会主义的基本知识，阐明了中国社会运动应以科学社会主义为指导，应用俄国十月革命的方法解决中国社会问题的原理，是安徽最早最系统地传播马克思主义的课本。

经过马克思主义先进文化的洗礼，大别山地区的斗争有了科学理论为指导，进入一个崭新的历史阶段，马克思主义先进文化是大别山精神最重要的源泉。

三、大别山精神与同时期其他革命精神

大别山精神形成时间长达 28 年，在坚定的共产主义信念、一心为民的宗旨意识、勇于牺牲的英雄气概、敢于担当的责任意识等精神内涵方面，与其他革命精神具有很多相同之处。同时，大别山精神也有很多独特的方面，并与其

他革命精神相互作用、相互影响。

（一）大别山精神与红船精神

2005 年，习近平同志首次将红船精神的内涵概括为“开天辟地、敢为人先的首创精神，坚定理想、百折不挠的奋斗精神，立党为公、忠诚为民的奉献精神，是中国革命精神之源”①。

中国共产党引领革命的航船从南湖扬帆起航，劈波斩浪，开天辟地，奋勇向前，使中国革命的面貌焕然一新。中共一大选举的中央局书记陈独秀是大别山地区的怀宁人，中共一大的 13 名代表中，董必武是大别山地区的黄安人，陈潭秋是大别山地区的黄冈人。他们积极推动了家乡的党组织建设，鄂、豫、皖三省交界的大别山地区党组织都建立得比较早、发展得比较快。

中共一大结束后不久，陈潭秋就回到家乡，秘密发展党员，建立党组织。1922 年春，陈潭秋在黄冈成立了鄂豫皖边区第一个党小组陈策楼小组。1923 年冬，董必武委派黄安籍学生党员王健、雷绍全、董觉生等回到家乡秘密发展党员，建立党组织。1925 年秋，董必武回黄安老家亲自在七里坪建立了中共特别支部。中国共产党诞生后，陈独秀就指示他的老友、中共早期党员高语罕在安徽学生界开展工作。1923 年春，陈独秀又指派中共早期党员安徽青年柯庆施从上海到安庆，着手建党工作。1923 年冬，柯庆施在安庆北门万安局濮家老屋主持召开会议，正式成立中共安庆支部，这是安徽历史上第一个城市党支部。同年冬，在寿县小甸集小学成立了中共小甸集特别支部，曹蕴真任特支书记，隶属中共中央领导，这是安徽农村建立的第一个党支部。这些建党活动在大别山大地上播下了燎原的火种。

可以说，大别山地区是中共组织创建较早、发展较快的地区之一。在党组织的带领下，大别山区工农运动在农村的迅猛展开，沉重打击了帝国主义侵略势力、封建军阀和豪绅地主，维护了农民自身的权利。这也是大别山区军民用鲜血和生命铸就大别山精神的开端，是大别山精神的萌芽状态。红船精神最核心的就是开天辟地、敢为人先的建党实践。从这个角度来说，大别山精神是红船精神在建党实践上最直接的传承者和最坚定的跟随者。大别山地区的建党实践也充分证明了红船精神具有强大的生命力，是对中国革命精神之源的有力传播。

---

① 习近平：《弘扬“红船精神”走在时代前列》，《光明日报》2005 年 6 月 21 日。

（二）大别山精神与井冈山精神

井冈山是中国革命的摇篮，井冈山精神有着丰富内涵。2001 年江泽民视察江西时指出，井冈山精神，最重要的方面就是坚定信念、艰苦奋斗，实事求是、敢闯新路，依靠群众、勇于胜利。

1. 开辟中国革命新道路

党的八七会议后，以毛泽东、朱德为代表的老一辈无产阶级革命家，在秋收起义和南昌起义遭到严重挫折的情况下，把马克思主义基本原理同中国革命具体实践相结合，审时度势，率领工农革命军进军井冈山，在白色政权的四面包围之中建立起全国第一个农村革命根据地。不到两个月，大别山地区就发生了黄麻起义。黄麻起义军占领黄安县城 21 天后，突破国民党军的重兵围攻进行游击战争，在鄂豫边开辟以柴山保为中心的鄂豫边根据地，实行工农武装割据。这是中国共产党人探索农村包围城市、武装夺取政权的中国特色革命道路的重要实践。

2. 创建革命根据地

1928 年 6 月，井冈山革命根据地拥有宁冈、永新、莲花 3 个县和遂川、酃县、吉安、安福等县的部分地区。1932 年 6 月，大别山地区的鄂豫皖革命根据地的发展达到极盛局面，“东起淠河，西迄平汉铁路线，北达潢川、固始，南至黄梅、广济，总面积 4 万余平方千米，人口 350 万人，拥有黄安、商城、英山、罗田、霍邱 5 座县城，建立了 26 个县的革命政权”，鄂豫皖革命根据地成为当时全国第二大革命根据地。

3. 进行艰苦卓绝的革命斗争

井冈山军民在党的领导下连续击退了反动势力的四次“进剿”和三次“会剿”。大别山军民也连续取得了三次反“围剿”的胜利，红四方面军未能打破敌人的第四次“围剿”，主力被迫实行战略转移。面对国民党军的反复“清剿”，大别山军民依靠崇高的理想信念，顽强斗争，浴血奋战，直至抗日战争全面爆发，始终使革命红旗飘扬在大别山上。

总之，井冈山革命根据地是大革命失败后党创建的第一块农村革命根据地，开辟了农村包围城市、武装夺取政权的新道路。大别山军民在党的领导下积极践行农村包围城市、武装夺取政权这一新道路，并取得巨大成就，让这一新道路更有生命力，从这个角度来说，大别山精神践行和丰富了井冈山精神。大别山军民和井冈山军民在党的领导下，同时进行着艰苦卓绝的斗争，从这个角度来说，大别山精神是井冈山精神的同频共振者。

（三）大别山精神与苏区精神

2011 年 11 月 4 日，习近平在纪念中央革命根据地创建暨中华苏维埃共和国成立 80 周年座谈会上指出，在革命根据地的创建和发展中，在建立红色政权、探索革命道路的实践中，无数革命先辈用鲜血和生命铸就了以坚定信念、求真务实、一心为民、清正廉洁、艰苦奋斗、争创一流、无私奉献等为主要内涵的苏区精神。

苏区，就是大革命失败后中国共产党依靠武装起义建立的一个又一个革命根据地。除赣南闽西的中央苏区之外，还有鄂豫皖苏区、湘鄂川黔苏区、鄂豫陕苏区、陕甘苏区等。鄂豫皖苏区，就是以大别山为中心建立的苏区。

一方面，鄂豫皖革命根据地在苏区历史中占有重要历史地位。一是从创立时间上讲，鄂豫皖革命根据地始创于 1927 年 11 月的黄麻起义，仅晚于毛泽东于 1927 年 9 月在井冈山地区领导的秋收起义。二是从战略地位上讲，鄂豫皖革命根据地的战略地位极其重要。三是从规模上讲，鄂豫皖革命根据地不仅是全国六大革命根据地之一，更是仅次于中央革命根据地的全国第二大革命根据地。四是从持续时间上讲，鄂豫皖苏区始创于黄麻起义，一直到 1937 年红二十八军被改编为新四军第四支队，其间武装斗争从未间断，持续时间长达十年之久。五是从培养的中共领导干部上讲，鄂豫皖革命根据地造就了大批忠于党和人民、富有经验的政治军事领导干部，在幸存的鄂豫皖籍人民解放军指战员中，除转业到地方工作的同志以外，仍在部队工作的同志中仅 1955 年至 1964 年被授予少将以上军衔的就有 570 人，占当时全国将军总数的 35. 5%。红安、大悟、新县、金寨、六安五个县被誉为将军县，占全国九个将军县总数的过半。

另一方面，党在鄂豫皖苏区的局部执政经验非常丰富，特别是在党的建设、经济建设、社会建设等方面，都有比较丰富的实践，也积累了一定的经验，是模范的苏区建设。这不仅为大别山精神的形成提供了极大的养分，也极大丰富了苏区精神的内涵。

可以说，以大别山为中心的鄂豫皖苏区，所展现的革命精神是苏区精神的重要组成部分，丰富和发展了苏区精神的内涵。鄂豫皖苏区的革命精神也是大别山精神重要成长节点，是大别山精神在土地革命战争时期的存在形式。从这一意义上说，大别山精神为苏区精神的丰富和发展发挥了重要作用。

（四）大别山精神与延安精神

2002 年 3 月，江泽民在陕西考察工作时强调，坚定正确的政治方向，解放思想、实事求是的思想路线，全心全意为人民服务的根本宗旨，自力更生、艰苦奋斗的创业精神，是延安精神的主要内容。从1935年到1948年的13年，延安和延安精神一起深刻影响着大别山斗争和大别山精神。

1. 贯彻抗日民族统一战线

中共中央根据国内主要矛盾的变化，以抗日救国、复兴民族为己任，在瓦窑堡会议上制定了抗日民族统一战线的方针路线。大别山地区的党和军队积极贯彻执行抗日民族统一战线的方针，大别山区的红二十八军及游击队被改编为新四军第四支队（后被改编为新四军第二师），奉命东进抗日前线抗击日本侵略军。武汉会战结束后，李先念创建了新四军第五师和豫鄂边区抗日民主根据地，面临敌、伪、顽军四面夹击的险恶环境，始终高举抗日大旗，凝聚一切抗日力量，成为华中抗日的中流砥柱。

2. 助力人民解放战争

1946年6月26日，国民党军向新县以东、红安以西、孝感以北的我军阵地悍然大举进攻，揭开了发动全面内战的序幕。中原解放军遵照中共中央指示，分兵突围，声东击西，开辟新区，游击生根，并完成战略转移任务。1947年，根据中共中央的战略部署，刘邓大军千里跃进大别山，建立了以大别山为中心的中原解放区，实现了解放战争由战略防御转入战略进攻的伟大历史转折，大别山地区成为中国革命走向全面胜利的战略转折地。

延安成为中国革命的大本营和武装斗争的统帅部，从这个角度可以说，大别山精神是延安精神的坚决贯彻者和坚定执行者。新四军第四支队和新四军第五师的丰功伟绩让抗日民族统一战线更加坚实；中原突围和刘邓大军千里跃进大别山，完成了中共中央在延安的部署，大大加快了人民解放战争的进程。从这个角度来说，大别山精神为延安精神增添了色彩。

（五）大别山精神与长征精神

在纪念红军长征胜利60周年大会上，江泽民指出："伟大的长征给党和人民留下了伟大的长征精神。这种精神，就是把全国人民和中华民族的根本利益看得高于一切，坚定革命的理想和信念，坚信正义事业必然胜利的精神；就是为了救国救民，不怕任何艰难险阻，不惜付出一切牺牲的精神；就是坚持独立自主，实事求是，一切从实际出发的精神；就是顾全大局、严守纪律、紧密团结的精神；就是紧紧依靠人民群众，同人民群众生死相依、患难与共、艰苦奋斗的精神。"①

① 江泽民：《在纪念红军长征胜利六十周年大会上的讲话》，《人民日报》，1996年10月23日。

长征四路大军就是红军第一、第二、第四方面军和第二十五军，其中红四方面军和红二十五军都是从大别山走出的英雄部队。红四方面军是长征中人数最多的部队，达到10万人。红四方面军广大指战员不仅对张国焘的倒行逆施进行了抵制和斗争，而且未因失败和挫折气馁；相反，在经历长征途中万千困难和多次挫折的砥砺后，革命理想和行动更加坚定，革命意志和作风更加顽强。红二十五军在长征途中创造了很多奇迹，写下了“五个第一和唯一”，被毛泽东称赞为“中央红军之向导”“为革命立了大功”的红军队伍，大大丰富了长征精神的内涵。

红四方面军和红二十五军，创建了以大别山为中心的鄂豫皖革命根据地。他们身上都有着深深的大别山烙印，他们让大别山精神走出大别山地区，滋养更多更宽广的革命力量。从这个角度，我们可以说，大别山精神深深滋养了长征精神，大别山精神通过长征征途直接滋养或间接唤醒了更多革命力量。

（六）大别山精神与西路军精神

西路军精神是西路军数万将士用生命和鲜血谱就的瑰丽诗篇，是英雄气概和革命精神的集中展示。西路军数万将士，也就是红军第四方面军总部及第五军、第九军、第三十军共21800余人，其中红军第四方面军总部及第九军、第三十军，都是从大别山地区建立和发展起来的。可以说，西路军基本都是从大别山走出来并经过长征洗礼的部队，他们的身上都有深深的大别山烙印。从这个角度来看，大别山精神可以说是西路军精神的源头。

1936年11月，西路军奉中央指示西进河西走廊，开始了孤军奋战的艰难征程，也让西路军精神绽放在广袤的河西走廊。红四方面军从鄂豫皖革命根据地到川陕革命根据地，在艰苦的对敌斗争中逐步发展壮大。红四方面军广大指战员在党的领导下，紧紧依靠根据地的人民群众，团结一致，舍生忘死，浴血奋战，创造了许多可歌可泣的英雄事迹，而且在长期的战争实践中，红四方面军将士为人民利益而战的革命热忱、政治工作的强大威力、官兵之间的平等关系、各部队之间的密切配合、建立在自觉基础上的革命纪律等因素，使红四方面军成长为一支战斗作风好、打仗过得硬的革命队伍。西路军孤军奋战，经受住了生与死、血与火的考验和锤炼，这是红四方面军战斗作风“狠、硬、快、猛、活”五个字在河西走廊的延续。从这个角度来看，西路军精神是大别山精神在河西走廊的延展。

（七）大别山精神与新四军铁军精神

新四军铁军精神集中体现在“六个铁”，即跟党举旗、听党指挥的铁的信念；忠诚爱国、忠贞为民的铁的担当；海纳百川、共同战斗的铁的团结；英勇顽强、艰苦奋斗的铁的作风；令行禁止、秋毫无犯的铁的纪律；百折不挠、不怕牺牲的铁的意志。①

1938 年，红二十八军和鄂豫边区红军游击队被改编为国民革命军陆军新编第四军第四支队，高敬亭任司令员，共 3100 人，是新四军人数最多的一支部队。

皖南事变后，新四军将全军整编为 7 个师和 1 个独立旅，其中第二师就是以第四支队为班底整编而成，第五师更是战斗、成长于大别山地区。第二师顽强战斗在皖中、皖东地区，多次粉碎日伪军的“扫荡”和国民党顽固派的进攻，创建了淮南抗日根据地。1939 年初到 1945 年 8 月，豫鄂边区党政军民共同努力创建、巩固、发展了新四军第五师和豫鄂边区抗日民主根据地，建立拥有 5 万余人的正规军和 30 余万人的民兵武装力量。第二师、第五师有力地从战略上配合了八路军、新四军兄弟部队在敌后的抗战，支援了国民党抗日部队正面战场的作战，为中国抗日战争和世界反法西斯战争的胜利作出重大贡献。这些都是忠诚爱国、忠贞为民的铁的担当，百折不挠、不怕牺牲的铁的意志的杰出表现。

可以说，新四军铁军精神是大别山精神最直接的传承者，是大别山精神在抗日战场上的具体表现。大别山精神深深滋养了新四军铁军精神，极大丰富了新四军铁军精神的内涵。

四、大别山精神的传承

大别山精神是中国革命精神的重要组成部分，激励着中国的建设、改革、发展事业，更激励着大别山地区人民。大别山人民永远不会忘记大别山精神，并用各自的方式传承和发扬着大别山精神，红安精神、金寨精神、滑史杭精神就是其中的代表。

（一）大别山精神与红安精神

红安地处鄂东边境、大别山区。新民主主义革命时期，英雄的红安人民在中国共产党领导下，为推翻帝国主义、封建主义、官僚资本主义的统治，为中华人民共和国的诞生，浴血奋战，百折不挠。红安人民在长期艰苦卓绝的革命

① 江苏省档案馆：《初心永恒——江苏四种革命精神简明读本》，江苏人民出版社 2019 年版，第 120—134 页。

斗争中，不仅创造了彪炳史册的英雄业绩，也创造了独具特色的红安精神。

红安、黄冈和湖北都对红安精神有多种表述。2004 年，中共湖北省委作出把红安建设成湖北最重要的革命传统教育基地的决定后，中共湖北省委党史研究室牵头组织省直机关、大专院校、黄冈市和红安的专家学者组成课题组，形成了《红安精神研究报告》。该报告在总结上述多种关于红安精神表述的基础上，将其表述为："万众一心，为党为民，朴诚勇毅，不胜不休。"该报告还充分阐释了红安精神的丰富内涵，即红安精神的灵魂是坚定的共产主义信念；红安精神的本质是一切为了人民，一切依靠人民；红安精神的核心是执着坚韧，自强不息；红安精神的精髓是求真务实，勇于创新；红安精神的品格是舍生取义，无私奉献。

大别山精神是在中国共产党的领导下，以红安、新县、金寨为代表的大别山区共产党人带领广大人民群众在进行新民主主义革命进程中，用鲜血和生命凝聚成的革命信念、革命意志、革命品质和革命行动的总和。红安精神，是大别山精神的重要组成部分，其表述和丰富内涵也基本等同于大别山精神。可以说，红安精神就是大别山精神的红安概括，只是更强调了大别山精神的红安因素。

（二）大别山精神与金寨精神

金寨是中国革命的重要策源地、人民军队的重要发源地，全国第二大将军县。辉煌的革命历程，深深滋养了金寨人民。1998 年，金寨人民提出了"艰苦奋斗、勇于奉献、团结拼搏、创优争先" 16 字金寨精神。

艰苦奋斗。在提炼金寨精神时，因各种客观原因，金寨县还是经济较落后的革命老区，带着贫困的帽子。把艰苦奋斗放在金寨精神的首位，突出反映了金寨人民希望继续发扬革命战争年代中的艰苦奋斗精神，改变贫穷落后的面貌。艰苦奋斗是大别山精神的突出特征，在革命战争年代，特别是在白色恐怖笼罩的时代，金寨革命群众既要承受恶劣的自然条件下的生存困难，还要面对敌人的包围封锁，特别是主力红军转移后，进行艰苦卓绝的游击战争，克服这一切困难都只能依靠艰苦奋斗。也只有艰苦奋斗，才能让革命的红旗始终高高飘扬在大别山上。

勇于奉献。革命战争年代，大约有 10 万英雄儿女参加了革命队伍，很多人血洒疆场、为国捐躯，仅新中国成立时被追认为革命烈士的人数就达 1 万多人。社会主义建设时期，为治理淮河水灾，国家在金寨境内修建水库，淹没金寨 10 多万亩良田，金寨自我安置移民 10 多万人。牺牲奉献是大别山精神的一个重要内涵。新民主主义革命时期，整个大别山区先后有 100 万人牺牲，家家有红军、户户有烈士，山山埋忠骨、岭岭皆丰碑，为中国革命作出了巨大牺牲和突出的贡献。勇于奉献，既是金寨精神的重要内涵，也是金寨人民为大别山精神形成的一个重要注释。同时，金寨人民把这种勇于奉献的精神继续用来为中国的建设、改革和新时代事业奋斗。

团结拼搏。金寨县坚决打好精准脱贫攻坚战，2020 年底前全县贫困人口全部脱贫，贫困村全部出列，贫困县摘帽。展望未来，金寨人民一定能以团结拼搏的精神，实现从脱贫到小康的蜕变。

创优争先。创优争先作为金寨精神的一部分，应该说是当地政府在对金寨县情准确把握下作出的正确决策。创先争优是对大别山革命精神的延伸和拓展，不仅要早日发家致富奔小康，迎头赶上发达地区的发展水平，还应该以一种后来居上的积极进取思想，努力赶超其他地区的发展速度和水平。

综上所述，金寨精神是对大别山精神的一种传承，更是让大别山精神更好地激励金寨振兴发展的一种解读，同时也根据发展的实际延伸和拓展了大别山精神，让大别山精神更具有时代性。

（三）大别山精神与淠史杭精神

自 20 世纪 50 年代起，江淮儿女特别是六安老区人民开始兴建淠史杭水利工程，经过数十年不懈奋斗，在中国水利兴修史上创造出“淠史杭”传奇。淠史杭沟通淠河、史河、杭埠河三大水系，横跨江淮两大流域，以宏伟的灌排体系沟通了六大水库，三大渠首，2.5 万千米固定渠道，6 万多座渠系建筑物，以及 1200 多座中小型水库、21 万多座塘堰，组成了“长藤结瓜”式的灌溉系统，实现了以防洪、灌溉为主，兼有水力发电、城市供水、航运和水产养殖等综合功能。伟大的工程成就伟大的精神。淠史杭精神被概括为：艰若奋斗、牺牲奉献、敢于担当。

艰苦奋斗。淠史杭工程开工建设期间，正是“三年自然灾害”的严峻时期，六安地区的财力也相对薄弱。这一工程的建成，在很大程度上依赖于皖西人民群众的自力更生、艰苦奋斗和同心协力。当时，几十万民工靠着满腔热情和冲天干劲，创造了惊天动地的治水业绩。这是艰苦奋斗一脉相承的体现。

牺牲奉献。为了建设淠史杭上游五大水库，淹没了金寨、霍山等县区 30 万亩耕地，搬迁了 30 万户移民，六安老区人民作出了巨大牺牲。11 条干渠同时开工，需要大量的人力、物力。群众自发参与工程建设，为了长远的治水工程牺牲自己，造福后代。为了争取淠河干渠在 1959 年夏季通水，在施工的关键期，六安地委在全专区动员 14 万机关干部、工人和城镇居民，突击开挖干渠以上的渠道。六安老区人民牺牲小我、成就大我，才推动了淠史杭工程的大功告成。牺牲奉献同样是大别山精神的鲜明特征。

敢于担当。新中国成立后，皖西地区境内岗峦起伏，旱涝频发，农业和水利基础设施薄弱，兴修水利便成为推动农业发展的根本出路。而1958年的又一次大旱情，将兴修水利工程提上六安地委的重要议事日程。各级领导干部不畏艰难、敢于担当，始终坚持人民的利益高于一切，在物资匮乏、技术落后的条件下，团结带领广大皖西人民修水库、建大坝、挖渠道，终于建成了淠史杭工程，将昔日的贫瘠之地变成了旱涝保收的“江淮大粮仓”。

可以说，在波澜壮阔、烽火连天的峥嵘岁月里，以皖西人民为代表的大别山人民用鲜血和生命创造了30年红旗不倒的伟大奇迹，铸就了大别山精神。新中国成立后，皖西人民积极响应“一定要把淮河修好”的伟大号召，在极其困难的物质基础和极其简陋的技术条件下，修建了“人间天河”淠史杭，铸就了淠史杭精神。两种精神虽侧重点有所不同，但内涵基本一致。可以说，淠史杭精神就是在社会主义建设的道路上继承和发扬大别山精神。

（作者：钱海峰）

第十二篇

大力弘扬“大别山精神”全力应对疫情大考

中国共产党走过的每一个历史阶段，都形成了凝聚着时代精华、代表着时代精神的独特的精神财富。党的精神财富是党的先进性建设的强大动力。2019年9月16日，习近平总书记在河南省考察调研时指出，鄂豫皖苏区根据地是我们党的重要建党基地，焦裕禄精神、红旗渠精神、大别山精神等都是我们党的宝贵精神财富。开展主题教育，要让广大党员、干部在接受红色教育中守初心、担使命，把革命先烈为之奋斗、为之牺牲的伟大事业奋力推向前进。这是以习近平同志为核心的党中央，首次明确了大别山精神在中国共产党精神谱系中的重要地位，为我们研究学习并弘扬大别山精神，提供了根本遵循、提出了更高要求。习近平总书记所说的大别山精神，指的就是以安徽金寨、湖北红安、河南新县为代表的大别山人民，在那烽火连天、波澜壮阔的峥嵘岁月里，用鲜血和生命铸就的“坚贞忠诚、牺牲奉献、一心为民、永跟党走”的大别山精神，和井冈山精神、延安精神、沂蒙精神、西柏坡精神一样，都是我党、我军、我国人民宝贵的精神财富。进入新时代，坚决打赢“三大攻坚战”、实施好乡村振兴战略、实现“两个一百年”奋斗目标，迫切需要我们继承和发扬大别山精神；面对新冠肺炎疫情这场第二次世界大战结束以来最严重的全球公共卫生突发事件给我们国家治理体系和治理能力带来的一次大考，更需我们牢记习近平总书记的指示，大力弘扬“大别山精神”，始终坚持以“坚贞忠诚、牺牲奉献、一心为民、永跟党走”全力应对疫情大考，奋力夺取疫情防控和经济社会发展两个战场双胜利。

一、全力应对疫情大考，必须始终做到坚贞忠诚

“人之忠也，犹鱼之有渊。”坚定的理想信念是政党之魂，更是力量之源。党的十八大报告指出，“对马克思主义的信仰，对社会主义和共产主义的信念，

是共产党人的政治灵魂，是共产党人经受住任何考验的精神支柱”。在党代会报告中将信仰信念提高到如此高度，深刻揭示了新形势下加强马克思主义信仰信念的极端重要性。新中国就是革命先烈和老一辈革命家坚定信念、坚定信仰的结晶。对于大别山精神来说，坚贞忠诚是大别山精神的核心本质。无论是在革命的初始阶段、高潮时期，还是在遭受挫折的危急关头，大别山军民凭借坚定的信仰，在极其困难的环境下临危不惧、初心不改，坚持革命斗争不动摇，无论面对第四次反“围剿”失利、红军主力撤离的严峻形势，还是面对敌人的残酷迫害、血腥镇压、威逼利诱，大别山人民争先当红军，坚持敌后游击战，创造了大别山“红旗不倒”的革命传奇，确保革命薪火相传。

面对当前我国疫情防控向好态势进一步巩固、经济社会正常秩序正在有序恢复，但全球疫情快速蔓延对我国经济社会发展影响仍然较大的严峻形势，我们必须牢记“理想指引人生方向，信念决定事业成败。没有理想信念，就会导致精神上‘缺钙’”①。深入领会习近平总书记关于统筹推进疫情防控和经济社会发展的一系列重要指示精神，增强谨慎之心，把忠诚写在抗疫一线。不仅要高度警惕麻痹思想、厌战情绪、侥幸心理和松劲心态，更要警惕新的风险因素聚集。以如履薄冰的谨慎、见叶知秋的敏锐，强化制度保障，释放制度威力，补齐治理短板。在抓好常态化疫情防控的基础上，继续抓紧抓实抓细各项工作，有力有序地推进复工复产复业复市，防止疫情短期冲击演变成趋势性变化，确保完成决战决胜脱贫攻坚目标任务，再次书写“人民战争”的伟大奇迹。

二、全力应对疫情大考，必须始终做到牺牲奉献

牺牲奉献是大别山精神的鲜明特征。大别山区军民在革命紧要关头，为了革命需要和全局利益总是顾全大局、甘于奉献，可谓家家有红军、户户有烈士，山山埋忠骨、岭岭皆丰碑；新中国成立以后，国家又在大别山区修建梅山、响洪甸等五大水库，建起淠史杭水利工程，以根治淮河水患；改革开放以来，大别山区作为重要的水源涵养地、绿色的生态保护屏障，发展受到限制、开发受到制约，为了祖国的建设发展再次作出巨大牺牲奉献。所以有人通俗地说，大别山精神就是“三要三不要”，即要革命、要忠诚、要担当，不要钱、不要命、不要家；“三图三不图”，即图奉献、图大局、图为民，不图名、不图

① 《习近平在同各界优秀青年代表座谈时强调：在实现中国梦的生动实践中放飞青春梦想在为人民利益的不懈奋斗中书写人生华章》，《人民日报》2013 年 5 月 5 日。

利、不图位。形象诠释了大别山精神中的牺牲奉献精神，值得我们永远铭记。

此次疫情防控战斗中，来自全国各地的医护人员冒着被感染的危险，向险而行、向死而生，用生命守护生命，无一退缩。志愿者、保洁人员、快递小哥与执勤警察始终坚守岗位，为疫情防控提供了坚实的后勤保障力量。各地在自身防控形势严峻的情况下，克服困难、全力筹措捐赠以保障物资鼎力支援，凝聚起万众一心的抗疫合力，以实际行动践行大爱无疆与使命担当。为做好下一步疫情防控，我们更要铭记习近平总书记 2020 年 3 月 4 日在中央政治局常委会上“加强疫情防控必须慎终如始，对疫情的警惕性不能降低，防控要求不能降低”的要求，弘扬大无畏牺牲精神，勇于在抗击疫情中净化灵魂、磨砺意志，坚决打赢疫情防控的人民战争，共谱抗疫战时新篇章。

三、全力应对疫情大考，必须始终做到一心为民

一心为民是大别山精神的根本所在。人民群众是推动历史之舟前行的奔腾之水，不仅是共和国的坚实根基，更是我们党执政的最大底气。大别山革命老区 28 年红旗不倒，最重要的原因就是党组织、苏维埃政权和人民群众建立了鱼水关系，得到了人民群众的衷心拥护。大别山区各县党组织自从建立后，就一直坚持全心全意为人民服务的宗旨，积极领导农民开展斗争。徐向前深有体会地说：“红军的力量在于民众之中。反三次‘会剿’，拖得敌人捉襟见肘，精疲力竭，失败而归，就是因为有广大群众积极配合红军作战。红军有了群众的支持，如鱼得水，任我驰骋，这是弱小的红军能够生存、发展、克敌制胜的根本原因。”[①] 刘伯承也指出：“我们依靠的是人民，蒋介石所依靠的是碉堡……这就是第二野战军在大别山战斗以及全部人民解放军胜利的关键。”一个政党能走多远不在于人数多寡，关键在于能否永葆为民的初心。

面对“二战”以来最严重的全球危机——新冠肺炎疫情带来的严峻考验，习近平总书记亲自部署、亲自指挥，坚持把人民群众生命安全和身体健康放在第一位，把疫情防控工作作为当前最重要的工作来抓，所有防控措施都是首先考虑尽最大努力防止更多群众被感染，尽最大可能挽救更多患者生命。既全方位统筹调度确保前线物资补给，又多举措稳定市场保障全国百姓生活供应；既对被病毒感染患者应收尽收、全力救治，又从各方面加强保障一线医务人员。为做好下一步疫情防控，我们要遵循习近平总书记在第 73 届世界卫生大会视频会议开幕式上提出的“既对本国人民生命安全和身体健康负责，也对全球公

① 《徐向前元帅回忆录》，解放军出版社 2005 年版，第 63—64 页。

共卫生事业尽责”要求，一如既往地保持对人民的赤子之心，始终把人民群众生命安全和身体健康放在首位，坚持把下沉社区战“疫”作为深化拓展“不忘初心、牢记使命”主题教育的重要举措，全面提升依法防控、依法治理能力，营造强信心、暖人心、聚民心的舆论氛围，努力为人民创造更美好、更幸福的生活，全面夺取疫情防控阻击战和脱贫攻坚战的伟大胜利。

四、全力应对疫情大考，必须始终做到永跟党走

面对史无前例的新冠肺炎疫情，以习近平同志为核心的党中央审时度势、运筹帷幄、沉着应对，党中央印发《关于加强党的领导、为打赢疫情防控阻击战提供坚强政治保证的通知》，发出最强动员令，领导指挥全党全军全国各族人民坚定信心、同舟共济、科学防治、精准施策，仅一个多月时间就基本阻断疫情的本土传播，两个月左右时间将本土每日新增病例控制在个位数以内，三个月左右时间取得了武汉保卫战、湖北保卫战的决定性成果，充分彰显了中国共产党集中领导、统一指挥、凝心聚力的政治优势，是战胜一切困难和风险的“定海神针”。对此，习近平总书记指出，“疫情防控斗争实践再次证明，中国共产党领导和我国社会主义制度、我国国家治理体系具有强大生命力和显著优越性，能够战胜任何艰难险阻，能够为人类文明进步作出重大贡献”①。在统筹推进疫情防控和经济社会发展工作的当下，我们要看到当前国内外疫情形势的复杂性和严峻性，医疗救治、社区防控和后续工作任务依然艰巨繁重，人员流动和聚集增加带来疫情反弹风险依然存在，特别是国际疫情快速蔓延带来输入性风险增加。为做好下一步疫情防控，我们更要弘扬以习近平总书记系列讲话特别是视察金寨时的重要讲话精神为指导，从大别山精神中汲取养分和力量，坚守革命必胜的信心，逆境不改初心，誓要夺取抗疫斗争的最后胜利。

伟大事业需要伟大精神，伟大精神需要代代传承。当前，对于金寨而言，不仅面临“经济总量小，发展尚滞后依然是我们的基本县情；工业基础薄弱，产业支撑不足依然是我们的突出短板；效能建设有待加强，发展环境有待优化依然是我们的长期课题”②，更面临境外疫情增长态势仍在持续、国内疫情反弹风险始终存在的新形势。2020 年 5 月 8 日，习近平总书记在主持党外人士座谈会时强调，要精准有效做好外防输入工作，抓好重点地区疫情防控工作，落

① 国务院研究室编写组：《十三届全国人大三次会议〈政府工作报告〉辅导续本》，人民出版社、中国言兴出版社 2020 年版，第 8 页。

② 《2020 年金寨县人民政府工作报告》，金寨县人民政府网，2020 年 3 月 20 日。

实和完善常态化疫情防控举措。在实际工作中，我们必须始终坚持“坚贞忠诚”“牺牲奉献”“一心为民”“永跟党走”，在思想上、政治上、行动上同以习近平同志为核心的党中央保持高度一致，始终保持饱满精神状态，汇聚起同疫情斗争的磅礴伟力，切实把常态化疫情防控工作抓紧抓实抓细，把疫情防控和复工复产两张答卷做好，实现“两手抓、双胜利”，让老区人民过上更加美好的生活。

（作者：甘守义）

第十三篇

一脉相承一路歌

——浅谈红一军、红四军和红四方面军的历史贡献与现实意义

2020 年，是红一军和鄂豫皖革命根据地创立 90 周年。红一军是由大别山区诞生的中国工农红军第十一军第三十一师、三十二师、三十三师改编组成的，它直属中央军委指挥，是后来的红四军和红四方面军的重要组成力量。

值此特殊年份，追忆 90 年前那段光荣的峥嵘岁月，追寻革命先辈那一串串闪光而厚重的足迹，既是贯彻落实习近平总书记重要讲话精神的具体行动，也是对党员干部灵魂的深刻洗礼，对于弘扬革命传统、传承红色基因、汲取新时代的奋进力量，必将起到十分积极而又重要的作用。

红一军、红四军和红四方面军都是在鄂豫皖地区诞生的主力红军队伍，前后一脉相承，在我党我军的历史上创造了光辉业绩、谱写了壮丽篇章、作出了突出贡献，不仅具有非常重要的历史地位，而且具有非常重要的历史意义和现实意义。本文拟就这三支主力红军队伍的辉煌战绩、历史贡献和现实意义作分析与探讨。

一、红一军、红四军和红四方面军的相关情况

红一军，在我军历史上曾经有过两支。一支就是在鄂豫皖地区诞生的主力红军队伍；另一支是 1935 年遵义会议召开之后，红一军团缩编的红一军，随右路军行动。

本文主要讲的是鄂豫皖的红一军。1930 年四五月间，根据中央的指示和部署，将红十一军的 3 个师合编为中国工农红军第一军，军长许继慎、政治委员曹大骏、副军长徐向前、政治部主任熊受暄。

红一军是大别山区组建的第一支统一领导、统一指挥的成军建制的红军队

伍（之前的红十一军虽然是按照统一的番号命名的，但是没有军部，并且分属鄂豫皖三省党组织领导），也是第一支直属中央军委指挥的红军队伍。红一军的成立，标志着鄂豫皖边的革命斗争进入了一个新的阶段。

1930 年 11 月，红一军与蔡申熙领导的红十五军在河南商城以南的长竹园会合后，在湖北麻城的福田河合编为红四军。红四军，在我军的历史上曾经有过三支。

第一支红四军就是中国共产党领导的第一支工农红军队伍，它于 1928 年 4 月建立，1930 年 6 月编入红一军团，1932 年底番号撤销，一共存在 4 年半时间。这支红四军最初的队伍分别是由朱德和毛泽东领导的，他们在井冈山会师后合编成红四军。

第二支红四军是湘鄂西根据地的红军队伍。1928 年 3 月上旬，周逸群、贺龙等领导武装斗争、建立游击队，月底人数达到 3000 余人，他们便打起了红四军的旗帜。到 1930 年 7 月，这支红四军与鄂西的红六军在公安县会师，改称红二军。

第三支红四军是鄂豫皖根据地的红军队伍，是于 1931 年 1 月中旬由红一军和红十五军合编而成。同年 11 月 7 日，红四军与红二十五军在湖北黄安（今红安）七里坪共同组建成红四方面军。1932 年 10 月，红四方面军进行战略转移，西去川陕。1935 年 3 月，开始长征。

二、红一军、红四军和红四方面军的辉煌战绩与历史贡献

（一）红一军、红四军和红四方面军为中国革命的胜利、中华民族的解放建立了彪炳史册的功勋

一是红一军在炮火硝烟中诞生、在枪林弹雨中成长。1930 年 4 月，红一军刚刚组建、第一师刚刚改编之后，副军长兼师长徐向前就率部袭占了京汉线杨家寨车站，歼敌二十军 2 个连；在杨平口地区伏击了敌二十军独立旅第一团和敌第二混成旅第四团，此战历时半日，毙、伤、俘敌千余人，取得了第一师改编以来的第一个大胜利；在花园口袭击了守敌钱大钧教导三师第五团，此战历经 3 个小时，全歼花园守敌 1400 余人，是较早的一次“以小的代价取得重大胜利”的模范战例；在四姑墩附近，与第二师、第三师一起，歼灭以戴鸣福为临时前敌总指挥的 1 个团；在小河溪附近，歼灭敌十四旅的 1 个团。

红一军的第二师、第三师完成改编任务后，同样迅速地投入战斗，接连收

复了金寨地区流波碴、麻埠，六安地区独山、两河口等地，随后又第三次攻下了霍山县城（在此之前，红三十二师、三十三师曾经两次攻下霍山县城），歼敌地方武装1000余人，毙、俘敌第五旅700余人，获得了改编以来的第一次大胜利。紧接着与英山县游击队会合，一同在金家铺攻打了唐生智部韩杰旅，此战全歼该旅1000余人，获得了第二师、第三师东征皖西的又一次重大胜利。第二师、第三师在红一军军长许继慎和漆德玮、周维炯两位师长的领导下征战皖西，战果也很辉煌，先后解放了两座县城，歼敌3000余人。

1930年6月至8月，红一军在完成整编任务后的前3个月，先后攻占了霍山、英山、罗田、云梦、花园等镇，歼敌7000余人。自此，红一军几乎是一路凯歌、连战连捷。1930年底，红一军返回大别山收复金家寨，攻克了张公山、锦鸡岭，全歼守敌四十六师1个营和反动民团共1000余人。特别是紧随其后的东、西香火山岭战斗，不仅毙、俘敌军3000多人，而且成为红一军作战形式由过去的以游击战为主转为以运动战为主的重要标志。随后，红一军又在四姑墩地区全歼了敌第三十师的1个旅，从而使敌人的第一次“围剿”计划全部破灭。

二是红四军在鄂豫皖边区立下了赫赫战功。1931年1月中旬，红一军和蔡申熙领导的红十五军在商城以南的长竹园会师，在麻城的福田河合编为中国工农红军第四军之后，更是所向披靡：他们主动发起进攻的磨角楼之战是红四军第一次有计划地运用“围点打援”战术取得的较大胜利；新集挖地道攻城是红军首次采用“坑道作业方式”；李家寨车站三战三捷；双桥镇战斗活捉敌师长，毙敌近1000人，俘敌5000余人，此战既是红四军成立以后的第一个大胜仗，也是粉碎敌人第一次“围剿”计划后实施进攻作战所取得的第一次空前大捷。

三是红四方面军连续发动了黄安、商（城）潢（川）、苏家埠、潢（川）光（山）四大战役，鄂豫皖革命根据地迅速扩大，呈现出辉煌鼎盛的喜人局面。1931年11月7日，红四军与红二十五军合编为中国工农红军第四方面军。军旗擎起之后，他们连续发动了黄安、商（城）潢（川）、苏家埠、潢（川）光（山）四大战役。其中，黄安战役是红四方面军组建后打赢的第一场大胜仗，共计歼敌15000余人，其中俘敌六十九师师长赵冠英以下近万人，缴枪7000余支、迫击炮10余门、电台1部，是红军第一次取得攻下敌人由整师兵力设防之强固据点的重大胜利。商潢战役是红四方面军在商城县、潢川县与国民党军的一场反“围剿”战役，共毙、伤、俘敌4000余人，缴枪2000余支。商城守敌五十八师吓得弃城逃窜，红军不战而克。苏家埠战役是红军在鄂豫皖苏区打赢的史无前例的大胜仗，既是红四方面军围点打援、以少胜多的著名战役，也是中国工农红军建军以来规模最大、缴获最多、代价最小、战果最好的一次空前大捷，被我国国防大学、美国西点军校等多个世界级著名军事院校作为经典战例编入教材。历时48天的苏家埠战役共歼敌3万余人，生俘敌总指挥厉式鼎和5个旅长、12个团长及营以下官兵1.8万余人，缴获枪支1.5万支、机枪250挺、山炮4门、电台5部，击落飞机1架，占领了淠河以东的广大地区，蒋介石对鄂豫皖苏区发动的第三次"围剿"尚未全面展开即被彻底粉碎。此次战役积累了红四方面军大兵团作战的经验，在中国革命史和人民军队发展史上都具有非常重要的历史地位。潢光战役是红四方面军在潢川、光山地区对国民党军发动的一次进攻性战役。从6月12日开始，红军采取分割包围多个歼灭敌人的战术，历时5天，歼敌正规部队8个团和反动民团一部，毙、伤、俘敌近万人，缴枪7000多支。潢光战役收复并进一步扩大了潢川、光山南部等根据地。

四大战役的胜利，共歼敌6万余人，消灭了敌军大量的有生力量，其中成建制被歼灭的敌正规军近40个团，敌军对鄂豫皖苏区的第三次"围剿"计划宣告破产。随着四大战役的胜利，鄂豫皖革命根据地迅速扩大，呈现出辉煌鼎盛的喜人局面。

（二）红一军、红四军和红四方面军为人民军队的创立与发展、成长与壮大探索了成功之路和宝贵经验

一是红一军创立本身就是一种创造。它应势而为、顺势而生，抢抓了国民党反动派在大别山区统治力量相对薄弱的有利时机，顺应了鄂、豫、皖三省党组织和人民群众的共同心愿，吸取了三省党组织联合开展革命运动的有益经验，及时地创立了统一领导、统一指挥的红军队伍，使鄂豫皖边区的革命运动有了一支十分可靠的中坚力量。创立后，红一军在战争中不断地扩编、改编、整编，队伍逐步发展壮大起来。

二是红四军组建后，军队的自身建设得到了切实加强、战斗素质有了明显提升。自身建设的主要表现是：人数迅速增加，装备显著改善，政治工作得到加强，军事和后勤建设得到重视。战斗素质明显提高的主要表现是：总结出了反"围剿"斗争的一些经验，作战的方式和规模有了显著变化，战术水平有了很大提高。

三是红四方面军成立后，总部根据队伍中新兵多、军事素质差的实际情况，除在各军、师、团、营办随营学校、教导队，对全体官兵进行思想政治教育外，还在红军官兵中普遍开展军事技术教育和文化知识教育。既让大家学到文化知识，又让大家提高思想政治素质；要求大家不仅要会打仗、消灭敌人，而且要会筹钱、筹粮、解决军需问题，还要会做群众工作，动员和组织群众为

保卫革命根据地而斗争。

以上这些，实际上都是加强红军队伍自身建设、提高队伍自身素质的具体措施。笔者认为，这些措施虽然十分重要，但是它仅仅是加强队伍建设的一个方面。另一个更为重要的方面就是让广大官兵在战争中学习战争、在实践中锻炼成长。红一军、红四军和红四方面军均是如此，他们的成长史、征战史，就是他们的发展史、创业史，他们用用热血与生命探索了一条建设军队、发展军队的成功之路。特别是战略战术方面，这三支主力红军队伍在实践中摸索和总结出了飘浮战术（游击战）、坑道作业、分割包围等多个歼灭敌人的宝贵经验。

（三）红一军、红四军和红四方面军为两大根据地的政治、经济、社会、文化等各项建设奠定了坚实可靠的基础

红一军与鄂豫皖革命根据地可以说是一对孪生兄妹。追溯其源，我们可以清楚地看出：如果没有红三十一师、三十二师、三十三师，就不会有鄂豫边、豫东南、皖西 3 块革命根据地；如果没有这 3 块革命根据地，也就不会有全国第二大革命根据地——鄂豫皖革命根据地。在这两者之间，笔者认为，没有武装起义、没有人民军队，就不可能开创革命根据地。同时，没有革命的武装力量，也无法捍卫革命根据地。应该说，人民军队是开创革命根据地的重要力量，是发展根据地的有生力量，是保卫革命根据地的可靠力量。

历史上，鄂豫皖革命根据地全盛时期包括 20 余县的地区，拥有约 350 万人口，主力红军达到 4.5 万余人，地方武装、民兵组织有 20 多万人。

川陕革命根据地全盛时期面积达 4.2 万平方千米，主要活动地区为四川嘉陵江以东，营山、渠县以北，城口、开江以西，陕西宁强、勉县、南郑、西乡、镇巴 5 县邻近四川边界地带以南。人口约 500 万，共建立了 23 个县和 1 个市的苏维埃政权，红四方面军主力由入川时的 1.5 万余人发展到 8 万余人，加上独立师共 10 余万人。

（四）红一军、红四军和红四方面军为中国革命作出了巨大的牺牲

俗话说，自古英雄劫难多。这三支主力红军队伍在发展历程中，经历了太多的曲折和磨难。这里面既有来自凶恶敌人的无数次“清剿”“会剿”“围剿”，也有来自恶劣环境的痛苦折磨与生死考验，还有来自队伍内部错误路线的影响。据记载，仅 1931 年河南光山白雀园的“肃反”，就先后逮捕和杀害干部、战士 2500 多名，其中有著名的红军将领许继慎、周维炯、姜镜堂等；仅红四方面军的“三过雪山草地”就牺牲了几万名红军将士。特别是红军长征胜

利后，红四方面军的第三十军、第九军奉命改编为西路军，渡河执行“宁夏战役计划”。由于对形势的错误判断，西路军几乎全军覆没，2 万多名红军将士血洒西域、魂断边陲。

（五）红一军、红四军和红四方面军为中国革命和建设培养了一大批中坚力量和将帅之才

在长期的革命斗争与生和死、血和火的考验中，从这三支主力红军队伍中走出了一大批各级各类优秀人才。据不完全统计，在这三支主力红军队伍的主要诞生地湖北红安、安徽金寨、河南新县，就分别走出了 61 位、59 位、40 位开国将军，整个鄂豫皖地区一共走出了 400 多位开国将军，约占全国开国将军总数的 26. 5%；在全国十大将军县中，鄂豫皖地区就有 5 个将军县（红安、金寨、新县、大悟、六安）。另据统计，红四方面军一共走出了 300 多位开国将军，约占全国开国将军总数的 20%。这些革命前辈率部三过雪山草地、驰骋祖国大江南北，为中国革命的胜利、中华民族的解放英勇奋斗。即使在革命成功之后，他们仍然始终如一地保持光荣的红军传统，继续为新中国的建设和军队现代化建设而积极努力、辛勤工作。

（六）红一军、红四军和红四方面军为鄂豫皖人民、为中国人民留下了宝贵的红色文化资源和伟大的大别山精神

这三支主力红军队伍在全国大部分地区战斗过、工作过，留下了丰富多彩的红色文化资源，其中不仅有千千万万铭刻着红色记忆的各类文物、遗址、遗迹，而且蕴含着伟大而崇高的大别山精神。

这些丰富的红色文化资源不仅具有历史印证、文明传承、政治教育、经济开发等四个方面的独特价值功能，而且具有不可替代的教化作用、传承作用、凝聚作用、导向作用和激励作用。

三、红一军、红四军和红四方面军的优秀品质和现实意义

这三支主力红军队伍，经过长期的革命实践和血腥风雨的生死考验，谱写了一部部光辉灿烂的历史。他们留下的这些红色资源，对全国人民都有很好的教育作用、引导作用、借鉴作用，我们应该认真地总结归纳、挖掘传承，使其在新时代中焕发出新的更加灿烂的光芒。笔者认为，在他们身上集中体现的是这样几种意识。

一是顺势而为的机遇意识。这三支主力红军队伍都有一个共同的特点，就是善于观察形势、分析形势、判断形势。在机遇来临时，能够提前准备、科学研判，因而在很多战役中，都能够以小的代价取得重大的胜利，能够做到调动敌人，并将其置于运动中歼灭。比如，东西香火岭战、花园战斗、黄安战役、苏家埠战等很多著名的战役战斗，都是由红军队伍瞅准机会主动出击的，并且取得了很好的战绩。

二是大胆探索的创新意识。这三支主力红军的创新意识都很强。红一军军长许继慎、副军长兼一师师长徐向前以及红四军中被称为“黄埔四杰”的曾中生、蔡申熙等都是善于观察、勤于思考的表率。他们善于在新形势、新环境中寻找结合点、突破点，特别是蔡申熙，可以说是一位能文能武、敢做敢当的英雄人物，“黄埔四杰”研究出来的新方法、新策略，全部由他负责组织试验、实施。

三是抱团取暖的团结意识。团结，是中华民族的传统美德和优秀品质。团结出凝聚力、团结出战斗力。人心齐、泰山移。红一军、红四军和红四方面军的广大将士的团结意识强、合作氛围浓。正是在这种良好的基础上，鄂豫皖三省的党组织和广大党员干部才能积极主动地开展跨省界的革命活动，建立联合党组织，组建统一领导、统一指挥的红军队伍。红一军的成立就是大别山人民和大别山红军队伍强烈的团结意识的具体体现。实践证明，这种选择决策是正确的，成果是丰硕的。

四是牺牲奉献的大局意识。这三支主力红军队伍在成长过程中，遇到过无数次考验、作出了巨大的牺牲。在前进的征程上，他们是“明知山有虎，偏向虎山行”，宁可牺牲自己，也要确保大局稳定、革命成功。比如，红四方面军在川陕革命根据地时期，得到中央关于要求配合红一方面军进行长征的指示后，立即放弃川陕革命根据地，强渡嘉陵江、接应中央红军；在艰难困苦的长征途中，红四军政治部主任洪学智奉命为中央红军筹粮筹钱，他不怕牺牲、排除万难，千方百计地为红一方面军筹到一大批军需物资，受到了刘少奇的肯定和高度称赞。

五是不忘初心的使命意识。虽然那个时候没讲“不忘初心、牢记使命”这句话，但是他们的实际行动就是如此。从起义到组建、从创业到发展、从突破一道道封锁线到接连取得一次次大规模的胜利，这是一次既漫长，又艰辛的伟大“长征”。在前进的道路上，这三支主力红军队伍始终不忘初心，始终不忘根本，始终牢记入党誓词，始终朝着人民翻身解放、社会幸福美好的方向阔步前进、铿锵前行。风吹雨打不动摇、持之以恒向前进。

以上几种意识是红一军、红四军和红四方面军始终向前、勇往直前的精神支柱和动力源泉。回顾这三支主力红军队伍的发展历史，总结这三支主力红军队伍的发展经验，我们要好好地学习与继承、传承与弘扬他们的机遇意识、创新意识、团结意识、大局意识、使命意识，并努力让其融入血脉、入脑入心，以便我们向着“两个百年”目标、向着更加美好灿烂的明天再出发、永前行！

（作者：胡遵远）

第十四篇

大别山精神深化研究

一、大别山精神形成的历史背景

大别山是我国中部地区自西向东、蜿蜒于长江和淮河之间的一条重要山脉，属于鄂、豫、皖三省相连的边界地区，自古以来就是重要的军事战略要地。金寨县地处皖西边陲、大别山腹地，是大别山革命根据地的核心区域，先后有十万英雄儿女参军参战，在革命烽火硝烟中铸就了59位中华人民共和国的开国将军。正是在这样深厚的历史基础上，形成了“坚贞忠诚、牺牲奉献、一心为民、永跟党走”的大别山精神。

革命精神产生于革命实践。大革命后期土地革命战争前期，以三大起义为代表的农民武装暴动，创造了大别山的辉煌，也成为大别山精神形成的重要历史背景。

1927年11月13日，湖北省黄安（今红安）、麻城3万余名农民自卫军和义勇军在党的八七会议精神指引下和中共湖北省委领导下，攻打黄安县城，打响了鄂豫皖地区武装反抗国民党右派的第一枪，正式成立了黄安农民政府，组建了工农革命军鄂东军，史称黄麻起义。因其规模之大、参加人数之多、坚持时间之长，而属全国有重大影响的起义之一。

1929年5月6日，在中共商罗麻特别区委领导下爆发了立夏节起义（亦称商南起义）。立夏节起义是以民团起义为主，同时和农民暴动相结合的武装起义。起义胜利后，建立了工农红军第十一军第三十二师。在红三十二师支援下，金寨东部地区的武装胜利斗争逐步取得胜利，拉开了六霍起义的序幕。立夏节起义的胜利沉重打击了商南地区的反动势力，极大地鼓舞了鄂豫皖边区党组织和人民群众开展武装斗争的积极性，为创建豫东南革命根据地奠定了基础，也推动和加快了东部六霍地区举行武装起义的进程，并提供了宝贵的经验。

1929年5月到12月，六霍起义从两县三地小规模的局部起义发展到三县多个地区全面起义。起义的主体力量是农民武装，同时又有多个民团、自卫团参加起义。六霍起义是继黄麻起义、立夏节起义之后，在鄂豫皖边区爆发的又一次大规模武装起义。起义的分布地点多，涉及范围广，持续时间长。起义建立的红三十三师和鄂东红三十一师、豫南红三十二师形成掎角之势，开创了皖西革命根据地，对鄂豫皖革命根据地的形成具有极其重要的意义。

这三大起义将农民武装改编成红军，进行游击战争，分别建立了鄂豫边、豫东南、皖西三块根据地，这三块根据地连接成以大别山为中心的鄂豫皖边区。1930年春，中共中央决定，统一鄂、豫、皖三省边界党的领导，建立鄂豫皖边区特委，统一红军的军事指挥，组建红一军。到1930年4月底，鄂豫皖边区革命根据地已初具规模。皖西方面，在六安、霍山、霍邱、英山、潜山5县毗连地区，形成了东起淠河，西接商城，南抵金家铺、水吼岭，北到白塔畈、丁家集的南北200多里、东西100多里，人口40多万的革命根据地；豫南方面，南起松子关、长岭关，北到段集，西到大木厂、东岳庙，东与皖西革命根据地连接，横竖约150里的根据地，人口近40万；鄂东方面，建立起纵横170余里的革命根据地。鄂豫皖苏区斗争进入了一个崭新的阶段。

三大起义作为历史背景，为后来大别山精神的孕育提供了“培养皿”。追溯大别山精神的形成过程，实际上是多个要素共同作用的结果。

五四运动后，马克思主义传入金寨县境，从1920年开始，研读马克思主义和进步书刊的“马克思主义学习小组”“青年读书会”“青年学会”“新文化研究会”“豫皖青年学会”等组织，在一些学校和进步知识分子中相继建立，学习、宣传马克思主义，为中国共产党的建立打下了思想基础。1924年，在汤家汇笔架山农校建立了全县第一个中国共产党组织——笔架山农校党小组，年底发展为支部。到1927年春，金寨县境内已建立了中共特支和支部7个，有党员30多人，并建立县级农民协会，领导人民群众开展了轰轰烈烈的减租减息和反帝反封建斗争。

一方面，全国各地爆发的爱国运动，激励了徐狩西、刘仁辅等人对马克思主义进行广泛传播，促进了大别山区人民的思想解放和精神觉醒，使马克思主义在日后成为大别山精神的理论指导；另一方面，马克思主义的广泛传播促进了大别山区共产党组织的成立和发展，党加强了对大别山地区的领导，推动了大别山精神的孕育和壮大。

二、大别山精神的深刻内涵

大别山精神所蕴含的丰富内涵，是中国共产党人的历史使命、根本宗旨、政治本色和人格力量在大别山这一特定区域的集中反映，是马克思主义世界观、人生观和价值观的充分体现，是民族精神、革命精神和时代精神的有机统一。“坚贞忠诚、牺牲奉献、一心为民、永跟党走”16个字所凝聚的大别山精神，是以金寨人民为代表的大别山人民用鲜血和生命铸就的。

（一）坚贞忠诚

“坚贞忠诚”是大别山精神的核心本质。在物资匮乏、敌强我弱的恶劣条件下，共产党领导的红军能够战胜敌人，依靠的正是这份坚贞忠诚。无论是在革命初期还是高潮时期，大别山区军民始终坚持必胜的信念和革命到底的决心，用鲜血和生命捍卫着红色政权。“星星之火可以燎原”，正是这份坚贞忠诚，才让大别山的革命星火燃遍全国，保证了大别山上高高飘扬的红旗永远不倒。

（二）牺牲奉献

数十年来，金寨县十万优秀儿女在中国共产党领导下，前仆后继，百折不挠，为建立新中国而英勇战斗。金寨县革命烈士占安徽省革命烈士总数的1/5以上。刘伯承、邓小平、李先念、徐向前等党、政、军领导干部曾在县境指挥过革命战争，董必武、叶挺、郭述申、方毅、张劲夫等同志在这里进行过革命活动。牺牲奉献精神铸就了大别山区的丰功伟业，孕育造就了大别山革命精神，深化了大别山精神的内涵。

革命烈士勇于牺牲、甘于奉献换来了今天的和平年代，而在21世纪的今天，这种牺牲奉献的良好品德依然值得我们带入生活和工作中，对我们树立正确的人生观、价值观具有重要的启示意义。

（三）一心为民

中国共产党始终坚持以群众为基础，以民心为动力，以全心全意为人民服务为党的宗旨。一心为民意味着要始终保持本色，要始终亲近群众，要始终尊重群众，真正践行“一切为了群众，一切依靠群众，从群众中来，到群众中去”的群众路线，这既是一个党员干部真正的使命，也是大别山精神的根本所在。大别山区党组织和苏维埃政府从诞生之日开始，始终在为老区人民的幸福努力奋斗，“不忘初心、牢记使命”，一心为民。

（四）永跟党走

大别山地区的共产党人和人民群众正是以这种英勇顽强、敢于牺牲的革命精神，做到了矢志不渝，坚韧不拔。在白色恐怖之下，在遭受国民党军反复“会剿”“围剿”“清剿”“扫荡”的严峻形势之下，大别山地区的共产党人和人民群众始终顽强地坚持革命斗争。

大别山区的革命英雄是大别山精神最好的阐述者。金寨县党组织创始人、立夏节武装起义的组织者和领导者詹谷堂，把毕生的精力和满腔的热血都奉献给了革命事业。他被俘后，被敌人三次用铁丝穿胳膊游街、五次深夜陪斩，受尽折磨，仍宁死不屈，在生命的最后依然坚定地用自己的鲜血在监狱的墙上写下“共产党万岁”，体现了“坚贞忠诚”。面对敌人搜山清剿，商南县委书记张泽礼的爱人晏来香见大队敌人向战友藏身的树林搜来，毅然冲出树林，引开敌人掩护战友，为了不当俘虏，纵身跳下悬崖，体现了“牺牲奉献”。詹大南将军严于律己，生活节俭，将省吃俭用存的积蓄拿出来捐给了家乡金寨县槐树湾乡，建成了金寨县杨桥希望小学，体现了“一心为民”。立夏节起义期间，共产党领导穷人展开翻身求解放的斗争，当时年仅 12 岁的金寨人彭素义无反顾地投奔共产党，参加红军。二过草地时，他即使患上斑疹伤寒、高烧不退，也依然坚持跟随大部队，体现了“永跟党走”。像这样把大别山精神牢记于心的英雄还有很多，“坚贞忠诚、牺牲奉献、一心为民、永跟党走”，他们用行动诠释了大别山精神的深刻内涵和深远意义。

在对大别山精神的内涵进行概括和表述时，不仅要体现历史特征，同时还应注重其现实意义和时代价值。新时期传承弘扬大别山精神，既是对大别山区军民为了中国革命胜利和社会主义建设成果所作出的巨大牺牲和无私奉献的充分肯定，也是为协调推进“四个全面”战略布局、积极践行“五大发展”理念、全面贯彻习近平新时代中国特色社会主义思想、加快推进革命老区脱贫攻坚步伐，提供强大精神动力的现实需要。

三、大别山精神的传承与弘扬

红色文化在当代社会具有思想、经济、文化等多重价值。在全面建成小康社会的关键时期，弘扬“大别山精神”、传承大别山区的红色文化意义重大。具体可以从以下几点落实。

（一）结合大别山地区的实际情况

新时代大别山精神的弘扬与传承应当与实际相结合，与金寨县情相结合。金寨作为国家级贫困县，打赢脱贫攻坚战的前沿阵地，弘扬“大别山精神”、传承红色文化，必须与老区脱贫攻坚相结合。通过红色旅游的吸引力，让慕名而来的旅游者在游览革命历史场地，观光革命历史遗迹、遗物，通过讲解员讲述金寨革命故事时接受红色文化教育，领悟大别山精神。大别山将成为一种精神力量，潜移默化于以后的学习工作和生活中。此外，完善红色旅游景区的基础设施，构建红色旅游产业格局，促进具有金寨特色的红色旅游，这将带来经济效益，带动美丽乡村建设，带动革命老区的经济发展。

（二）丰富大别山精神的深刻内涵

红色文化是社会主义文化的重要组成部分，是社会主义文化建设的重要内容。文化发展的实质在于文化创新。因此，传承大别山精神必须坚持与时俱进，抓住新的时代特征，直面中国历史上最为广泛而深刻的社会变革，在传承中创新，在创新中传承和发展，不断以理论创新的成果丰富大别山精神的内涵，彰显红色文化的生命力和勃勃生机。大别山精神作为一种精神文化，其内容创新要以人民群众的根本利益为出发点和落脚点，做到贴近实际、贴近生活、贴近群众、适应国情，满足人民日益增长的文化需求。在全面建设小康社会、加快推进社会主义现代化的新的发展阶段，我们应该全面继承和发扬党在长期革命、建设和改革事业中所形成的优良传统和革命精神——大别山精神，将其融入全面建成小康社会的伟大实践中，并不断赋予其新的时代内涵。

（三）做好大别山精神的宣传教育

大别山精神的丰富内涵决定了只有深入理解大别山精神才能更好地弘扬与传承大别山精神，因此对大别山精神的宣传教育显得尤为重要。习近平总书记在党的十九大报告中指出：“青年兴则国兴，青年强则国强。”红色文化的传承要从娃娃抓起。在新时代，一些青少年缺乏对红色文化的深入了解和真实认同，从而做出一些贬损和否定革命历史人物的行为。要想“治标又治本”地解决此类问题，就必须始终树立精品意识，输出高质量的红色文化显得尤为重要。例如，可以进行红色文化进校园的宣讲活动，让大别山精神浸润青少年的心灵；加强当地红色文化场馆建设，积极开发文物资源；举办重大节日缅怀先烈活动，瞻仰革命先烈的英雄事迹，重温红色革命精神等。

（四）做好大别山精神的线上宣传

“无数革命先烈留下的优良传统是永远激励我们前进的宝贵财富，任何时候都不能丢。对于红色文化资源，我们既要注重有形遗传的保护，又要注重无形遗传的传承，大力弘扬红色传统。”[①] 在互联网时代，通过利用微信、微博、贴吧等新兴媒体平台对红色文化进行宣传，吸引大众主动接受内容丰富、形式多样的红色文化，并引导大众积极表达自己的观点。这不仅能够提高人民群众的参与度，还能提高大别山精神的知名度。例如，开设网络课堂，讲解大别山区革命历史；开通相关微博、微信公众号，在宣传红色经典故事的同时介绍革命英雄背后的故事，将英雄榜样的形象生动化、具体化；开设以大别山精神为核心的红色文化网站，并设置相应的论坛版块用于用户交流，加深群众互动性；等等。通过构建“红色”的网络环境，将大别山精神融入网络与现实中，理论与实践相结合，有助于人民群众学习红色文化，在实践中加深对大别山精神的共鸣。

四、结语

金寨县是全国著名的革命老区，是“红军的故乡”“将军的摇篮”。2016年4月26日，习近平总书记到金寨视察时曾说，一寸山河一寸血，一抔热土一抔魂。烽火岁月中，革命战争时期的艰苦斗争是大别山精神形成的实践基础，不断高涨的革命形势是大别山精神形成的现实依据。中国共产党在大别山区的奋斗实践中孕育出了伟大的大别山精神，为党的奋斗提供了强大的思想支撑和不竭的精神动力。虽然大别山的革命斗争已成为历史，但大别山精神永不过时，大别山精神所蕴含的深刻内涵是党和人民的宝贵财富和精神旗帜，影响深远。新时代实现“两个一百年”奋斗目标和中华民族伟大复兴的中国梦，亟须弘扬这种精神，引领我们走上新的征程。

（作者：姜茜）

---

① 习近平：《在庆祝中国共产党成立95周年大会上的讲话》，《人民日报》2016年7月12日。

第十五篇

从“各自为战”到“合而为一”

——红一军建军特点、意义及经验分析

鄂豫皖边区是人民军队的重要发源地，诞生于这里的红一军是一支英雄的部队，它转战于鄂豫皖边区，在战斗中由小到大、由弱到强，在自身发展的同时也推动了根据地的发展，在人民军队的发展史上书写了壮丽的篇章。红一军的组建和发展历程特点鲜明，意义重大，还有许多值得我们认真总结的经验。

一、红一军组建的特点

（一）来源具有多元性

红一军前身是诞生于黄麻起义的红三十一师、诞生于商南立夏节起义的红三十二师、诞生于六霍起义的红三十三师。

1927 年 11 月 13 日，中国湖北省黄安（今红安）、麻城 3 万余名农民自卫军和义勇军在党的八七会议精神指引下和中共湖北省委领导下，打响了鄂豫皖地区武装反抗国民党的第一枪，黄麻起义爆发后，正式成立了黄安农民政府。中共黄麻特委根据中共湖北省委指示，将黄、麻两县农民自卫军及赶来配合起义的黄陂县农民自卫军一部共 300 余人，组成工农革命军鄂东军，潘忠汝任总指挥，戴克敏任党代表。后来，鄂东军转战黄陂木兰山。1928 年 1 月，鄂东军在木兰山被改编为中国工农革命军第七军，吴光浩任军长，戴克敏任党代表。7 月，第七军被改编为中国工农红军第十一军第三十一师。到 1929 年 5 月，红三十一师发展到近 400 人。红三十一师是红十一军的第一支红军队伍，是后来组建的红一军第一师的主要组成部分。

1929 年 5 月 6 日，安徽省金寨县汤家汇、南溪、斑竹园、吴家店、果子园一带（当时属于河南省商城县管辖，位于商城南部）爆发了著名的革命武装起

义——立夏节起义（也称商南起义）。5 月 9 日，起义后的第三天，各路起义大军会师于斑竹园，举行建军大会，成立了中国工农红军第十一军第三十二师，师长周维炯，副师长漆德玮（因尚在商城民团任中队长故未宣布），师委书记徐其虚（亦有文献记载徐子清任党代表），政治部主任李梯云。红三十二师是金寨地区成立的第一支红军队伍，是红十一军的重要组成部分，是后来组建的红一军第二师的主要组成部分。

1929 年继黄麻、商南两大起义之后，以六安、霍山两县为中心，以农民暴动为主体，与民团兵变相结合的六霍起义在鄂豫皖边区又一次大规模爆发。暴动胜利后，组建了一支工农革命武装——安徽红军第一游击纵队。1930 年 1 月 20 日，六安中心县委将各地游击武装集中于流波䃥，编为中国工农红军第十一军第三十三师，徐百川、姜镜堂分任师长和政治部主任。六霍起义创建的中国工农红军第十一军第三十三师，是鄂豫皖边区红军的三大主力之一，是后来组建的红一军第三师的主要组成部分。

（二）与根据地的统一同步进行

红一军的组建不是孤立的历史事件，而是与鄂豫皖边区三块革命根据地由分散到统一的进程相结合的。

黄麻、商南、六霍三大起义爆发之后，鄂豫皖边区三地相继成立三支红军部队，形成了鄂豫边、豫东南、皖西三块根据地，三省的中共党组织和红军都有了较大的发展，他们也自发地协作联动。但是，由于缺乏统一的领导机构，相互之间的协作程度受到限制。1930 年 1 月底，中共中央巡视员郭述申到达上海，向中央汇报了鄂豫皖边区的革命形势。中央听取汇报后认为，大别山战略地位十分重要，于是当机立断，决定将这 3 块革命根据地统一起来，将这 3 支红军队伍合为一体，统一党的领导、统一组织指挥，形成统一的鄂豫皖革命根据地。2 月 25 日，中共中央发出给湖北省委、河南省委、六安中心县委的指示信，决定将湖北省的黄安、麻城、黄陂、孝感、罗田、应山（后又增加黄冈、安陆），河南省的商城、光山、固始、潢川（后又增加罗山），安徽省的六安、霍山、霍邱、英山、寿县、颍上、合肥等县划为鄂豫皖边特别区，建立鄂豫皖边特委，统一领导鄂豫皖边区的革命斗争。3 月 17 日，党中央又决定由郭述申、何玉琳、王平章、徐朋人等 9 人组成鄂豫皖边特委，郭述申为书记。18 日，中共中央指示将这三支红军部队合编成为中国工农红军第一军。

1930 年 3 月 20 日，先期到达湖北黄安县的中共中央巡视员曹大骏，在箭场河主持召开鄂豫皖边区党代表大会，传达中央的指示，宣布成立中共鄂豫皖边特别委员会和常务委员会，郭述申为书记。至此，实现了党对鄂豫边、豫东南和皖西3块革命根据地的集中统一领导。

4月10日，中共鄂豫皖边特委书记郭述申离开信阳到达黄安县境后，当即主持召开鄂豫皖边特委和红军领导干部会议，传达中央关于组建红一军及其军事工作的指示，宣布成立红一军前敌委员会，并讨论通过了红军改编的决议。

至5月下旬，红一军逐步完成改编任务。6月下旬，鄂豫皖边区第一次工农兵代表大会召开，到会的有鄂东北、豫东南、皖西苏维埃的代表和平汉铁路工人代表共200多人。大会选举产生了鄂豫皖边区苏维埃政府。

由此可见，对鄂豫皖根据地的统一和对军队的统编几乎是同步进行的。

（三）分步骤完成改编

1930年4月10日，中共鄂豫皖边特委书记郭述申主持召开鄂豫皖边特委和红军领导干部会议之后，即组成了红一军军部，许继慎任军长，曹大骏任政治委员，徐向前任副军长，熊受暄任政治部主任。军部下设政治部、参谋处、军需处、军械局和直属医院、教导队。

统一改编军队的决议通过时，三支部队并没有集合在一起，红三十一师在鄂豫边的箭场河，红三十二、三十三师转战于皖西。因此，改编无法一次性完成，在箭场河的红三十一师离得最近，于是首先完成改编为红一军第一师，徐向前兼任师长，戴克敏任政治委员，下辖5个大队，共800余人。

随后，为了继续完成对红三十二、三十三师的改编，曹大骏、许继慎率红一军军部向豫南皖西移动，5月中旬到达商南南溪与从皖西返回的红三十二师会合，曹大骏主持召开会议，宣布中央决定，将红三十二师改编为红一军第二师，师长漆德玮，政治委员王培吾，下辖4个团，共600多人；另以红三十二师一部和当地游击队共300多人组成红一军独立旅，旅长廖业麒。

完成对三十二师的改编后，曹大骏、许继慎率军部和第二师东进皖西，继续完成对红三十三师的改编任务，二者会师于流波䃥。5月23日，红一军前委召开六安中心县委和红一军第二师、红三十三师师委联席会议，决定以第二师一部与红三十三师合编为红一军第三师，周维炯任师长，姜镜堂任政治委员，肖方任副师长，下设2个团，共300多人。

至此，大别山区的3支红军统一改编为红一军，实现了鄂豫皖边区红军队伍的统一指挥。

二、红一军组建的意义

（一）推动了革命根据地的发展

红一军组建后，国民党新军阀之间的“中原大战”爆发，红一军利用有利时机实施进攻作战，军部率红二、三师进军皖西，于 6 月至 8 月，转战六霍、南下英山、西击平汉线，取得节节胜利。红一军经过东征、南下两次胜利作战使皖西苏区得到了巩固，并且向南扩展。红一军占领麻埠时，六安县第三区苏维埃政府恢复，七区苏维埃政府宣布成立。霍山县境几乎全部为革命势力所控制。英山战斗胜利后成立了县革命委员会，使全县群众运动迅猛发展，农民协会纷纷建立，赤卫队迅速扩大。

与军部率红二、三师在皖西作战的同时，红一军第一师在副军长兼师长徐向前的率领下，出击平汉路南段，活动于黄陂、孝感一带，接连获胜。攻克罗田、云梦、花园镇等城镇和杨家寨、郝家湾等车站，给敌人以沉重打击。

红一军的广泛作战及其胜利，有力促进了革命根据地的发展。在皖西成立了霍山苏维埃政府，建立了东北与六安、霍山相接，西到罗田石桥铺一带，南到蕲春张家塝附近，长约 40 千米、宽约 25 千米的英霍边根据地；以及北至流波𬒈、龙门冲，东至霍山烂泥坳，西与固始赤区相接，南与英山、潜山赤区毗连的六霍根据地；鄂东北成立了黄冈小县革命委员会和孝感县革命委员会；黄安县由原来的七里坪、紫云和桃花 3 个区苏维埃政府扩大建立了城关、仙居、平安、永河、二程、高桥等 9 个区苏维埃政府；黄安县北部的塔区、姚区、磨区、六指店、方梅，以及孝感县北部的小河溪一带，均相继建立了区苏维埃政府；商城县的区、乡苏维埃得到了扩大；光山县建立了殷区、张南、张东、张西、白雀园、双轮、泼陂、砖桥、夏磨、杨帆等区苏维埃政府。随着边区苏维埃政权的建立，根据地的建设出现了新的发展局面。

（二）促进了人民军队的发展

红一军建立后转战六霍、南下英山、西击平汉线，取得辉煌战果，3 个月的时间歼敌 7000 余人。在打击敌人的同时，红一军自身也不断壮大。例如在皖西的战斗中，红二、三师共歼敌军 3000 余人，缴枪数千支，两个师的部队发展到 1800 余人。在西出平汉线的战斗中，红一师屡次获胜，前后三次扩编：杨家寨战斗后，第一次扩编，部队扩大到 1200 余人；郑家店战斗后进行第二次扩编，扩大到 1500 余人；花园镇战斗之后，部队第三次扩编，全师猛增至

3000余人。到1930年10月，红一军已由初建时的2100余人，发展壮大到6000余人。武器装备也得到了显著改善。

此外，在军队建设和政治工作、后勤工作方面也都有了进一步加强。在战术上也有了新的发展，由过去的小规模游击战向较大规模的运动战转变，由过去小规模伏击和袭击小股敌人，发展到集中兵力调动较大股敌人于运动中整团整团地歼灭，或乘敌不备对驻扎城镇的较大股敌人实施袭击。英山战斗攻据点与打援兵相结合；杨平口战斗诱敌伏击；花园镇战斗对敌实施远距离奔袭；四姑墩战斗诱敌深入、迂回包抄；等等，都是红一军战术发展的典型战例。红一军作战指挥和战术素养的提高，部队的壮大和战斗力的增强，标志着红一军进入了一个新的发展阶段。

三、红一军的建军经验

（一）坚持党对军队的绝对领导

鄂豫皖边区的红军是在党的八七会议方针指引下，始于黄麻、商南、六霍等革命武装起义部队，发展于革命战争中，始终置于中国共产党的绝对领导之下，按照无产阶级的建军路线、建军原则建设红军部队，为实现党的新民主主义革命的纲领、路线、任务而积极斗争。无论编制如何调整合并，无论牺牲多大，坚持党的领导从未动摇。

早在建军初期，党组织就是领导和团结红军的核心。在鄂东北特委、豫东南特委及中共商罗麻特委、中共六安中心县委领导下，发展和建立了红军各级党的组织，建立了党代表和政治工作制度，形成坚强的领导中枢。以马列主义和党的纲领、决议武装指战员的头脑，不断将革命理想、革命精神贯注于军队之中。有了党的领导和正确的建军方针、原则，红一军始终保持人民军队的无产阶级性质，成为具有强大战斗力的革命武装。广大指战员具有高度的政治觉悟，懂得“为谁当兵、为谁打仗”。因而在历次战役战斗中，前仆后继，一往无前。

（二）坚决维护军队内部的团结统一

红一军是一支高度团结的战斗军队，但是这种团结统一不是自然形成的，而是在反对宗派主义和山头主义的斗争中建立起来的。在红一军诞生和发展的过程中，宗派主义和山头主义曾经也是影响军队团结统一的重要因素，因为旧中国是半殖民地半封建的国家，存在着军阀主义、宗派主义、闹独立性等思想的深厚土壤。再加上红军的主要成分是农民，而农民的散漫、保守等落后观念不会因为穿上军装自然消失。此外，分别诞生于三大起义的三支武装长期在各自的区域内进行游击战争，虽然名义上统一于红十一军的番号之下，但是并没有建立统一指挥机构，实际处于各自为战的状态，所以在一部分同志中存在着盲目的山头主义倾向。例如，徐向前在其回忆录中说道："三个师过去来自三个地区，基本上是按地区系统形成建制的，地域观念、山头主义较明显地存在着。"① 正是由于这种国情和军情，红一军在组建和发展的过程中，必须注重解决宗派主义和山头主义的问题，具体做法就是将三支队伍进行混编。其实最开始中央就决定将三个师实行混编，但是因为当时条件不够成熟，未能实行。1930 年红一军攻克光山之后，召开了全军的党代表大会，大会主要解决的问题就是山头主义和宗派主义，决定对部队实施混编。这次混编在统一全军的领导、统一意志以及打破地方宗派观念上，起了重要作用。

（三）坚持思想政治工作不动摇

苏区时期是人民军队发展的初期阶段。与国民党军队相比，红一军无论在兵力，还是在物资供给方面明显处于弱势地位。但在历次的战斗中，红一军往往能以精简的部队战胜在兵力和装备上强于自身数倍的国军，其中一个重要原因便是红一军有着过硬的思想政治素质。这得益于思想政治工作的有效开展，在红军队伍中政治教育常态化开展，主要围绕党的决议和指示、红军的任务、革命的前途等问题进行，使每个士兵明了党的路线、方针、政策，划清红军和白军的界限，为工农阶级彻底解放而战。教育方式有干部队前讲话、集体上课、阅读通俗讲义、小组讨论等。在坚强有力的思想政治工作下，红军广大指战员的思想政治素养普遍较高，军队的战斗力也随之得到了较大的提升。可以讲，苏区时期红军思想政治工作发挥了强有力的重要作用。同时，也正是由于对思想政治工作的坚持，红一军才能在艰苦的条件下完成战斗任务，获得生存和发展。

（四）用铁的纪律要求部队

铁的纪律是人民军队取得成功的基本条件之一。鄂豫皖边区的三支队伍及其后来组建的红一军，起初虽然没有"三大纪律、八项注意"那样完整的规定，但是已经开始形成一些基本的纪律要求，如打仗不听指挥者，轻则批评，重者禁闭。路过家乡时，回家探亲需要请假，不得自由行动。打土豪所得财

① 徐向前：《历史的回顾》，解放军出版社 1988 年版，第 75 页。

物，必须全部归公，贪污者枪毙。不准调戏妇女，不准随便抓人、杀人，不准抢东西，不准烧房子。部队到一个地方，派饭一桌给一元，借一床被子给三个铜板，睡觉的稻草也要付钱买。部队离开的时候，要求收拾干净。后来还总结出了十条纪律规定：“不拿穷人一针一线；不拿穷人粮食；对穷人态度要和蔼；爱护枪不要弄坏；节省子弹勿乱打；对群众要宣传红军主张；火线上要对白军宣传；占城市注意收集机器医药；得物资要先顾伤员同志；到地方要研究地形道路。”[①] 正是由于红一军树立了铁的纪律，因此保持了军队的纯洁与行动的统一，保持了与人民群众血肉相连的关系，获得了群众的支持和拥护。

（作者：黄涛涛）

① 徐向前：《历史的回顾》，解放军出版社1988年版，第60页。

第十六篇

中国工农红军第一军的突出贡献研究

中国工农红军第一军是鄂豫皖根据地第一支成军建制的红军队伍，这支红军队伍于1930年4月到5月完成组建，由鄂豫皖边界地区的三支师级红军队伍统编而成，全军下辖三个师和一个独立旅，共2100余人，直属中央军委指挥。1930年夏至1931年初，红一军回旋于鄂豫皖边区的广阔区域，部队人数一度发展到6000余人，成为巩固和发展鄂豫皖革命根据地的坚强支柱，为中国的革命事业作出了巨大贡献。

一、加快了鄂豫皖边区红军的统一进程

关于红一军成立的最初决定，实际上来源于中共中央的一封指示信。

1930年3月，中共中央发出了给鄂豫皖边特委和红三十一师、红三十二师、红三十三师的指示信，明确提出将这三个师合编为红军第一军。

中共中央决定成立红一军，主要考虑到鄂豫皖边区红军整体发展的需要。

1927年冬至1930年初，鄂豫皖边界地区爆发了黄麻起义、商南起义、六霍起义，诞生了红三十一师、红三十二师和红三十三师。这三支红军队伍，当时在名义上虽然都是以中国工农红军第十一军的番号命名的，但实际上红十一军并没有成立军部，也没有任何军级职能部门和组织机构。

这三支红军队伍既相互帮助又矛盾重重。1929年8月初反鄂豫“会剿”时，红三十一师和红三十二师同时跳出外线作战，在光山南部八字楼会师，两师虽然合作打了一个胜仗，但晚上宿营时，红三十一师官兵头都“枕着枪，以防意外”，第二天早晨起来一看，红三十二师不辞而别了。红三十一师和红三十二师既联合作战又相互防备，说到底还是因为受到了之前“二徐事件”的影响。

1929年6月，商城县委赴商南准备接收红三十二师时，遭到了由鄂东区特委派来商南担任红三十二师干部的徐子清、徐其虚的抵制。商城县委以二徐反

对联席会议决定为名，决定对徐子清执行枪决，对徐其虚实行扣押。后来红三十二师因反鄂豫“会剿”准备离开商南根据地，在离开之前，处决了被关押的徐其虚。红三十二师转移到光山后，打了一些胜仗，俘虏了一些敌军士兵。在一次会议上，皖西党组织派来的担任红三十二师党代表的戴亢若，因其在对待俘虏政策上持不同意见，遭到了红三十二师商南籍本土干部排挤，在个别人的煽动下，戴亢若也被处死。以上就是当时震惊中央的“二徐一戴事件”。

“二徐一戴事件”发生后，中央巡视员郭述申于1930年1月1日来到商城，于1月15日在商城主持召开商城县委和红三十二师师委联席会议，在涉及商城县委和红三十二师组织关系等焦点问题时，地方干部和外来干部郭述申、刘英等发生了严重分歧，由于担心“二徐一戴事件”悲剧的重演，郭述申等于1月16日夜紧急出走潢川，历史上称这一事件为“中央巡视员出走潢川事件”。

“二徐一戴事件”和“中央巡视员出走潢川事件”，极大地影响了鄂豫边、豫东南、皖西三块根据地三个党组织及其领导下的三支红军队伍的团结。1930年2月，出走潢川事件的当事人郭述申（中央巡视员）来到上海，向中共中央常委、组织部部长、军委主席周恩来汇报了鄂豫皖边区的工作情况。随后，周恩来召集郭述申、许继慎、熊受暄等开会，详细研究了鄂豫皖边区的形势和任务。

1930年4月，鄂豫皖边特委书记郭述申在箭厂河主持召开鄂豫皖边红军领导干部会议，传达中央关于组建红一军的指示，讨论和通过了红军改编的决议。由许继慎担任军长，曹大骏担任政治委员，徐向前担任副军长，熊受暄任政治部主任。由军长、副军长、军政委、各师师长和两名士兵党员组成红一军前敌委员会，为红一军行动方针的决策机构。军部随即组成，下设政治部、参谋部、军需处、军械局、军医院、教导队。红三十一师首先被改编为红一军第一师。箭厂河会议后不久，军部先后东进商南、皖西，红三十二师和红三十三师相继被改编为红一军第二师和第三师。另以红二师一部和商南地方游击队组成军属独立旅。

红一军军部和前委及其各师的相继组建，使过去分散的三支红军队伍，在作战上有了军部的统一指挥，在部队的行动方针上有了前委的统一领导，既有利于提高红军的整体作战能力和正规化建设，又能集中兵力展开运动战，达到在运动中大规模歼敌之目的，有利于进一步发挥其“一面可以控制平汉铁路、威慑武汉，一面可以截据长江交通、威逼南京”的重大作用。虽然红一军的这一作用没有得到完全实现，但红一军的组建大大加速了鄂豫皖边红军的统一进程，为后来红四军的成立乃至红四方面军的组建奠定了基石。

二、在东征西战中壮大了红军队伍

鄂豫皖边区的战略位置关系到中国革命的整体局势。鄂豫皖边区东接江淮平原，西扼平汉铁路，南濒长江，北邻淮河，且与湘鄂西、湘鄂赣革命根据地互为犄角，同中央革命根据地遥相呼应，战略地位十分重要。

1930 年 5 月到 10 月，冯玉祥军阀、阎锡山军阀同蒋介石军阀在河南、安徽、山东等地进行了一场大规模的军阀混战，双方百万大军厮杀于平汉、陇海、津浦三条铁路沿线。

1930 年 5 月下旬，红一军已经成立并完成各师统编，红一军前委决定乘蒋、冯、阎军阀“中原大战”这一千载难逢的有利战机，分兵鄂东北和皖西地区进行东西两线作战，以巩固和发展鄂豫皖根据地和扩编红一军各师部队，待根据地巩固、部队发展壮大后，红一军各师会师于京汉线，响应中央“会师武汉、饮马长江”的号召，向平汉铁路沿线广水、信阳一带出击，会同其他各路红军夺取武汉，实现中央争取湖北先胜利的战略目的。

前委考虑到红一师距离平汉路较近，决定由副军长徐向前率第一师向平汉线南段出击，同时考虑到原红三十二师（后红二师）对六霍起义和红三十三师（后红三师）的建立，有过很大帮助，两支部队关系密切，军长许继慎又是皖西六安县土门镇人，对皖西各方面都比较熟悉，决定由许继慎亲率红二师和红三师东征皖西。

1930 年 6 月到 8 月，红一军利用蒋、冯、阎军阀战争的有利时机，集中兵力从东西两线出击，取得了在皖西、鄂东北作战的重大胜利。红一军各师先后攻占霍山、英山、罗田、云梦、花园等城镇，歼敌 7000 余人。同时，边作战、边整训、边补充，部队战斗力有了显著提高。

1930 年 8 月下旬，红一军 3 个师会师四姑墩后，红一军前敌委员会即根据“长江总行动委员会”给予的任务和指示，同鄂豫皖边特委联合组成“京汉特区行动委员会”，以便集中力量向京汉铁路出击。9 月中旬至 10 月上旬，红一军转战于敌占区广水、信阳、正阳、光山、潢川、罗山等地，歼灭了不少反动武装，而且每到一地即宣传革命主张，发动群众，开仓分粮，有力地扩大了党和红军的政治影响。

三、在进攻作战中积累了作战经验

1930 年 6 月到 8 月，红一军分兵鄂东北和皖西。在进攻作战中，红一军的战术思想日趋成熟，已由以前的小规模袭击、伏击，发展到主动地调动较大股敌人于运动中加以歼灭。

1. 杨平口战斗：诱敌伏击、政治劝降

发生时间：1930 年 6 月 29 日。

发生地点：湖北省孝感县杨平口。

主要战绩：此次战斗，歼灭国民党军一个团共 1000 余人，并俘其团长，缴枪 800 余支。

战斗经过：1930 年 6 月 26 日，敌郭汝栋第二十军为保障平汉线的安全，急调其所辖独立旅第一团由广水进至杨平口以南郑家店。28 日，红一师获悉此情况后，决定会同孝感县游击队在杨平口东北傅家湾、新寨地区设伏，歼灭独立旅第一团。29 日，红一师特务大队和孝感县游击队一部在郑家店东北高地与第一团接触，即边打边撤，将其诱入伏击地域。设伏部队迅即对第一团发起猛攻，实施前后夹击，歼其大部，其残部约一个营据守傅家湾以东高地负隅顽抗。红一师一面缩小包围，一面展开火线喊话，并派出俘虏劝降，又经在第一团内部的共产党员策动，其残部被迫投降。

2. 英山战斗：攻点打援、南北夹击

发生时间：1930 年 7 月 13 日。

发生地点：英山县金家铺南面的狮子坳。

主要战绩：全歼韩杰旅 1000 余人，缴枪 1000 余支。

战斗经过：1930 年 7 月初，许继慎率红一军第二、第三师与中共英山县委领导的游击队 300 多人，一同由霍山县燕子河南下英山，打击唐生智部韩杰旅。军部决定由第二师进攻驻守金家铺之敌 1 个团，由第三师和英山游击队布防于金家铺南面的狮子坳，控制通往英山城的道路，以阻击来自英山城之援兵和截击可能由金家铺南逃之敌。7 月 13 日，金家铺战斗打响后，守敌仓皇向英山城逃窜。第二师跟踪猛追，与截击部队南北作战，将逃敌围歼于狮子坳。待英山援兵倾巢出动时，第二师会同第三师和英山游击队，将援敌全部歼灭于狮子坳地区。

3. 花园镇战斗：长途奔袭、政治劝降

发生时间：1930 年 7 月 28 日、29 日。

发生地点：平汉铁路线湖北省花园镇。

主要战绩：此次战斗，共毙、伤、俘国民党军团长以下 1400 余人，缴获重机枪 8 挺、迫击炮 5 门、长短枪 800 余支。

战斗经过：1930 年 7 月下旬，红一师得悉国民党军钱大钧部教导师第五团驻防花园镇。28 日夜，红一师自青山口出发，至 29 日拂晓进抵花园镇外。遂以师特务队化装成赶集群众在前开路，第一、第三团利用农作物掩护，沿铁路两侧分别向车站和镇内展开进攻。第三团未遇抵抗即突入南门和西门，迅即冲入前街和后街守军营房，歼其步兵营大部。第一团突入曾家庵、丁家台歼守军步兵营一个连后，遭到铁路东街守军重机枪营的火力封锁，当即以一部兵力在正面吸引其火力，主力从两翼迂回包抄，将其全歼。接着，第一、第三团分别从东北与西南突入横街，歼守军团部和一个重机枪连并俘其团长，其副团长率炮兵营依托李家祠堂顽抗到底。红一师遂向祠堂周围堆积柴草准备火攻，并喊话劝降。在此情况下，炮兵营士兵哗变，击毙其副团长后交枪出降。

4. 四姑墩战斗：诱敌深入、迂回包抄

发生时间：1930 年 8 月 22 日。

发生地点：湖北省黄安县（今红安）四姑墩（今属大悟县四姑镇）。

主要战绩：两次作战共歼国民党军两个团大部又一个营，缴获迫击炮 3 门、机枪 3 挺、长短枪 400 余支。

战斗经过：1930 年夏，红一军第一师乘蒋、冯、阎军阀混战之机，出击平汉铁路（今北京到汉口）南段，并连获胜利，对蒋系国民党军的后方交通线造成威胁。8 月 21 日，敌新编第二十五师 3 个团向集结于湖北省孝感县花园镇东北小河溪的红一师发动进攻。红一师师长徐向前鉴于小河溪距铁路线和国民党军主力太近，不便与之作战，遂决定率部向黄安西北转移，以诱新编第二十五师 3 个团跟踪，寻机予以歼灭。22 日，红一师对跟踪追至黄安四姑墩的国民党军先头团发起攻击，歼其 1 个营并将另两个营包围。跟进的国民党军两个团前来解围，双方展开争夺战。此时，红一军军长许继慎率第二、第三师由皖西赶到，立即向国民党军右翼迂回，配合红一师歼其一个团大部，余部向西溃逃。红一军乘胜西进，于 23 日又在小河溪歼新编第十四旅 1 个团大部。

四、助力鄂豫皖根据地第一次反“围剿”

1930 年 10 月，国民党新军阀的中原混战以蒋介石的胜利结束，敌人营垒出现相对统一和稳定，蒋介石专门设立了三省边区“绥靖”督办公署，由武汉行营主任何成浚负责，由投靠蒋介石的冯系军阀李鸣钟为督办，利用收编的冯系军队充当“围剿”主力，发起针对鄂豫皖根据地的第一次“围剿”。

1. 南下作战，策应了鄂豫边反“围剿”

1930 年 11 月上旬，依照长江局指示，红一军军部率第一、第二师由罗山南下，准备向长江沿岸发展并打通与红十五军的联系。南下途中，部队先后在姚家集、黄安、谢店、新洲打了四仗，给敌以迎头痛击，打乱了其“围剿”的部署，迟滞了敌人全面“围剿”的行动，为鄂豫边区军民赢得了反“围剿”的准备时间。

2. 东征皖西，恢复了皖西根据地

1930 年 12 月，红一军撤离旦店，转向商南之时，敌第四十六师一部，已进到金家寨一带。红一军决定立即东进消灭这股敌人，于 12 月 14 日攻克金家寨，全歼驻敌第四十六师 1 个营及反动民团共 1000 多人，缴步枪 1000 多支、手枪 300 多支。战后，红一军继续东进，18 日东进青山店、苏家埠、韩摆渡，又歼敌四十六师两个营。而后，分兵两路进逼六安县城。随后，红一师南下威逼霍山，红二师攻克叶家集。至此，皖西根据地得到了恢复。

红一军东征皖西的胜利，使敌人惊恐不安。安徽省政府主席陈调元忙令第四十六师、警备第三旅全力防守六安、霍山，寻机向红军反扑。豫鄂皖三省边区“绥靖”督办李鸣钟急令第三十师 1 个旅由商城进占金家寨，第二十五师 1 个旅进占叶家集，第四十五师由蚌埠派兵驰援，企图进行新的合围。12 月 29 日，敌第四十六师分左、中、右三路向麻埠地区进犯。而进占金家寨、叶家集之敌第三十师、二十五师各 1 个旅迟疑观望，未敢冒进配合。这样，敌第四十六师就处于孤立冒进的地位。

红一军军部鉴于上述情况，决定采取集中主力于运动中击破敌人的分路进攻。按照军部的部署，30 日红一军第一、第三、第四团在东香火岭、同兴寺全歼敌中路军；接着，第九团在西香火岭将敌右路军击溃后乘胜追击，至石婆店与第六团实施前后夹击，将其全歼；随后，敌左路军在麻埠外围也被第一团、军部直属队和赤卫队击溃。东西香火岭战斗，仅一天时间就歼敌 3 个团，毙、俘敌团长以下官兵 3000 余人，缴获长短枪 1700 余支、迫击炮数门和电台一部。此战给敌第四十六师以毁灭性打击，其残部分别退守六安、霍山城，敌第二十五师、三十师退入商城、固始，均不敢复出。

中国工农红军第一军自 1930 年 4 月成立至 1931 年 1 月被编入红四军，其 10 个月的辉煌斗争历史，为鄂、豫、皖三省人民传颂至今。红一军的组建，大大加速了鄂豫皖边红军的统一进程。红一军各个时期的战略行动，有力地巩固和发展了鄂豫皖革命根据地并壮大根据地红军队伍，为根据地军民反“围剿”的胜利奠定了基础。红一军在多次战斗中积累了丰富的作战经验，为后来红四方面军战略战术的形成奠定了基石。

（作者：马飞）

第十七篇

简析皖西革命根据地创立的历史成因

一、皖西区域位置与历史地位

依照现行的行政区划版图，俗称“皖西”的六安市位于安徽省西部，地处江淮之间，东邻省城合肥市，南接安庆市和湖北省英山、罗田两县，西与河南省商城、固始毗连，北接淮南市并与阜阳地区隔河相望。总面积 15451.2 平方千米。截至 2019 年末，六安市辖金安、裕安、叶集 3 个区，霍邱、金寨、霍山、舒城 4 个县，以及国家级六安经济技术开发区和六安市承接产业转移集中示范区（2018 年 11 月更名为安徽六安金安经济开发区）。全市有 130 个乡镇，10 个街道，124 个城市社区，1818 个行政村。全市户籍人口 588.57 万人，常住人口 483.7 万人。

1949 年 1 月，六安解放；4 月，成立六安地区专员公署。六安专区领六安、霍山、舒城、寿县、霍邱、金寨县。此后，肥西县曾分别于 1952 年 2 月和 1961 年 4 月两度被划入六安专区，又分别于 1958 年 6 月和 1983 年 6 月被划归合肥市；庐江县曾于 1958 年 7 月被划入六安专区，又于 1965 年 7 月被划归巢湖专区。1971 年 3 月，改专区为六安行政公署，辖境未变。1978 年，以六安县城关及近郊组建县级六安市。1992 年 12 月，六安市与六安县合并，称六安市（县级）。1999 年 9 月，国务院批准六安撤地设市，原县级六安市分设为金安区、裕安区。2000 年 3 月，省辖六安市正式成立。2015 年 10 月 12 日，国务院批复同意设立六安市叶集区。2015 年 12 月 3 日，国务院批复同意将六安市寿县划归淮南市管辖。

六安是全国著名的革命老区。所辖金寨是中国革命的重要策源地，人民军队的重要发源地。六安是鄂豫皖革命根据地的核心地区，苏区建设的模范地区；是安徽省和大别山区抗日的指挥和活动中心，华中抗日民主根据地各类建设人才的重要来源地；是刘邓大军挺进大别山的重要战场，解放大军战略决战、解放全国的前进基地和巩固后方；是烈士鲜血浸透的红色土地，建立新中国大厦的一方坚实基石。从五四运动到新中国诞生，六安30万先烈捐躯疆场。六安市所辖各县区全为革命老区，其中金寨、六安（包括金安、裕安）、霍山、霍邱县为苏区县。土地革命时期，这里爆发了创建鄂豫皖苏区和大别山革命根据地三大起义中的两大起义——立夏节起义和六霍起义，先后组建了十多支红军队伍，是红四方面军和红二十五军的主要发源地，走出了洪学智等108位共和国的开国将军，享有“红军摇篮，将军故乡”美誉。

二、皖西革命根据地的创立

（一）六霍起义全面爆发

在党的八七会议精神指引下，1929年5月到1930年1月，皖西地区六安、霍山、霍邱等地爆发了著名的六霍起义。武装起义首先在霍山县诸佛庵打响第一枪。1929年5月初，担任戴家河民团队长的朱体仁，利用他与正在新店河组建反动武装的“红学”头目陈乾士昔日的师生关系，趁同宴饮酒时将其击毙，缴了30多人的枪械；接着缴了前去“调查”、准备夺取支持农民协会活动的诸佛庵民团领导权的县自卫团10余人的枪，最后由担任诸佛庵民团团总的刘淠西率部起义。5月17日六安县武涉山、5月19日六安六区南庄畈先后爆发武装起义，成为六霍起义的前奏。这三次局部起义的举行，标志着六霍地区的革命开始由日常的经济政治斗争转变到武装斗争的新阶段。

同年11月8日，独山周围15个乡的数千农民，手持大刀、长矛、土枪等将盘踞在独山镇街道上的自卫团魏祝三围困，虽有附近南岳庙100多民团前来解救，但起义群众越来越多、越战越勇，遂纵火焚烧民房后逃之夭夭，起义队伍占领独山镇。第二天，两河口、龙门冲、郝家集等地举行起义。11月16日，六安六区爆发农民起义，击溃驻金家寨民团，攻克流波䃥。11月19日，在燕子河举行了西镇农民起义，并支援了桃源河农民取得起义胜利。同时，在六安的徐家集、江店发动民团起义，并获得成功。12月20日，霍邱县白塔畈300多农民举行起义，再获成功。1930年1月24日，霍邱、尧冲农民武装和游击队打败民团后召开群众大会，庆祝起义胜利。至此，近9个月时间先后在14个不同地方爆发的六霍起义取得成功。

（二）七邻湾会议召开

1930 年 3 月 21 日至 25 日，由于革命斗争的形势发展极为迅速，六安、霍山、霍邱、英山、寿县、合肥六县党的负责人和红三十三师领导人在六安六区七邻湾关帝庙召开了联席会议，提出了“动员六县全党同志”“推进六县的革命高潮”的总任务，形成了政治任务、农民运动、工人运动、军事问题、宣传教育、纪律问题等九项决议案。在农民运动决议案中，确定了加强农会中雇农、贫农的领导机关，加紧组织农民武装，领导农民群众开展日常斗争，以走向大的政治斗争，直至武装起义，苏维埃区域应采取各种方式鼓动农民群众起来执行目前的一切革命任务等九项任务。在游击战争与红军的 13 项任务中，主要是扩大红军武装；发动并帮助“白色区域”的群众斗争，扩大党和红军的政治影响；扩大游击战争的范围及“赤色区域”；游击战争必须与城市工人斗争相结合，从游击战争中训练士兵，在士兵中扩大党组织；吸收失业工人到红军中，加强红军的无产阶级基础；加强党的领导，坚决执行土地革命的任务。七邻湾联席会议是在皖西地区土地革命战争正在趋向高潮的形势下召开的，所部署的各项任务都是正确的，决议规定的工作方法、斗争方式也是正确的。这些任务的提出使皖西各项工作走向了正规，对皖西革命运动顺利地健康发展和根据地创立具有非常重要的意义。

（三）皖西革命根据地的初步形成

七邻湾联席会议之后，六安、霍山等六县各地加紧贯彻联席会议精神，以武装斗争为中心的各项工作蓬勃开展，霍山县头陀河、舒家庙、管驾渡、杨家河、磨子潭、大化坪，六安县的毛坦厂、南官亭、嵩寮岩、东河口、凤凰台、郝家集、西两河口，舒城县局部地区，毗连的潜山请水寨、英山金家铺均组织爆发了武装起义。到 1930 年 4 月，在六安、霍山、霍邱、英山、潜山五县相毗连的地区，初步创建了东起淠河、西接商南、南抵金家铺与水吼岭、北至白塔畈及丁家集，南北 200 多里、东西 100 多里，人口 40 多万的革命根据地，一般称皖西革命根据地，为鄂豫皖革命根据地的最后形成奠定了坚实基础。

三、皖西革命根据地创立的成因

（一）党的八七会议和六大会议精神的正确引领

思路决定出路。1927 年 8 月 7 日，中共中央在汉口召开了紧急会议。会议在总结了大革命失败的经验教训，坚决纠正和结束了陈独秀右倾投降主义的基础上，确定了土地革命和武装反抗国民党反动派屠杀政策的总方针，并把发动农民举行秋收起义作为当时党的主要任务。毛泽东在会上作了重要发言，他切中要害地批判了陈独秀的右倾投降主义，深刻总结了北伐战争的经验教训，并强调指出，今后党“要非常注意军事，须知政权是由枪杆子中取得的”。八七会议是我们党在大革命失败后的严重时刻召开的重要会议，振奋了全党，把广大党员和革命人民动员起来拿起枪杆子，从路线、方针上指导全党开展轰轰烈烈的土地革命武装斗争，探索中国革命和中国共产党人的新出路。

1928 年 6 月 18 日至 7 月 11 日，党在莫斯科召开了第六次全国代表大会，通过了《政治决议案》、《苏维埃政权组织问题决议案》、《土地问题决议案》、《农民问题决议案》、《职工运动决议案》、《军事工作决议案》（草案）、《关于民族问题的决议》等重要文件。大会明确规定现阶段革命的中心任务是“推翻帝国主义及土地革命”和“力争建立工农兵代表会议的政权”，指出党的总任务不是进攻，而是争取群众准备暴动。大会在总结大革命的经验教训时，批判了陈独秀的右倾投降主义和“左”倾盲动主义，并指出“左”倾盲动主义是现时党内的最主要危险。这些重大问题的解决，使全党有了统一的认识和明确的方针，从而进一步克服由大革命失败引起的党内思想混乱，大大推进了革命工作的开展。

（二）党组织的坚强领导

在六霍起义爆发前，皖西地区的党团组织就已经建立和发展，特支、总支、区委、团委、工会、农民协会相继建成。他们的主要任务是学习理论、传播马列主义、在城乡开展活动、发展党团员、准备武装斗争等。在斗争中党组织得到发展壮大，成为举行武装暴动的领导核心。1927 年 10 月之后，皖西党组织适时将在国民党内部工作的同志撤退到农村，把工作重点转移到农村中，开展农民运动，“用种种方法夺取枪械，秘密组织农军”，以“发展农村中之阶级斗争而引起农民走上斗争的道路，直至暴动夺取政权”。皖西各地党组织“努力向产业工人、手工业工人、雇农、佃农及自耕农方面去发展同志”。到 1929 年初，各县党组织进一步壮大，成立了县委或区委，中共霍邱县委建立 7 个党支部、15 个党小组、120 多名党员，杨晴轩为县委书记；中共六安县委建立 5 个区委、24 个党支部、240 多名党员，邹凯其（邹同礽）为县委书记；中共霍山县委建立 3 个区委、2 个特支、107 名党员，舒传贤为县委书记。

在六霍起义爆发的初期，也就是 1929 年 5 月，中共霍山县委、六安县西北区委分别领导了诸佛庵民团起义、武涉山农民暴动、南庄畈六保联络自卫团起义、流波ç农民暴动，其中担任诸佛庵民团团总的霍山县委委员刘淠西、南庄畈六保联络自卫团团长的共产党员袁皋甫和军事教练、共产党员何子凡，以及流波ç武装暴动策划人的共产党员吴江，在起义中发挥了领导核心作用，从而确保起义顺利成功。

连续爆发的局部武装起义取得成功，标志着六霍地区革命形势发生了质的变化，开始由日常的经济、政治斗争转变为武装斗争的新阶段。为了加强对皖西地区革命力量的领导，1929 年 8 月 5 日，在中共中央巡视员方英的主持下，在六安、霍山两县边界的豪猪岭召开了六安、霍山、霍邱、寿县、英山、合肥六县党的联席会议，集中讨论了武装起义问题，并报请中央批准成立中共六安中心县委，以加强对六县的集中统一领导。10 月 6 日，在六安郝家集再次举行六县党的代表会议，宣布中央关于成立中共六安中心县委的指示，由舒传贤任书记，周狷之、吴保才、余道江、桂伯炎、许怡亨、范在中、翁翠华（女）、吴干才、朱体仁、谢为法、袁继安等为委员。

在六霍起义全面爆发时期，中共六安中心县委及中共霍山县委、中共霍邱县委、中共六安六区区委直接领导和指挥了独山、两河口、龙门冲、郝家集、金家寨与七邻湾、燕子河西镇、桃源河、徐家集、江家店、白塔畈、尧冲等地的武装起义，各级党组织在暴动中身先士卒，冲锋在前，有勇有谋，相互配合与支持，使各地武装暴动均取得了成功。

在不到一年时间内，皖西地区几乎霍山的全境、霍邱的白塔畈以及六安的金家寨、独山成为“红区”，为创建皖西革命根据地奠定了极为坚实的政治基础、军事基础、群众基础和社会基础。

（三）大批革命知识分子担任根据地创建领导骨干

党的六大之后，皖西地区的革命活动基本上以大批革命知识分子出身的共产党员为骨干，广泛深入地发动和组织农民起义，建立革命武装，就地开展游击战争，实行武装割据，逐步建立起皖西革命根据地。以舒传贤、周狷之、方英、刘仁辅、徐育三、汪维裕、桂伯炎、袁继安、桂杰生、汪映西、葛鲁生为主要代表的革命知识分子较早接受马克思主义，加入了中国共产党，走上了与工农群众相结合的革命道路，在国内国外参加革命斗争的实践经历中积累了较为丰富的斗争经验。这些革命知识分子是当地土生土长的人，熟悉本地民众和上层社会情况，按照党组织的要求回到各自家乡从事革命活动，能够从实际出发运用马克思主义基本原理，制定出符合实际斗争需要的关于武装斗争、土地革命、根据地建设等的政策和策略，抵制“左”倾盲动主义以城市为中心的不符合实际情况的路线、方针。

（四）皖西地区各地建立了革命武装力量

皖西党组织在建立、发展和斗争实践过程中，深刻认识到革命武装力量既是从事革命斗争、战胜凶恶敌人的重要法宝，也是创立革命根据地的有力保证。因此，在六霍起义之前就秘密建立起农民武装，或者派遣懂军事、是党员的同志打入民团，掌握部分武装力量，一俟时机成熟时发动起义，就能很快成为一支政治上可靠、军事素养过硬、具有一定战斗力的革命队伍。从1928年夏开始，六安、霍山等县农民协会就注意在各地挑选革命意志坚定的共产党员和农协积极分子建立起武装小组、钢枪队、别动队，群众称为“摸瓜队”，党组织通过加强思想政治工作，建立党小组、党支部，使这些队伍逐步壮大，斗争走向正规，成为后来武装起义的骨干。

同时，皖西党组织乘国民党地方当局招兵买马建立和发展民团之机，选派一些共产党员利用各自的社会关系打入各地民团，不少同志还担任领导职务，利用掩护身份进行秘密工作，大多掌握了民团武装力量。例如，朱体仁就是按照党组织的决定，打入戴家河民团任队长；刘淠西打入诸佛庵民团任团总；袁皋甫、何子凡打入六保联络自卫团任团长和军事教练。

此外，金家寨、南庄畈、西镇、流波碹暴动等，还得到了在商南斑竹园镇建立的友邻部队红三十二师的有力支持，为暴动成功立下战功。

六霍起义之后，国民党军、地方民团对革命力量疯狂反扑。面对这一形势，党组织充分认识到只有群众性武装已不能适应新的斗争形势需要，要保卫和发展暴动成果，就必须在群众武装的基础上建立正规部队。1930年1月六安中心县委在第十次常委会上决定把直接掌握的武装编为安徽红军第一游击纵队，冯小山任纵队长；把西镇游击队编为安徽红军第二游击纵队，徐育三任纵队长。1月20日，六安中心县委把两支红军游击纵队集结于流波碹，与六安县六区游击队会合，并召开由中心县委常委、游击队党团负责人共同参加的会议，将3支游击队和农民武装合编为中共工农红军第十一军第三十三师，合肥特别区委军事委员徐百川为师长，下辖一〇六、一〇七两个团，全师200多人，长短枪145支，这是当时皖西地区建立的第一支红军武装，也是鄂豫皖边区创建的第三支红军队伍。

在皖西工农革命运动向前发展之际，六安中心县委认真分析了盘踞在六安龙穴山，活动在寿县三觉区、六安东南乡、舒城晓天区的土匪权广义部，认为可以转变其为我党的力量。1930年4月中旬，党组织派人与权广义商洽收编之事，权“表示非常欢喜，并向白军取攻势”，我党遂以中国工农红军第一军东路指挥部的名义，将权广义部收编为红三十五师，有1000多人枪，委任权广义为师长。这既使得皖西境内有了一支红军队伍，也是我党改造土匪政策的又一次胜利。

（五）皖西地区普遍建立苏维埃政权

1929 年 11 月 16 日，在金家寨建立六安六区农民委员会，后迁往七邻湾，主席袁继安（又名汪洪涛）。到 1930 年 2 月，在红三十二师的支援下，先后攻克麻埠、金家寨，遂即金家寨、麻埠一带成为苏维埃区域，区、乡苏维埃政府相继建立。1930 年 4 月 13 日，六安六区工农兵代表大会在七邻湾召开，到会代表 132 人。15 日，选举产生六区工农民主政府，执行委员 15 人，候补委员 2 人，属六安县革命委员会领导。9 月，苏区遭敌进攻，各级苏维埃政府遭到破坏；11 月底，中国工农红军第一军东征皖西地区，逐步恢复了金家寨、麻埠苏区。到 1931 年 4 月，六安六区苏维埃政权先后辖一乡（金家寨）、二乡（响山寺）、三乡（七邻湾）、四乡（宋家畈）、五乡（古碑冲）、六乡（南庄畈）、七乡（花羊石）、八乡（水竹坪）、九乡（龙门石）、十乡（八道河）、十一乡（茅坪）、十二乡（槐树湾）、十三乡（莲花山）、十四乡（汪家大湾）苏维埃政府。1931 年 1 月 20 日，皖西分特临委和鄂豫皖特区苏维埃东方办事处（政府机关）在金家寨成立，余道江、曾泽民、杜旭凯、张德山、窦克难 5 人组成执行委员会常委会，行使苏维埃政权职能。5 月 1 日，皖西北特区苏维埃代表大会在金家寨召开。9 日，皖西北特区苏维埃政府成立，主席吴保才，金家寨、麻埠成为皖西北根据地政治、经济、文化中心，辖六安、霍山、霍邱、商城等县和英山、舒城、潜山、太湖等县山区。1931 年 12 月，改称皖西北道区。1933 年初，豫东南商固苏区被并入皖西北道区。4 月，改组皖西北道区苏维埃政府，主席张德山。

1930 年 4 月，霍山县乐道乡成立苏维埃政权组织，组建了乐道乡赤卫大队。4 月 7 日，中共霍山县委和东北区委动员四五万农民围歼反动民团，于 12 日配合红三十三师、三十二师一部及潜山工农革命军再次解放霍山县城，成立了霍山苏维埃政府，成为皖西地区第一个县级苏维埃政府。主力红军旋即歼灭六安县两个民团，成立所辖一区苏维埃政府。在此前后，霍山县三区（管驾渡）、四区（杨家河）以及磨子潭、大化坪、黄尾河农民揭竿而起，建立起区、乡苏维埃政权组织。1931 年 1 月，在霍山县流波碹（今金寨县张冲境内）成立六霍革命委员会。5 月，六安县苏维埃政府在六安县麻埠（今金寨县麻埠镇）成立，不久迁驻独山；霍山县苏维埃二届政府在诸佛庵成立，六霍革命委员会撤销。

1930 年 6 月，六安七区苏维埃政府在六安县麻埠（今金寨县麻埠镇）建立，隶属六安县革命委员会，辖一乡（花桥）、二乡（小岗）、三乡（杨店）、四乡（庆桥）、五乡（油坊店）、六乡（马店子），另有六安三区十乡（驻驾湾）隶属七区苏维埃管辖。

一直到1932年10月，红四方面军主力部队西去川陕之后，皖西革命根据地连同鄂豫根据地一并被国民党占领。

但是，皖西根据地的创立、发展为鄂豫皖苏区的形成作出了突出贡献，为红军队伍建设和红四方面军的成长、壮大作出巨大贡献，根据地人民从兵源、粮食、情报等多方面给予红军最大支持和保障，从而为2016年4月24日习近平总书记来到金寨县革命博物馆时所说的“一寸山河一寸血，一抔热土一抔魂。回想过去的烽火岁月，金寨人民以大无畏的牺牲精神，为中国革命事业建立了彪炳史册的功勋，我们要沿着革命前辈的足迹继续前行，把红色江山世世代代传下去”找到了最好的注脚。

（作者：马贤钧）

第十八篇

辉煌的鄂豫皖苏区

——纪念鄂豫皖革命根据地统一暨红一军组建90周年

辉煌近百年，惊雷烈焰回，星火两源地，红色圣地扬。2019年是著名的立夏节起义和六霍起义胜利90周年，2020年是大别山区由黄麻起义、立夏节起义、六霍起义后相应创建鄂豫边、豫东南、皖西三块革命根据地统一为鄂豫皖革命根据地90周年。鄂豫皖根据地始于三大武装起义，统一于1930年春，辉煌于1932年春夏，坚守于20世纪30年代中期，浴血于三年游击战争。根据地全盛时期面积4万平方千米，人口350万，建立了3个道委、26个县级革命政权，成为土地革命战争时期全国第二大革命根据地。

绵延800里的大别山区鄂豫皖革命根据地，是中国共产党的建党基地、中国革命的重要策源地：马克思主义传播早，中共党组织创建早，三大起义辉耀大中华；这里是人民军队的重要发源地：诞生10余支成军建制的红军部队，其中红四方面军诞生发展，红二十五军三建北上抗日，红二十八军三建浴血坚守，四支红军长征部队有两支源于此。她既有中国革命的共性，也有其特殊性。她创建时间之早，持续时间之长，规模之大，诞生的红军队伍之多，牺牲烈士之多，革命历程之辉煌与悲壮，是当时全国其他根据地所不可及的！在中国共产党领导下，350万人民以忠诚奉献、永跟党走的大别山精神，在生与死、血与火的考验中，书写了28年革命红旗高扬、22年武装斗争的不朽功勋！为中国革命的胜利作出了巨大牺牲和卓越贡献。

一、三大起义耀中华

红旗卷起农奴戟，大别雄风生惊雷！面对白色恐怖，鄂豫皖三省党组织领导大别山区党员和革命人民按照党的八七会议要求，从血泊中奋起，高举土地革命战争和工农武装割据的红旗，英勇反抗国民党反动派的血腥屠杀！三大革命风暴异乎寻常地在大别山区爆发了！

1927年11月13日，在吸取鄂北兵变、鄂南暴动、九月暴动教训的基础上，中共黄麻特委任命潘忠汝、吴光浩分别为正副总指挥，组织黄麻起义。大家高喊“暴动，夺取黄安城”口令，乘着夜色从七里坪出发，直达三里岗。次日黎明，农民起义军将黄安县城围得水泄不通。起义部队由城北角攀梯而上，一举攻入城内，解放了黄安，宣布成立劳农政府，城墙上飘扬着绣有镰刀、斧头的红旗。黄安县大门彩灯高悬，红旗招展。革命斗争的烈火烧红了大别山区西部（由此创建了红十一军第三十一师，开辟了鄂豫边革命根据地）。

1929年5月6日，正好是立夏节。周维炯以丁家埠民团教练和“值星”班长的身份，白天以“节日内务要整齐”为名，布置打扫卫生，并故意将枪支弹药全部集中存放，不准随便乱放。到吃晚饭前，周维炯吹响集合哨点名，发现田继美“违令”。“田继美，吹哨子都听到？弟兄们等着过节，你耽误时间！”“没听到哨子响！”“迟到了，还敢顶嘴！罚你晚上站三根香的岗。”“站岗就站岗！”这是周维炯与田继美准备起义时故意在敌人面前演的“双簧戏”。

地处大别山腹地的史河边丁家埠，左弦月升起来了，大王庙前大摆5桌宴席。周维炯等11名共产党员，按每桌两人轮番“敬酒”，将民团副队长张瑞生和部分团丁灌得烂醉。周维炯见时机成熟，大喊一声“动手！”宣布革命起义。

原来，中共商罗麻特委成立以徐子清、肖方、周维炯、徐其虚、李梯云等负责的指挥部，利用立夏之夜，在安徽金寨（原河南商城南部）西部地区14个点同时发动立夏节起义。接着创建了红十一军三十二师，成立商城县工农临时办事处，短短数月开创了以南溪、吴家店为中心的豫东南革命根据地。

1929年5月到1930年1月，在中共六霍县委、六安中心县委领导下，在红三十二师有力支援下，在皖西地区成功发动了六霍起义，创建了红十一军三十三师，形成了以六安、霍山为中心的皖西革命根据地。其中，立夏节起义全部在金寨境内爆发，六霍起义主要在金寨境内爆发。金寨县成为鄂豫皖边区大规模革命武装起义的主要策源地和爆发地。

二、周恩来倾情鄂豫皖

大别山区，是雄踞中国湖北、河南、安徽三省交界处的广阔区域，战略位置十分重要。大别山民谣说：“大别山，生得好；森林密，山头高。南有长江流，北有淮河靠；西有平汉路，东有津浦道。纵横千余里，物产最富饶。农民苦难深，革命热情高。共产党在这里闹暴动，地方实在好！”三省党组织相继把武装起义的重点放在敌人统治薄弱的大别山区，不约而同地提出了实行大别山工农武装割据的战略构想。

在彼此相邻的鄂豫皖边界地区开展工农武装割据，离不开三省党组织的相互配合与相互支援。三省地方党委对此进行了艰辛探索。在致力实现大别山工农武装割据战略构想的过程中，如何协调不同省份、不同地区之间的组织领导，经历了一个曲折的过程。

1929 年 2 月，中央巡视员郭述申向中央报告，“豫东南特委赞同召集三特委联席会议，讨论三特委在横的关系上所有的问题”。中央巡视员曹壮父也向中央建议：把湖北的黄安、麻城，河南的商城、光山，安徽的六安等县联络起来，建立鄂豫皖边界特别区，以利于创造整个大别山区的武装割据，并提请党中央批准。

1929 年 9 月，由周恩来负责起草的中央“九月来信”中明确，“在全国革命高潮未来时，红军此时主要地采取……省边界游击的策略是对的，但要注意使这……区域的赤色势力联系起来”，“几省边界工作可以联系，能够指挥时，可以成立特委”。11 月底，中国共产党鄂豫边第一次代表大会在柴山保胡子石召开，选举产生鄂豫边特委，通过政治任务、组织问题、苏维埃问题、军事问题、群众运动、宣教问题、共青团、青年运动、救济问题等九个决议案。实现对鄂豫边、豫东南根据地党和红军的正式统一领导。

大别红潮滚涌急。“目前由鄂、豫、皖三省党组织的分散领导已不能适应形势的需要，必须把三块根据地统一起来，才能发挥更大的力量!”中央于 1930 年 2 月至 3 月，在 26 天内，比较罕见地连续向鄂豫皖地区发出五次指示信及决定。

郭述申到上海向中央汇报巡视豫东南地区工作。中央组织部部长周恩来代表中央秘密召集郭述申召开机关会议，专门研究部署鄂豫皖边区革命，统一领导鄂豫皖根据地工作。周恩来强调湖北、河南、安徽三省边界地区的重要战略地位，宣布中央决定：将湖北、河南、安徽三省边界地区划为鄂豫皖边特别区，统一鄂豫边、豫东南、皖西三块革命根据地和三支红军的领导，建立中共鄂豫皖边区特别委员会（简称特委），组建中国工农红军第一军。周恩来与中央派到鄂豫皖工作的郭述申（特委书记）、许继慎（红一军军长）等谈话，确定鄂豫皖边特委 18 个县的党组织归属湖北省委领导。

郭述申 1930 年 3 月在黄安箭厂河（今属河南新县）主持鄂豫皖边区党代表大会，传达党中央指示，宣布成立边区特委会，建立红一军军部，将原红三十一、三十二、三十三师分别改编为第一、第二、第三师，全军共 2100 人。不久，建立鄂豫皖边区苏维埃政府。鄂豫皖苏区执行以农村包围城市，最后夺取城市的正确路线，成功走出武装斗争、土地革命、建立工农政权相结合的革命道路。

三、中央祝贺打大捷

到1930年10月，中共中央将鄂豫皖革命根据地划为全国六大根据地之一。面对敌疯狂“围剿”，中央派曾中生任中共鄂豫皖特委书记兼军委主席，红一军分兵东征皖西、西击平汉线实施进攻作战，经过鲜花岭大捷、双桥镇大捷等，相继取得第一、第二次反“围剿”胜利。

1931年11月7日，大别山红军合编为中国工农红军第四方面军，徐向前任总指挥，陈昌浩任政委，下辖红四军和红二十五军，全军近3万人。1932年1月，又成立以沈泽民为书记的中共鄂豫皖省委。红四方面军根据中央指示和敌我态势，提出以外线出击、积极进攻的策略，先后发起黄安、商潢、苏家埠、潢光四大战役，总歼敌6万余人。

1932年春，工农红军攻占青山店敌军据点，包围了驻苏家埠、韩摆渡两地敌军约6000人。围住不打，吸引敌援军，然后将其包围歼灭。包围不到20天，城里发生粮荒，敌机空投的食品和药品又大多落在红军阵地上。敌人饿急了就杀战马，煮马鞍、皮带、皮鞋充饥，连树叶树皮也吃光了。

十几位宣传队员轮流向敌军喊话：“老乡，老乡，快快缴枪，放下武器，红军有赏！”“老乡，老乡，不要打枪，本是穷人，理应反蒋。”还用小调演唱：“白军兄弟好可怜，长官拿你不当人，张口骂来动手打，饿死他乡无人问，哎呀呀，好可怜，你何必为他来卖命！”政治攻势就像一颗无形的炮弹在敌人中爆炸了，携械投诚者越来越多。

历时48天的苏家埠战役，是红四方面军采用诱敌深入、分割围歼和政治攻势的“围点打援”战术，是红军史上牺牲较少、歼敌最多、最为辉煌的一次战例，曾被国防大学、美国西点军校等军事院校编入教材。中华苏维埃临时中央政府发来贺电：“你们的胜利给予全国反帝国主义、反国民党的革命运动以无限兴奋，更加强了苏维埃红军对于全国革命运动的领导。临时中央政府报热烈祝贺与慰劳你们全体指挥员、战斗员之空前的胜利与杀敌的英勇和坚决，对于伤亡的战士表示极大的敬意并慰问。”

四、从红军公田、红军渠到张敏捂死孩子救红军

鄂豫皖革命根据地统一后，农民获得了土地，翻身做了主人，他们载歌载

舞，唱响了《八月桂花遍地开》。在金寨县革命博物馆展陈着一块石制“红军公田碑”：上面写着“红军公田”“赤城五区三乡第三村”，“共计田五斗”。

鄂豫皖苏区政府设有内务委员会、土地委员会、文化教育委员会等，区以下成立拥护红军委员会，优待红军家属委员会。1931 年推行《土地法令》，实行红军公田制度：各乡还划出 1 至 5 石（每石约 7 亩）作为红军公田，由苏维埃政府掌握分配。“分配土地时，不可以面积为标准，要以出产为标准。”公田分配给红军战士或以公田收入救济红军家属、烈属、残废军人，并立石碑或木牌保护。

当时金寨分别属于六安、霍山、霍邱、商城、固始等县。这块“红军公田碑”见证了苏区轰轰烈烈的土地改革给人民带来的获得感、幸福感，展现了我党军爱民、民拥军的优良革命传统。

1931 年，鄂豫皖苏区连续夏旱近 50 天。金寨与叶集之间的彭洲禾苗焦黄，农民心急如焚。反动王斋公民团气焰嚣张，立刻乘机对苏区骚扰破坏，扬言要杀尽红党，并散布谣言：“共产党、红军共产共妻，老天爷放火烧了他们的庄稼。今年断种绝粮，明年老东旧主好还乡！”

旱情就是命令，时间就是生命。抗击旱灾、确保收成成为党和苏维埃政府的紧急任务。一场在史河上拦河打坝造渠的硬仗打响了！史河岸边郭家洼、四里店一带，赤卫军、少先队、姊妹团，2000 多名党员、红军、群众的拦河队伍从四面八方集合而来，红旗招展。铁匠支起一个个火炉，锻打锹、镐和铁锹；木匠和篾匠编制运土的抬筐；石匠用锤凿把石磙錾开，制成打夯用的石硪。从天不亮到夜晚，工地上到处是打夯的号子：

“红军打恶霸呀，噢好嗨吼！威名震天下呀，噢好嗨吼！筑起拦水坝呀，噢好嗨吼！老天害怕了呀，噢好嗨吼！”

经过 10 个日夜奋战，一条从四里店斜向小河洲子长 3 里多的拦河大坝建成了，南桥河、马道河的河埂加高了，挖出了一条 3 里长的渠道，滋润着 4 万多亩庄稼。

饮水思源。乡亲们说：没有红军，便没有人民的天下；没有红军的帮助，也打不起拦河坝，为了让子孙万代牢记红军的恩德，就把这个大坝叫作“红军坝”吧！

1934 年 11 月，红二十五军西去长征后，留守在大别山区的红二十八军及便衣队等承受敌人更为残酷的 4 次大规模“清剿”。这期间，金寨县金刚台山上战斗着一支特殊的红军队伍——金刚台妇女排。她们住石洞、攀石岩、窝冰雪、吃观音土，“山沟石洞是我房，树枝稻草盖身上；山菜野果能当粮，三天不吃打胜仗”。女红军张敏带着刚出生的女婴，她因缺粮断炊导致营养不良、身体差、无奶水，孩子饿得哇哇直叫。1936年冬大雪，敌人乘机搜山“清剿”，一步步紧逼靠近，张敏在水帘洞带着6天大的孩子又饿得大哭。为了十几个战友的安全，为了保存革命力量，张敏此时来不及多想，毅然将空瘪的乳头塞进孩子的嘴里，并紧紧地捂着，时间一分一秒地过去……敌人走远了，战友安全了，张敏却发现孩子早已没有了呼吸，她心碎了，含泪说：“孩子，娘对不起你啊！娘实在是没有办法啊！”战友们含泪用手扒了一个坑，准备将孩子那小小的遗体掩埋起来。可张敏怎么也舍不得放下怀里的孩子，她就那么紧紧地抱着。

五、大别山精神：“坚贞忠诚、牺牲奉献、一心为民、永跟党走”

一寸山河一寸血，热血铸就鄂豫皖，一抔热土一抔魂，红旗高扬大别山。我们必须准确把握“金寨，中国革命的重要策源地、人民军队的重要发源地”，“鄂豫皖苏区根据地是我们党的重要建党基地”等重大论断，深刻理解“大别山精神是我们党的宝贵精神财富”重要论述，站在中国革命的宏观视角认识大别山革命历史，坚持历史的眼光和实事求是的态度看待大别山革命历史，立足大别山斗争特点提炼出符合实际、独具特质、表述精准的大别山精神内涵。

2016年4月24日，习近平总书记来到安徽省金寨县红军广场。在金寨县革命博物馆一楼大厅，讲解员向习近平总书记汇报了金寨县的有关情况和“三个十万”以及大别山精神。习近平总书记边听边点头，并给予了很多赞许。离开展厅时，习近平总书记一边念叨着大别山精神，一边问：“这个大别山精神是谁总结的啊？”六安市委副书记、金寨县委书记潘东旭回答：“是安徽省军区和安徽省委宣传部领导带着我们一起研究、提炼的。”听过介绍，习近平总书记和在场的随行人员一道，朗诵起大别山精神——“坚贞忠诚、牺牲奉献、一心为民、永跟党走”。

离开博物馆后，安徽省委常委、六安市委书记孙云飞就金寨的“三个十万”和大别山精神等有关情况进行了详细的汇报和补充（“三个十万”是指革命战争年代，金寨10万英雄儿女为党、为国捐躯；新中国成立初期，为响应毛主席“一定要把淮河修好”的伟大号召，在金寨境内修建了梅山、响洪甸两大水库，淹没10万亩良田、14万亩经济林和包括县城金家寨在内的三大经济重镇，10万老区人民在几乎没有经济补偿的情况下，移居深山、奉献家园）。习近平总书记具体了解了有关“大别山精神”的提炼和形成过程，他对金寨人民在中国革命进程中所作的巨大牺牲和无私奉献表示崇高的敬意，对大别山精神给予了充分肯定。

大别山地区是在党的领导下，紧紧依靠人民群众建立和发展起来的中国革命摇篮之一，是全国为数不多的、在党的领导下，22 年革命武装斗争持续不断、28 年革命红旗始终高高飘扬的根据地。大别山地区的红色历史承载着波澜壮阔的革命史、舍小家顾大家的牺牲史、勇闯新路的发展史，包括了浴血奋战的斗争史、可歌可泣的奉献史、铸就辉煌的改革史，形成了“坚贞忠诚、牺牲奉献、一心为民、永跟党走”的大别山精神。

这种精神是以金寨、红安、新县等为代表的大别山老区人民在进行新民主主义革命、社会主义建设和中国特色社会主义建设进程中，用鲜血和生命凝聚成的一种以共产主义奋斗为价值取向的革命信念、革命意志、革命品质和革命行动的总和。其中，“坚贞忠诚”是大别山精神的核心本质，“牺牲奉献”是大别山精神的显著特征，“一心为民”是大别山精神的根本要义，“永跟党走”是大别山精神的永恒主线。

大别山精神与红船精神、井冈山精神、长征精神、延安精神、沂蒙精神、西柏坡精神等一样，都是中国共产党领导人民群众在不同时期、不同地域进行革命、建设和发展的精神载体，都是中华民族精神的重要组成部分，都是我们党和国家重要的红色基因库的关键要素。

习近平总书记在鄂豫皖苏区首府革命博物馆内会见当地红军后代、革命烈士家属代表时要求：“吃水不忘掘井人。我们绝不能忘记革命先烈，绝不能忘记老区人民，要把革命老区建设得更好，让老区人民过上更好生活。”我们要充分挖掘大别山精神的丰富内涵，广泛宣传大别山精神的时代价值，担当起践行大别山精神的政治责任，让大别山精神真正成为巩固红色政权的重要“传家宝”、老区振兴发展的“加速器”、全面从严治党的“压舱石”和实现中国梦的“红路标”，真正转化为促进老区振兴发展的强大动力，努力把革命老区建设得更好，让老区人民过上更好的生活，让大别山精神永放光芒。

（作者：李业坤）

第十九篇

鄂豫皖苏区教育发展研究（1920—1937）

鄂豫皖苏区是中国共产党在第二次国内革命战争时期创建的，处在湖北省、河南省和安徽省三省交界处的大别山区。鄂豫皖革命根据地的规模之大、坚持之久，在当时全国各革命根据地是少见的，在中国革命史上占有重要的历史地位，苏区人民在中国共产党的领导下进行了不屈的革命斗争，他们面对敌人的“围剿”毫不屈服、自强不息，和共产党一起进行土地革命，建设苏区的政治、经济、文化和教育等事业，为实现新民主主义革命在全中国的胜利付出了巨大的代价，作出了突出的贡献，在中国革命斗争史上谱写了壮丽的篇章。

鄂豫皖苏区教育是当时人民革命斗争的重大产物，既是革命斗争的一条重要战线，也是党领导的新民主主义教育的一个重要构成部分。鄂豫皖苏区把文化教育作为团结人民、教育人民、消灭敌人的有力武器。鄂豫皖苏区于 1931 年 7 月通过的《文化教育政策》中明确提出“苏维埃政府是在中国共产党的领导下，大力发展苏区文化教育，对劳苦工农的子女实行免费教育”，这是广大的劳苦大众在教育上获得的巨大自由和实惠。

一、鄂豫皖苏区教育发展的背景

土地革命战争时期，为了使苏区教育更好地为革命斗争和苏区的各方面建设服务，苏维埃人民政府在革命斗争的实践中，从具体的实际情况出发，在鄂豫皖苏区创立了具有强烈革命特色的教育，如红军教育、专业教育、党政干部教育、普通教育和社会教育等。鄂豫皖革命根据地的创建和发展是半殖民地半封建的中国社会经济、政治和人民革命斗争发展的必然结果，鄂豫皖苏区教育的发展与当地的政治、经济、文化教育水平等也有着密切的联系。

（一）鄂豫皖苏区的社会概况

鄂豫皖苏区位于湖北、河南、安徽三省边界的大别山区。苏区在极盛时期时，面积达4万多平方千米，人口350万，拥有5座县城、26个县的革命政权。鄂豫皖边界地区崇山峻岭，层峦叠嶂，地势险要，大别山脉为淮河与长江流域的分水岭，绵延起伏于安徽、河南、湖北之间。崇山峻岭，峭壁耸峙，地势异常险要，交通极不便利，构成了“工农武装割据”的天然屏障，红军可迂回转战其间，且易守难攻，有利于进行人民革命战争，战略地位十分重要。鄂豫皖苏区地域宽广，人口较多，物产丰盛，地形复杂虽然有利于开展游击战和发展根据地，但是也由于交通比较闭塞，所以和外界的联系很少，内外的信息交流也不畅，导致人们的知识十分的匮乏，思想文化比较落后，想要发展革命根据地，就必须提高人们的思想道德水平和科学文化知识水平，使人们认清现状，具备基本的革命常识和素养。

（二）鄂豫皖地区的社会政治经济概况

当时的旧中国面临着内忧外患，外有帝国主义的野蛮侵略和疯狂掠夺，内有反动军阀对外出卖国家，对内残忍地屠害人民，整个国家都处在如履薄冰的状态。在帝国主义、大地主阶级、大买办阶级的共同支持下，蒋介石建立了与北洋军阀息息相关的封建买办政权。对中国共产党和中国人民实行极端残酷的反革命白色恐怖行动。凡是农民运动涉及的区域，无不遭受反革命势力的屠杀。桂系军阀胡宗铎进驻湖北后，对工农运动的压迫更加阴险毒辣，提出了“宁可错杀一万个良民，不肯放走一个共产党员”的反革命口号。不仅令各县成立“清乡委员会”，反动军队还帮助土豪劣绅建立“清乡团”“保卫团”等反动组织，到处烧毁村庄，收缴农民武装，捕杀共产党、农民领袖和工农群众中的积极分子。国民党新军阀对鄂豫皖边界地区的广大工农革命群众不仅在政治上进行血腥的大屠杀，而且在经济上进行更加残酷的压榨和无穷无尽的掠夺。第一次大革命时期所说的要减租减息，结果变成了加租加息。鄂豫皖边界地区的人民在国民党反动派黑暗残酷的统治下，成为一片水深火热、惨绝人寰的人间地狱。鄂豫皖地区的政治经济处于崩溃的边缘，广大民众生活贫苦，贪官污吏和地主豪绅横行，社会矛盾不断激化。政治的混乱、经济的凋零、文化的落后和生活的窘困等原因导致社会阶级矛盾异常尖锐。这时中国共产党来到人民中间，力图把他们从水深火热之中拯救出来。边界地区人民在中国共产党的领导下，在党的八七会议精神的引导下，高举革命的伟大旗帜，深入广大的农村地区举行武装反抗，创立革命根据地，打破敌人的“围剿”，发展苏区的政治经济。

（三）鄂豫皖苏区的文化背景

在文化方面，当时中国正处在面临着内忧外患的旧社会，广大的贫困劳苦大众都没有受教育的权利，人们愚昧无知，文盲遍布全国各地。苏维埃革命时期，整个鄂豫皖苏区的文化水平都是非常低下的，以红安的六村为例，其总人口是855人，识字人数仅50余人，识字率为6.43%，可见民众大部分是不识字的文盲。土地革命以前，在鄂豫皖的边界地方，反动的统治阶级完全垄断当地的教育，并实行奴性教育，推行专制、复古和媚外的教育，促使教育成为剥削阶级的特殊专利品。在土地革命战争时期，鄂豫皖苏区实行工农民主专政，广大的工农劳苦大众终于从大地主、大买办手中夺回了文化教育的大权。在1932年5月，鄂豫皖苏维埃颁布的文化委员会议案（草案）中明确指出：“文化和教育是一种有力的软武器，所以，我们广大的工农劳苦群众必须要拿起这个武器来加强自己的战斗力”，“来完成建立新社会的伟大使命”。鄂豫皖苏区建立之后，工农群众在经济上和政治上都获得了解放和自由，他们迫切地希望在文化上也可以独立。苏区政府认为发展人民文化教育事业，只有靠苏维埃政府和工农群众团结一致才能真正取得进步。

二、鄂豫皖苏区教育的主要内容

鄂豫皖苏区内的革命力量之所以能在主力红军撤离后，一直坚持艰苦卓绝的游击斗争直至抗日战争爆发，很大原因是中共通过教育唤起苏区民众的斗志，并将党的宗旨与民众的利益有效地联系起来，在一定时间内使二者成为利益共同体，代表中共意识形态的核心价值观得到了有效的传播和灌输，并被一部分民众认同和接受。鄂豫皖苏区教育是以党的领导为核心，主要的任务是提高受教育者的文化知识和思想政治觉悟，“使他们的伟大创造能力和新的思想得到尽量的发展，以完成整个革命任务”。其教育内容就是根据教育对象实际、教育的目的和任务制定的，为人民革命斗争服务。

（一）常识教育

常识教育就是普通知识教育，是学习的基础。李政涛在其所著的《教育常识》中写道：“在我看来，因为社会上弥漫着的对常识的无知和漠视，就是对常识的尊重和敬畏的缺失……失去常识将会使世界惶然失措，深受其害。”常识教育虽然是基础的教育，但是往往最容易被忽略，人们总是认为常识不需要学习就会懂得。鄂豫皖苏区当时由于文盲众多，苏区政府根据学生的自身发展情况、社会背景、教育资源等具体情况，积极开展常识教育。《社会常识》是由鄂、豫、皖三省赤色教师联合组织列宁高级小学教师编印的，其内容主要讲授中国历史上的农民革命战争、帝国主义的侵华史、中国共产党领导的人民革命斗争史，以及世界无产阶级的革命斗争历史和中国与世界地理知识。让受教育者开阔眼界，了解古今中外历史，明白只有进行彻底的革命斗争才能自立自强。《政治常识》教材，大多采用上级党委宣传部、苏维埃政府文化委员会、红军政治部发来的宣传材料以及苏维埃颁布的方针、政策和法令等内容。目的是使受教育者了解党的政治方针、革命的发展状况和现实的时局，以便更好地领导人民革命。《自然常识》教科书是采用经省、县苏维埃政府委员会审查删改的商务印书馆出版的小学课本，主要介绍一些自然和科学知识，培养学生了解自然、科学的兴趣。教师在讲授社会、政治、化学、自然、生物、科学、物理和生理卫生常识的时候，也尽量考虑根据地儿童的实际水平进行，促进了他们的心智发展，使他们不断地成长。常识教育是教育的基础知识，苏区列宁小学的常识教育从政治、社会、自然等开始，其目的是让受教育者了解社会、自然和生活中最基本的知识，开阔其眼界，发展其思维，为其生活、革命斗争和发展做准备。

（二）阶级斗争教育

由于长期的封建统治使广大的群众甘心臣服于被统治的地位，阶级意识薄弱，因此要通过思想政治教育启发群众的阶级意识、提高群众的阶级觉悟，最根本的方法就是要用马克思主义阶级斗争理论来武装工农群众的大脑，让广大的工农群众认清楚他们贫穷的根源和本质。党和苏维埃政府依据教育目的和任务，制定了教育的基本原则：政治化原则、军事化原则和生产化原则。也就是说，教育必须要为党领导的民主革命政治路线服务；为全民族的反帝反封建的革命任务服务；为革命战争服务；为阶级斗争服务。皖西北特委在召开赤色学生、教师联合会会议上发表的宣言指出：我们的文化教育完全是为了广大工农群众的需要。由于当时人民群众的文化水平、思想觉悟十分低下，所以党就采用各种方法提高群众的积极性和觉悟程度，动员他们热情主动地参加革命斗争，一切都是为了战斗的胜利，在战斗取得胜利的过程中争取做更多的赤化工作，巩固苏维埃政权，建成可靠的根据地。在革命根据地里面要贯彻明确的阶级斗争路线，必须与一切非阶级的路线以及脱离工农群众的不和谐现象作坚决的斗争，尤其在肃反斗争上，必须彻底纠正过去犯下的错误。鼓励支持工人的经济斗争，切实保护他们的利益，苏维埃政府要全力改善工人阶级的生活，给他们提供物质保障，到工人中间去动员他们更积极地参加革命战争及协助红军和苏维埃的革命建设，以此来巩固和增强无产阶级的领导。党还要加强对参加共青团及各种群众组织的领导权，让这些组织可以成为党和工农群众相互联系沟通的桥梁，通过他们把党的每一个口号、政令等传播到广大的群众中，以切实达到宣传的效果，使他们更易于接受，并推动政策的执行。红军还利用空闲时间带领学生参加祭扫革命烈士墓活动，开展革命传统教育，向学生宣讲革命先烈的英雄事迹，启发他们的阶级觉悟，教育他们要永远忠于党、忠于人民、忠于理想，立志革命。从群众的切身利益出发来提高他们的阶级觉悟取得了很大的成效，当时苏区的教育为战争的胜利和苏区的建设作出了重大贡献。

（三）形势政策教育

形势政策教育可以帮助学生清楚地认识当时社会各方面的状况；全面准确地理解党的路线、方针和政策等内容；了解敌我双方的力量悬殊；对革命斗争的走向作出科学的判断；坚定其为革命战争服务的理想。

鄂豫皖苏区苏维埃政府文化委员会规定各区开会时，必须请党的和苏维埃机关的负责人作一个目前政治形势的报告，并且须要讨论学校管理以及教育方法等实际问题。学校广泛设置形势政策教育课程。学校的政治课向学生讲授马列主义基础知识、党的基本任务、苏维埃的性质、革命斗争形势等。《唱歌》是由区和乡的文化委员会组织教师编印的，收集许多在当时苏区普遍传唱的歌曲，如《国际歌》《少年国际歌》《土地革命歌》《八月桂花遍地开》等。通过歌唱的形式，使学生了解国际、国内的革命发展状况、党的政策等现实情况。形势政策教育使学生认清了现实，了解了革命斗争的未来走势，使他们更好地规划未来，更好地为革命作出贡献。

三、鄂豫皖苏区教育的启示

随着时间的推移，我们距离革命战争时期的那段历史越来越远，鄂豫皖苏区教育是在当时特殊的革命战争背景下，逐渐兴起并发展起来的，为革命战争的胜利、苏区整体文化水平的提高作出了重大的贡献，在今天仍然具有积极的意义。笔者认为，鄂豫皖苏区教育对现代社会的有益启示主要包括以下几点：坚持党管教育；坚持马克思主义灌输系统方法；坚持一切从工农群众的认识水平实际出发；坚持教育与生产劳动相结合。

（一）坚持党管教育

毛泽东在第一届全国人民代表大会第一次会议的开幕词中指出：中国共产

党是领导我们事业的核心力量。鄂豫皖苏区教育事业能够在较短的时间里蓬勃发展，取得惊人的成就，根本原因就是坚持了党管教育。各项事业要想有序有力地发展，就必须要有一个领导的核心，有一个好的规划者和管理者。中国共产党是一个好的规划者、建设者和领导者，因为它始终代表中国最广大人民群众的根本利益，全心全意地为人民求解放、为人民谋发展、为人民服务。在极其动荡、残酷的战争年代，物资匮乏，各方面条件都十分艰苦，全国上下都处在贫困之中，党和人民还能取得如此巨大的成就，就是依靠坚定的信仰、对人民革命事业的忠贞不渝以及党在思想政治工作和组织上的正确领导。鄂豫皖苏区的党组织，在建立和发展苏区教育事业的过程之中，从始至终都坚持对各项教育工作的领导作用，采取了一系列有效的、适合当时、当地实际情况的方法和手段，实现了对苏区文化教育工作正确而有效的领导。党管教育体现在方方面面，在教育目的和政策上，党根据马克思主义教育的基本原理和不同时代的特征制定教育目的和政策。例如，当时列宁小学的教育目的就是：苏维埃政府创办免费的学校，专门教育广大的工农子弟，培养他们为工农谋取利益的精神，教导他们要大力建设巩固苏维埃政权，用武装斗争推翻地主资产阶级的黑暗统治。

当前教育的目的是培养“四有”新人，党在教育政策上也作出了一些改变，如加强教育的信息化、普及化、全面化等。在教学方法上，学校可以通过课堂教学、党的知识竞赛、讲演会、唱歌等活动，向广大的群众进行马克思列宁主义教育、方针政策教育和国际国内形势教育，不断地提高群众的文化水平和思想觉悟，使其可以为实现伟大的中国梦而奋斗。课程的设置切合时代发展的实际，体现德智体美劳的和谐发展。在教材方面，严格根据马克思列宁主义、我国的国情实际编订教材，以适应社会发展和学生身心发展的需要。在教师队伍的建设方面，要注意对教师的选择，教师要拥护党，热爱国家；注重对教师的再教育，合理分配教师的比例，提升教师的职业幸福感。

（二）坚持马克思主义灌输系统方法

人的知识、思想、观念等的形成并不是与生俱来的，而是在后天不断地学习和实践中得来的。在学习和实践的过程中得到新知识、新思想的过程就是一个灌输的过程。灌输理论主要有两层含义：一是向工农群众灌输他们原本不了解或不具有的先进的无产阶级意识；二是引导群众善于从工人阶级的角度认识问题，认清资产阶级的本质。马克思列宁主义是指导我们党思想的理论基础。我们党要想治理好我们的国家，就必须要运用马克思主义灌输系统方法。鄂豫皖苏区的教育之所以可以取得令人瞩目的成绩，是因为在马克思主义基本教育原理的指导下，向群众灌输工农武装割据思想、民主革命思想、阶级斗争思想，指导他们参与到建立革命根据地的革命斗争实践之中。

尽管当前社会的大环境已经发生了根本性的变化，革命斗争早已经不存在，但是马克思主义灌输理论的合理内核依然是一种惯常使用的、行之有效的思想、信息传播和教育方式。马克思主义的灌输系统方法是一个完整的体系。既有灌入又有输出，是一个动态的生成过程。当前我国教育内容的基本原则就是：必须以马克思列宁主义为指导，以适应国家的发展和人民对美好生活的需求。但是，随着时代的变迁，尤其是信息技术的迅猛发展和各国之间的文化交流的密切发展，给人们的思想带来了很大的冲击，所以灌输更要讲究系统方法，要使人们能够把所接受的教育内化于心、外化于行。接受学习是人类最主要的学习方式，灌输是有意义地接受学习。我国要建设成富强、民主、文明、和谐、美丽的社会主义现代化强国，就必须进行马克思主义意识形态的教育，让社会主义核心价值观深入人心。小学生的思想极其不成熟，他们是“染于苍则苍，染于黄则黄”，他们接受的教育大部分都是成人灌输给他们的，所以必须让他们沐浴在马克思主义的阳光之下，才能健康茁壮地成长。同时，要注意灌输是一个有序的系统，有一个完整的理论系统和操作系统，灌输必须要讲究方法、讲究实际。马克思主义灌输系统方法要求我们的思想政治教育必须要循序渐进、用综合的思维方式来认识事物，既要着眼事物的整体又要把各个要素联系起来综合考虑，优化组合。

（三）坚持一切从工农群众认识水平实际出发

党的思想路线的实质和核心就是一切从实际出发。关于教育的基本原则，列宁曾多次在其演讲中强调，那就是坚持理论联系实际的基本原则。党领导下的鄂豫皖苏区教育，是在充分考虑社会斗争的实际，苏区的各种条件状况以及人们的知识、觉悟水平等具体条件，坚持实事求是的思想路线，才使苏区的教育出现欣欣向荣的景象。在半殖民地半封建的旧中国，文盲充斥着全国，鄂豫皖苏区又地处大别山区，文化教育更为落后，工农群众的认识水平极其低下。在苏区，党坚持实事求是的基本原则，结合当时苏区政治、经济特点，总结了苏区文化教育的实践经验，确立了文化教育宗旨和政策，创立了独特的教育结构，建立了新的教学制度、行之有效的教育领导系统和管理制度。此外，采用群众喜闻乐见的艺术形式进行革命宣传教育。根据革命斗争的需要和人民群众的接受程度，有目的、有计划地推进教育发展。

中国特色社会主义进入新时代，这是我国发展的历史方位，党的教育也要依据我国正在全力建设社会主义现代化强国的实际，与时俱进。可以将党的方针政策、法律法规、惠民工程、重要新闻事件等内容用通俗的语言编写进教材、歌词、剧本等，以加强政治宣传。采用工农群众所能接受的方式，使他们的认识水平一步一步地提升。时代在进步，人们的认识水平、思维水平在潜移默化之中也已提升。教育也要与时俱进，根据人们的认知发展水平不断推动思想政治教育的广度和深度，不能空洞地说教，而是要遵循人的认知发展规律，使群众能够真正地在思想上接受，在行动中践行。

（四）坚持教育与生产劳动相结合

教育与生产劳动相结合是培养全面发展的人的根本途径，也是唯一途径。教育生产化，并不是简单的一边接受学校教育，一边参加各种生产劳动教育，它和生产劳动不是相互分离的。在学习知识时可以动手去做，在参加生产劳动时要充分调用之前所学的知识，要了解劳动的具体步骤和含义，同时也可以在生产劳动的过程中不断地总结，提出新的知识。在学习了解一个问题的时候，就要了解这个问题的实质。学生在生产劳动的过程中不仅获得知识和锻炼，同时也获得了快乐，也发挥了他们的主体作用。教育和生产劳动相结合，既可以保证人们受教育的权利，又可以锻炼动手实践能力，可以促使人们在生产劳动中发现新的知识，其思想政治觉悟也可以在所受到的教育和生产劳动中有所提升。

目前，我国各级各类学校大多开设有综合实践性活动课程，注重培养学生多样化实践性的学习方式，鼓励学生参加劳动实践活动，懂得一些社会生产的常识，掌握一些社会生产的基本技能，在生产劳动中体验社会主义劳动，但是取得的效果并不明显。教育与生产劳动相结合不能仅仅是形式上的结合，不能流于表面，而是要让学生了解劳动的实质，了解生产劳动的整个系统，能将所学的知识运用于生产生活的实际操作过程中。当前，学校教育存在的一个问题就是知识和生活相脱节，学习和劳动相分离，学生只会做题，动手操作能力较差。在书本里是学不透操作性知识的，必须经过反复的训练才能熟练地掌握技能技巧。生产劳动可以让学生明白社会主义劳动与资本主义劳动的区别；明白社会主义的本质；明白党的艰苦奋斗、独立自主的精神；明白在劳动和奉献中实现自己的人生价值。因此，让学生在生产劳动实践中体会思想政治教育的精髓。

四、结语

鄂豫皖苏区的教育建设是革命的产物，是人民革命战争中的一条重要战线，同时也是中国共产党领导的新民主主义教育的重要组成部分。这一时期鄂豫皖苏区的教育建设始终坚持中国共产党的领导，以马列主义教育的基本原理为指导思想，紧密结合苏区的实际，依靠工农群众的力量，在艰苦卓绝的斗争中创办和发展起来。教育始终要坚持党的领导，需要切实关注人民群众的物质利益，需要与生产劳动相结合，需要与人们的认识发展水平相适应，需要与时俱进。目前我们党的教育工作发展相当完善，已经有一套成体系的系统方法，但是时代在发展，人在发展，一切都在不断地更新，所以教育也要不断地发展完善。今天我们正处在决胜全面建成小康社会的关键时期，我们要不忘初心、牢记使命，付出更为艰巨、更为艰苦的努力，不断地总结经验，反思内省，为美好的未来不懈奋斗。

（作者：熊杨燕）

第二十篇

中共中央派遣干部对鄂豫皖革命根据地创建作用探析

一、红一军与鄂豫皖革命根据地的组建背景

1927年大革命失败后，中国共产党领导的新民主主义革命进入异常艰苦的时期，国内政治形势发生了巨大的逆转，反动势力和反动统治大大加强，革命形势暂时转入低潮。在这非常时期，中国共产党召开具有历史意义的八七会议，确立武装反抗反动势力的总方针。在接连两次城市武装暴动失败后，中国共产党的目光逐渐转向在大革命时期农民运动剧烈开展的反动势力统治薄弱的农村地区，通过武装暴动进而建立农村革命根据地。

大别山区位于三省交界地带，历史上受政府管控薄弱，尤其民国以来这里横遭军阀、土匪劫掠，许多地区为军阀军队，土匪、豪绅的杂色队伍分割统治，加之频受旱涝之灾，该区域的百姓生活在水深火热的环境中，极度渴望摆脱现状。在纷纷下乡的革命知识分子的推动下，革命暴动便顺势相继爆发。

最先是湖北省委领导下的黄麻起义。这次起义是在鄂东地区各县的小股起义此起彼伏的基础上，在取得一定经验和成功的鼓舞下举行的。1927年10月，湖北省委决定成立黄麻特委，并于11月13日集合3万余人的起义队伍，一举攻下黄安县城，成功起义。为了实现工农武装割据，起义队伍成立了以黄安、麻城两县农民自卫军为主体的工农革命军鄂东军，并成立了黄安农民政府，又逐渐组成红十一军第三十一师，后于1929年4月成立了鄂东北特委，并逐渐发展成以柴山保为中心的鄂豫边革命根据地。

在黄麻起义胜利的影响和推动下，河南商南地区发动起义。在河南省委及地方党组织的领导下，经过长期准备，由商罗麻特别区委指挥商南地区，于1929年5月6日举行起义并取得了胜利。商南起义队伍顺利组建了红十一军第三十二师。红三十二师在不断开展游击战和打击进犯之敌的基础上，短短数月

便使以南溪、吴家店为中心的豫东南革命根据地初具规模。

同时，六霍起义为皖西革命根据地的创立打下了基础。中共安徽省临时委员会在领导策划起义之初，即确定以六安为中心的霍山、英山、霍邱、寿县为暴动的首发区，因为这个区域有山脉作为依托，又紧邻豫、鄂两省，敌人统治薄弱。1929 年 10 月，六安中心县委成立，负责指挥起义。11 月，六安、霍山起义全面发动并取得成功，组建了红一军第三十三师，此后逐渐形成了以六安、霍山为中心的皖西革命根据地。

举行武装起义和实行武装割据，为鄂豫皖根据地的建立创造了条件。随着鄂豫边和豫东南革命根据地的统一与发展，皖西革命根据地的创建与巩固，以大别山为中心的工农武装割据已初具规模。在鄂豫皖边区纵横数百里的广阔范围，除商城到麻城宋埠的狭长地带和一些城镇仍被敌人占领以外，广大乡村皆成为赤色区域。红三十一、三十二、三十三师以三足鼎立之势，战略上紧密呼应，作战时互相配合和支援，战斗力越来越高。与此同时，蒋介石与冯玉祥、阎锡山等新军阀之间正酝酿着又一场大混战，暂时放松了对鄂豫皖边区三块革命根据地的进攻。

随着革命活动的发展，三省党组织逐渐意识到在这种有利形势下加强联合的重要性，产生了把鄂豫边、豫东南、皖西革命根据地连为一体，建立鄂豫皖边界特别区的想法。实现党在整个大别山区域的集中统一领导，汇集三支红军的力量，步调一致地开创大别山区域工农武装割据斗争的新局面，已经从地方到中央逐渐形成共识，并为把握好这一有利时机而迅速见诸系列重要决策和行动。

二、党中央派遣干部情况及部分事迹概述

（一）中央巡视员充分了解情况，促成鄂豫皖革命根据地的统一

1928 年至 1930 年，党中央先后派遣曹壮父、何玉琳、郭述申、王平章和曹大骏等巡视员到鄂豫皖边区掌握情况，他们参与领导鄂豫皖地区的武装斗争，为鄂豫皖根据地的正式形成付出了心血，为鄂豫皖根据地的巩固作出了突出贡献。

其实，早在 1928 年，中央巡视员曹壮父到鄂豫边传达党的六大精神、了解该区域武装割据情形之后，就根据鄂东特委的建议，向党中央提出整合该区域革命领导权，“建立一个鄂豫皖的苏维埃局面”。然而，当时党中央基于稳定三省党组织的考虑并未采纳此建议。

在对鄂豫皖革命根据地创建的最终完成中，有一位中央巡视员起到了极其重要的推动作用，他就是鄂豫皖革命根据地的重要创始人之一——郭述申。他是党中央任命的首任鄂豫皖边区特委书记，曾任皖西北道委书记，创建和参与领导过红二十七军、红二十八军、红二十五军，为鄂豫皖根据地的创建和巩固，为党的组织和红军队伍的发展壮大作出了重要的贡献。虽然他曾遭受数次挫折，并险些被杀，但是他对革命的信仰却历久弥坚，未有丝毫的褪色。

1904 年 12 月 27 日，郭述申（原名郭树勋）出生于湖北省孝感县城关镇一个贫民家庭。他儿时随父在家乡读私塾，1918 年考入武昌高等师范附属中学。1922 年 5 月，郭述申加入社会主义青年团，开始投身于民主革命运动。1927 年初，郭述申当选为湖北省农民协会执行委员会常委、教育部部长，开始从事农运工作。1927 年 6 月，在白色恐怖猖獗的血雨腥风中，郭述申毅然加入中国共产党。从此，在张太雷、陈潭秋等的领导下，郭述申开始了新的革命生涯。1928 年初，湖北省委遭到破坏，郭述申受到国民党通缉，处境十分危险。同年春夏之际，他前往上海寻找党组织，不久与上级党组织取得了联系。1928 年秋，郭述申受党中央派遣赴河南工作，任中共郑州市委书记。1929 年 4 月，郭述申任中央巡视员，到豫南、鄂东北巡视工作。

在巡视中，郭述申有了同曹壮父相同的观点，认为开辟鄂豫皖革命根据地的条件已经成熟。他在给中央的报告中说："鄂东北特委在与豫东南特委联席会议上，提议召集皖西北开三特委联席会议，组织联合办事处……豫东南特委赞同召集三特委联席会议，讨论三特委在横的关系上所有的问题。"经过地方党委的一再要求，中共中央也考虑到鄂豫皖边区的特殊战略地位，且此时恰逢蒋、阎、冯军阀大战在即，无暇顾及鄂豫皖根据地的发展，客观时机也有利于鄂豫皖根据地的统一。于是，1930 年 2 月中旬，郭述申又赴上海汇报第三次巡视豫东南和商城等地问题的情况，引起了中共中央的高度重视。终于，2 月 25 日，周恩来召集在沪的郭述申、许继慎和熊受暄三人开会，向他们宣布党中央的决定：建立鄂豫皖边特委，统一鄂豫皖三省边界地区党组织的领导。

同日，中共中央发出了给湖北省委、河南省委、六安中心县委的指示信，决定将湖北黄安、麻城、黄陂等县，河南省的商城、光山、固始等县，安徽省的六安、霍山、霍邱等县划为鄂豫皖边特区，并建立中共鄂豫皖边特委。3 月 20 日，鄂豫皖边党代表大会在湖北省黄安县箭厂河召开，中共鄂豫皖边特别区委员会正式建立。

（二）党中央派遣军事人才统一鄂豫皖地区军事行动

在向鄂豫皖地区派遣政治人才的同时，党中央还派遣徐向前、许继慎、桂步蟾、倪志亮、刘英、李荣桂等一大批军事领导干部先后到达鄂豫皖地区，加强鄂豫皖地区的军队建设。

为了统一鄂豫皖边区的军事行动，中共鄂豫皖特委书记郭述申离开信阳到达黄安县境后，立即在箭厂河主持召开鄂豫皖边特委和红军领导干部会议，传达中央关于组建红一军及其军事工作的指示，宣布成立红一军前敌委员会，曹大骏任书记，并讨论和通过了红军改编的决议。1930 年 3 月 18 日，红三十一师、三十二师、三十三师在集中组织统一指挥原则之下联系起来，组建成为中国工农红军第一军。红一军的第一任军长，就是由中央派遣的红军初创时期的杰出将领、新中国 36 位军事家之一的许继慎。

许继慎于 1901 年出生在安徽省六安县（今六安市裕安区)，早年在安徽省立第一师范读书时就参加了五四运动，并被选为安徽省学生总会常务委员、联络部部长。1924 年春，他考入黄埔军校第一期，同年加入中国共产党，成为当时黄埔军校党所领导的“青年军人联合会”中的骨干，曾与国民党右派进行了多次斗争。

1926 年 3 月，蒋介石制造反革命的“中山舰事件”，迫使许多共产党员退出第一军，许继慎也从第一军中退出，被党派往叶挺独立团任第二营营长。同年 7 月，国民革命军举行北伐，他参加了有名的汀泗桥、贺胜桥和攻克武昌等战斗，并立下了战功，后升任叶挺独立团参谋长。不久，该团扩编为第二十四师，他任二十四师七十二团团长。

1930 年 3 月，许继慎受党中央委派到鄂豫皖发展根据地，任新整编的红一军军长。在许继慎等人指挥下，红一军从 1930 年 6 月到 8 月，先后攻克皖西和京汉铁路南段许多城镇，共歼敌 7000 多人。9 月，他率部先后攻克光山、罗山等城镇。11 月，他率部歼灭国民党军第二十六师第二混成旅大部。12 月，国民党军对鄂豫皖发动了第一次大规模的“围剿”。许继慎率领红一军东出皖西，采用诱敌深入，集中优势兵力歼灭敌人的方法，先后在六安至金家寨、麻埠、独山等地歼敌 3 个营和大量地方反动武装，接着又在东、西香火岭歼敌两个团，在商城叶家墩歼敌两个团，粉碎了敌人的合围，巩固和扩大了鄂豫皖根据地。

（三）执行中央部署担任重要领导职务

党中央在鄂豫皖边区革命斗争发展的关键时刻，不仅极为重视这一重要战略区域的发展，连续作出建立鄂豫皖边特别区、统一党在鄂豫皖边区的领导、组建红一军的重要决策和战略部署，而且特别重视派遣郭述申、许继慎、曹大骏、熊受暄等人到鄂豫皖边区担任党和红军的领导，从而使上述重要指示和战略部署得到迅速贯彻执行。

作出成立中共鄂豫皖边特委的决定后，党中央于1930年3月17日发出给湖北省委的指示信，决定由郭述申、何玉琳、王平章、徐朋人（又名徐友鹏）等9人组成鄂豫皖边特委，郭述申任特委书记。3月18日，中共中央又发出给鄂豫皖边特委的指示信，决定将这3个师合编为中国工农红军第一军，并明确提出其军事工作的任务和策略路线，指定了红一军前委、军部、各师的主要领导人及其组织隶属关系：许继慎任军长，曹大骏任政治委员，徐向前任副军长，熊受暄任政治部主任。由此可见，军一级领导干部均由中央派遣的干部担任，随着鄂豫皖苏区的最终形成，中央派遣干部逐渐掌握了该苏区的党军机构的上层领导岗位，初步成为鄂豫皖苏区干部群体的强大力量。

三、中央派遣干部对鄂豫皖革命发展的重要贡献

在鄂豫皖革命根据地创建初期的探索中，涌现出了一大批优秀的领导干部，如当地接受过先进的马克思主义思想的革命知识分子、当地先进的基层工农积极分子、地方精英的觉醒与归附等，还有一个不可忽视的组成部分，就是上级部门特别是中央部门的派遣干部。

中央派遣干部是鄂豫皖苏区创建过程中必不可少的重要组成部分，他们都是当时党内的知识精英群体，却甘愿冒着生命危险穿梭于国民党控制严密的白色区域，满怀斗志地来到这片革命火种遍地燃烧的红色土地，将自己平生所学的政治军事知识用于领导苏区的武装斗争和党政军建设，开创了统一的鄂豫皖苏区局面。尽管这些共产党员的经历不同，领导方式不同，但他们想在苏区有一番作为，不断巩固和发展苏区革命事业的信念是一致的。

在中央及上级派遣干部的领导以及本地干部的共同努力下，苏区土地革命广泛开展，党的建设不断加强，革命武装和群众团体日益发展，苏维埃政权逐渐完善，推动了边区工农业生产和商业贸易发展，创建了苏维埃财政和金融体系，苏区文化教育事业和医疗卫生事业也得到发展。这些都是在中央派遣干部的领导下鄂豫皖苏区党政军干部带领广大苏区民众共同开创的事业，也充分体现了鄂豫皖苏区干部精英的开创精神。

（作者：余静）

第二十一篇

从大别山革命红旗不倒看党的建设的经验与启示

大别山革命根据地是中国革命的重要策源地、人民军队的重要发源地、党的重要建党基地。在整个新民主主义革命时期，以大别山为中心的鄂豫皖边区是保持在党的领导下22年人民武装斗争持续不断、28年革命红旗不倒的老区。从大革命时期农民运动的兴起到中华人民共和国的成立，大别山始终处在中国人民反帝反封建斗争的最前线。大别山革命红旗不倒，有其深刻的社会历史原因和主客观条件，最根本的一条是离不开党的坚强领导和自身建设的保证。

一、大别山革命根据地加强党的建设的主要经验

党的建设是中国革命取得胜利的"三大法宝"之一。在复杂严峻的斗争形势下，大别山地区党的建设面临一系列困难和考验。比如，大革命失败后党如何实现以城市为重心向以农村为重心工作的转变，如何克服根据地党内及军队中存在的各种非无产阶级思想，如何把以农民和其他小资产阶级为主要成分的军队建设成为一支新型的人民军队等，这些问题和考验都迫切需要党通过加强自身建设，加强和改善党的领导来解决，否则党很难在根据地有效地开展武装斗争、土地革命和根据地建设，也不可能使革命的红旗一直高扬在巍峨的大别山上。大别山革命根据地的党组织高度重视自身建设，通过加强自身建设形成了强大的凝聚力和战斗力，使其经得起胜利和失败、高潮和低潮、顺境和逆境的考验，创造了28年革命红旗不倒的奇迹。

1. 思想上：用马列主义统一思想，推进党的思想政治建设

党的凝聚力和战斗力，首先来源于思想上的凝聚力和战斗力。一个政党如果不能正确地解决思想问题，势必一盘散沙，行动上各行其是。毛泽东曾经指

出："掌握思想领导是掌握一切领导的第一位"①，"掌握思想教育，是团结全党进行伟大政治斗争的中心环节。如果这个任务不解决，党的一切政治任务是不能完成的"②。大别山革命根据地的党组织很注重对党员进行思想政治教育，提高其马列理论修养和觉悟，把全党的思想统一到马列主义旗帜下，克服各种非无产阶级思想，使党员树立为革命事业、共产主义理想矢志不渝、奋斗献身的坚强信念。

（1）大力创办期刊报纸，加强马列主义理论武装

鄂豫皖根据地各级党组织对于办好党报党刊这项工作非常重视，在大别山区创建了大量的期刊报纸，将其作为加强党建、推动革命发展的重要抓手。为了向党员进行党的基本知识教育，加强马列主义理论的学习，鄂东北与皖西地区的党组织都编印了《入党须知》的小刊物，发给各支部的党员学习。1929年6月，鄂东北特委要求宣传刊物定期出刊，篇幅要短，内容要实，文字要浅显而通俗等。皖西北特委强调党报的内容必须有很正确的指导性与最大限度地通俗化、具体化、群众化，使它能真正深入劳苦群众中。这些报刊有《英特纳雄纳尔》《红旗》《党内生活》《工农兵》《醒狮》等。通过对广大党员进行马列主义理论的武装，使受"左"倾错误和非无产阶级思想影响的同志从错误的理论指导中逐渐走了出来，增强了对真假马克思主义的辨识能力，提高了广大党员的马列主义思想水平，增强了革命勇气和信心。同时，这些期刊报纸也是党组织团结和教育群众、打击和消灭敌人的有力武器。

（2）紧抓思想政治教育，提高党员的思想政治觉悟

大别山区各地党组织都把用马克思列宁主义武装头脑、提高党员的思想政治觉悟摆在突出的位置，并采用了多种途径和方式来抓思想政治教育。在召开支部会议、日常工作、讨论文件、阅读报刊、识字运动等过程中，加强党员的教育，提高他们的思想政治水平。各级党委巡视员在巡视工作中，也要检查、指导和帮助开展党员的思想政治教育。为了指导开展思想政治教育，并为党员提供学习材料，鄂东特委曾创办党员教育和训练的刊物《英特纳雄纳尔》，红三十二师政治部翻印《马克思主义、列宁主义》宣传材料，皖西北特委编辑出版《怎样训练新同志》一书。被誉为"大别山劲松"的刘名榜在游击战争期间鼓励同志们："无论斗争多残酷，生活多艰辛，哪怕只剩下一个人，也要坚持到底，决不让大别山革命的红旗在我们手中倒下！"事实证明，当时大家都有着长期奋斗的精神准备，这在革命斗争处于极其艰苦、危险的时刻起着非常

① 《毛泽东文集》第三卷，人民出版社1993年版，第435页。

② 《毛泽东选集》第三卷，人民出版社1991年版，第1094页。

重要的作用。

(3) 开展对错误思想行为的斗争，统一党的思想

在进行正面教育的同时，对错误思想和行为展开坚决斗争，并严格执行党的纪律。大革命失败后，黄安县委洗刷一切动摇、犹豫、自首变节的党员，处决叛徒。在1927年9月6日《安徽省临委关于安徽三个月工作计划纲要》中提到，六安、霍山、霍邱三县党的活动分子会议决定整顿党的组织，会后即对少数对党不忠实者、屡教不改者等均不允许登记。1930年6月，《中共霍邱县委报告第二号》指出："对未曾受到相当的教育的同志有了错误，先施以个别的训练，若再不能改正，才依其错误之大小，执行轻重之纪律，或警告、察看、开除。但对于受过训练的同志有了错误，则直接予以适当之处分。"这与张国焘在鄂豫皖边区"肃反"运动中，开展思想斗争的方法和目的是截然不同的。张国焘采取残酷斗争、无情打击的手段开展思想斗争，非但没有起到教育的作用，反倒破坏了党的团结和统一。根据地的党组织从中吸取教训，认识到对待思想斗争必须采取教育的方式。

2. 组织上：加强基层组织建设，增强基层党组织的战斗力

(1) 积极发展党员，壮大党员队伍

加强党的基层组织建设重要的一环，就是要积极发展党员并坚持质量第一。鄂豫皖边区党组织为了革命斗争的需要，积极发展新党员，不断壮大党的队伍。到1931年10月，大别山革命根据地的党员数量在2.3万人以上。在发展新党员的时候，一些地方出现了只重数量不重质量的偏差。为迅速予以纠正，鄂东北各县第二次联席会议于1929年6月作出《组织问题决议案》，强调"从宣传斗争中去发展组织，肃清和平发展的观念"。考察介绍对象，必须满足以下条件：革命性强的，经济地位低的，与反革命派无社会关系的，习惯好的，无恶劣嗜好的。1929年12月2日，中共鄂豫边第一次全区代表大会作出《组织问题决议案》严格规定了入党手续，其中重要一条就是发展的党员必须经过候补期间考验才能转为正式党员。这些措施能从源头上把控新党员的质量，纯洁了党员队伍，增强了党组织的战斗力。

(2) 建立和健全支部生活，增强支部凝聚力

支部是党的基本组织，是群众核心。若是没有坚强的支部，则党的一切都是空虚的。大别山革命根据地的党组织高度重视各地、各级机关、各群众团体、各类学校等党支部的创建与规范化管理，在每个区建立模范支部，并规定各级党委成员都要参加支部生活，半月一次支部会议，每周一次小组会议，按月缴纳党费。除此以外，对支部活动的内容也作了具体规定。随着支部生活的健全，支部的战斗堡垒作用和党员的先锋模范作用不断得到充分发挥。

（3）开办培训班和学校，加强干部队伍建设

“中国共产党是在一个几万万人的大民族中领导伟大革命斗争的党，没有多数才德兼备的领导干部，是不能完成其历史任务的……我们的责任，就在于组织他们，培养他们，爱护他们，并善于使用他们。政治路线确定之后，干部就是决定的因素。因此，有计划地培养大批的新干部，就是我们的战斗任务。”① 除了在实际斗争中培养干部外，办训练班和学校也是很有效的办法。大别山根据地的党组织积极开办各级各类培训班和学校，为革命事业培养了大批优秀人才。1927 年初，中共罗田县委一成立就开设党义研究班，培训了 200 多名农运骨干。鄂东北特委于 1929 年 4 月成立即举办了党务干部学校，每期 3 个星期，各 20 余人，历时一年多。鄂豫皖特委于 1931 年 2 月成立中央军事政治学校第四分校，5 月中央分局将其改名为彭杨学校，每期 3 个月，到 1931 年底已办 3 期，共轮训 700 人。抗日战争时期，中共鄂豫皖边区党委在金寨白水河附近的袁家老屋举办 3 期训练班，分别对地县级干部、区级干部、基层干部和党的活动分子进行教育，培训干部 300 多名。党组织大力培养的这些革命骨干力量是大别山革命红旗不倒的关键支撑力量。

3. 领导力上：加强党对根据地政权和群团工作的领导

（1）加强党对苏维埃政权的领导

“一切革命的根本问题是国家政权问题。不弄清这一点，便谈不上自觉地参加革命，更不用说领导革命。”② 革命根据地建设最重要的方面之一，就是建立和建设好苏维埃政权。大别山根据地的党组织大力加强对苏维埃政权的领导，使各级苏维埃政权真正成为人民的政权组织。在党组织的领导下，土地革命时期鄂豫皖边区省、道（特区）、县、区、乡、村各级苏维埃政权普遍建立，它们积极开展苏区经济、文化、卫生等事业建设，组织动员民众参军参战，为大别山革命红旗不倒提供了坚实的后盾。

（2）加强党对群团工作的领导

大别山革命根据地各地党组织自成立之日起，就着手组建和发展共青团、工会、农民协会、妇女会、学生会、雇农工会、反帝大同盟、演艺团体、抗日动委会和工作团等群团组织。通过这些群团组织把千万群众团结在党的周围，万众一心发展革命。大别山革命根据地的党组织通过决议、决定、指示等方式，明确了各群众团体的性质、任务和组织法，并由苏维埃政府或各群众团体自身制定章程，使群团建设逐步走向正规。如规定共青团的中心任务是“巩固

① 《毛泽东选集》第二卷，人民出版社 1991 年版，第 526 页。

② 《列宁选集》第三卷，人民出版社 1972 年版，第 19 页。

红军、巩固苏区，以共产主义教育广大青年儿童”。党把千千万万的人民大众发动起来，汇聚成磅礴的革命力量，使大别山的革命之火一旦被点燃，就再难被扑灭。

4. 军队上：加强军队中党的建设，坚持党对军队的绝对领导

政权是由枪杆子中取得的。大别山革命根据地的党组织采取措施，使军队始终置于党的绝对领导之下，成为大别山革命红旗始终不倒的有力保证。

成立军事委员会或军事指挥部，对主力红军、地方武装、群众武装实行统一领导。各级军事领导与指挥机构都是健全而有力的，其主要负责人都是由同级党委书记兼任或者常委、委员担任，其他成员包括红军、共青团、工会、农协等负责人及掌握军事技术的同志。在部队中建立党代表、政治委员工作制度和各级党的组织，形成坚强的领导中枢。建立政治工作机关与制度，加强军队的思想政治工作，不断提高指战员的政治素质。鄂豫皖地区的党组织认识到以农民为主要成分的军队，若不给以无产阶级的思想领导，其趋向容易发生错误，只有不仅在数量上大发展而且在质量上大提高，才能造成坚决接受共产党领导的军队。因此，主力军队和地方武装的军、师均设立政治部，团设立政治处，内设秘书、组织、宣传、兵运、民运等科。群众武装中的赤卫总队、大队和后来的赤卫军的军、师设立政治部，赤卫团也设立政治处。政治部与军、师团部平行，在前委和政治委员指导下，对外负责群众工作、政治宣传等工作，对内负责政治教育与党的工作。在中国共产党的领导下，在大别山区无论是穿上红军服装的红四方面军、红二十五军、红二十八军，穿上新四军服装的第四支队、第五师，还是刘邓大军，甚至是没有穿上军装的游击队，都始终听党指挥保有着敢打敢拼、英勇顽强的战斗作风，创造了大别山地区 22 年武装斗争持续不断的奇迹。

5. 作风上：加强作风建设，端正党风

大别山革命根据地的党组织高度重视党的作风建设，以此端正党风，使我们党具有高度的组织纪律观念、艰苦奋斗精神和强大的凝聚力、向心力、战斗力。

（1）强调调查研究，坚持实事求是的原则

鄂豫皖边区各地党组织强调调查研究，坚持实事求是的原则，克服各种形式的主观主义，创造性地开展工作，使大别山区 28 年革命火种不灭、红旗不倒。

1928 年 12 月，党中央派巡视员曹壮父到鄂豫皖传达党的六大会议精神，鄂东特委负责人王秀松、徐朋人、戴季英等通过曹壮父向中央建议：划湖北的黄安、麻城，河南的商城、光山，安徽的六安等县为鄂豫皖边界特区。但当时

的党中央认为不能“仿效过去湘赣边特委的例”，也不同意红军在边界山区割据，认为“这种寨子主义非常不好”，提出要红军分散“混在群众中间领导群众”。鄂东特委没有机械地执行中央关于分散红军的错误意见，而是继续积极地与邻省各县联系，继续为推动边界武装割据的实现而努力。徐朋人是有名的“土马克思主义者”，中央巡视员曾多次批评以他为书记的鄂东北特委“农民意识弥漫了党”。但他却坚定地说：“农民意识就让它农民意识吧！”继续坚定不移地致力推进大别山地区武装割据工作。大别山区的第二大武装起义——商南起义（立夏节起义）的巨大成功就是鄂豫边区党组织坚持实事求是的原则，善作善为的一大辉煌战果。1931 年秋，以曾中生、徐向前等为代表，在军事行动方针上同张国焘展开的“南下之争”，实质上是对“王明路线”的抵抗斗争。在鄂豫皖苏区“肃反”扩大化时，以郭述申、徐海东等为代表，在内部“肃反”问题上坚持实事求是的原则，反对无根据地乱捕乱杀，千方百计保护革命同志。在第四次反“围剿”失败后，鄂豫皖边区党组织面对敌人的疯狂“清剿”“驻剿”，创造性地大力发展党政军三位一体的武装工作队——便衣队。便衣队在党坚持鄂豫皖三年游击战争中发挥了重大而独特的作用。

1943 年 11 月，郑位三以华中局党代表的身份到鄂豫边区和新四军第五师工作，上任伊始就与李先念、任质斌等领导整风运动。在他的正确领导下，五师和边区没有搞“抢救运动”和“逼供信”。当康生从延安给鄂豫边区党委来电介绍一些地方搞出多少特务、反革命分子的所谓“经验”时，郑位三坚定地说：“共产党员应该坚持马克思主义实事求是的原则，从实际出发，干部中是什么问题就是什么问题，没有特务、反革命，就不能把好人当特务、反革命抓。”① 对康生给边区党委转来的某某人是“叛徒”、某某人是“特务”的“材料”，郑位三及边区党委也没有简单听从，而是实事求是地整风，保持了干部队伍的团结，密切了党和人民群众的联系，进一步巩固和扩大了边区抗日民主根据地，这为后来中原突围的成功奠定了坚实的组织和群众基础。

大别山革命根据地的党组织在革命实践中，在同“左”的错误斗争中，在不屈不挠探求真理的过程中，逐步养成了理论和实践相结合的优良作风。

（2）反对官僚主义，密切联系群众

各级党委不仅根据斗争形势和群众的迫切要求提出相适应的任务和政策，领导群众改革封建土地制度，帮助群众解决生产、生活上的困难，而且机关工作人员尽可能联系群众。1931 年 9 月 10 日，鄂豫皖中央分局发出通知，要求

---

① 张劲夫等：《丹心贯日月风范昭后人——纪念郑位三同志百年诞辰》，《人民日报》2002 年 10 月 22 日。

各级党委机关全体党员仿效苏联的办法，举行“共产党礼拜六”，或为本机关，或为群众砍柴、抬木、割谷子、种杂粮等。军队中的党组织一直把群众工作放在重要的地位，不断改善军民关系。刘邓大军千里跃进大别山后，刘伯承、邓小平多次在讨论地方和部队工作的会议上特别强调：“必须树立一种艰苦朴素，实事求是，给群众做好事的作风和风气。必须反对一种浮夸、浪费、奢侈、铺张，不给群众做好事的作风和风气。”① 因而赢得广大群众的爱戴和拥护。他们时刻关心党组织和党员的安危，不惜用鲜血和生命来掩护，党与群众这种水乳交融的关系，任凭敌人挑拨、封锁、分割都破坏不了。

（3）开展批评与自我批评，维护党的团结统一

大别山革命根据地的党组织和党员经常开展自我批评，检讨自己的思想和行动，在检讨中推广民主，欢迎人民群众的批评。在巩固和发展根据地中，用“布尔什维克的精神和自我批评的精神来同党内一切不良倾向作斗争，肃清欺骗蒙蔽、外交手腕、家长制度、命令处罚主义、包办等国民党的组织方式，纠正脱离群众、感情用事、地方观念、保守观念及不积极工作的错误倾向，反对右倾机会主义与‘左’倾盲动主义”。鄂豫皖省委书记沈泽民曾是“王明路线”的积极执行者之一，他认识到错误后决心“洗心革面”，抱病向党中央写报告并代表省委作了深刻检讨，表现出一个共产党员对革命事业高度负责的精神和光明磊落的品质。当然，这种党内正常的批评与自我批评与“残酷斗争”“无情打击”的肃反扩大化是截然不同的。党的领导机关、领导干部进行认真而不是敷衍的自我批评，以身作则，带动了基层党组织和全体党员自我批评作风的形成，从而促进了党的团结统一。

二、大别山革命根据地加强党的建设的历史启示

“前事不忘，后事之师。”大别山革命根据地在加强党的建设方面取得了许多成就，积累了丰富的经验。大别山革命根据地加强党的建设的措施及积累的经验，在革命战争年代发挥了应有的功能，在新时代对推进党的建设这一新的伟大工程具有重要的启示及借鉴意义。

1. 强化思想教育和理论武装，筑牢信仰之基

大别山革命红旗不倒是大别山区共产党人坚守信仰，并矢志不渝地践行信仰结出的硕果。信仰、信念、信心，任何时候都至关重要。小到一个人、一个集体，大到一个政党、一个民族、一个国家，只要有信仰、信念、信心，就会

① 贾京玉、金松林：《大别山革命记忆》，中共党史出版社2015年版，第210页。

愈挫愈奋、愈战愈勇，否则将不战自败、不打自垮。“无论过去、现在还是将来，对马克思主义的信仰，对中国特色社会主义的信念，对实现中华民族伟大复兴中国梦的信心，都是指引和支撑中国人民站起来、富起来、强起来的强大精神力量。”① 新时代，新目标，新征程，机遇与挑战并存，未来任重道远、道阻且长。这就更需用科学的理论武装全党、教育人民，始终坚定科学的理想信念，牢固树立马克思主义、共产主义信仰，奋力走好新时代的长征路。

2. 强基固本，夯实党执政的组织基础

民主革命时期，鄂豫皖边区党组织高度重视并有效建设基层党组织，使之成为一个个坚强的战斗堡垒，在血雨腥风的严酷形势下带领军民奋战在大别山区，最终迎来了胜利的曙光。现阶段，在加强基层组织建设方面做了大量扎实有效的工作，党的基层组织状况虽然总体是好的，但也存在一些不适应新形势新任务要求的问题，如一些基层党组织软弱涣散，组织的整体战斗堡垒作用不突出等。这些问题的出现在一定程度上妨碍了基层党组织功能的充分发挥，削弱了基层党组织的创造力、凝聚力、战斗力，损害了党同人民群众的血肉联系，给党的执政地位的巩固和执政使命的实现带来了不小的负面影响，必须引起高度警醒。党的十九大提出了加强基层党组织建设的重大任务，当前和今后一个时期，要以此指导党的基层组织建设，使每个基层党组织都成为坚强的战斗堡垒。

3. 充分发挥党的领导核心作用，坚持党对一切工作的领导

革命战争年代，党是领导大别山根据地政权、军队、群团组织等一切的。大别山军民始终在党的坚强领导下高举革命红旗，最后走向革命胜利。今天社会主义建设新时期面临新的伟大斗争，也必须坚持党对一切工作的领导，才能推进伟大事业、实现伟大梦想。

正如习近平总书记指出的：“在国家治理体系的大棋局中，党中央是坐镇中军帐的‘帅’，车马炮各展其长，一盘棋大局分明。”② 党政军民学，东西南北中，党是领导一切的。必须增强政治意识、大局意识、核心意识、看齐意识，自觉维护党中央权威和集中统一领导，自觉在思想上政治上行动上同党中央保持高度一致，完善坚持党的领导体制机制，坚持稳中求进工作总基调，统筹推进“五位一体”总体布局，协调推进“四个全面”战略布局，提高党把方向、谋大局、定政策、促改革的能力和定力，确保党始终总揽全局、协调

① 习近平：《在庆祝改革开放40周年大会上的讲话》，人民出版社2018年版，第42页。

② 中共中央文献研究室：《习近平关于全面建成小康社会论述摘编》，中央文献出版社2016年版，第96页。

各方。

4. 坚持实事求是，着力把握党的建设规律

大别山革命根据地的兴衰历史告诉我们，鄂豫皖边区党组织什么时候坚持了实事求是，什么时候革命事业就能快速发展，什么时候背离了实事求是，什么时候革命事业就会遭受重大挫折，这些经验和教训是极为深刻的。实事求是是贯穿我们党的全部实践、全部理论的一条基本线索。一部中国革命、建设、改革的历史，就是中国共产党、中国人民、中华民族实事求是地认识中国、改造中国、建设中国、发展中国的历史。实事求是是我们党的传家宝，任何时候都不能丢。新时代我们党带领人民建设社会主义伟大事业，必须坚持实事求是的思想路线，从实际出发，从社会主义初级阶段的基本国情出发，制定切合我们发展实际的路线、方略、政策和办法，只有这样才能取得新的伟大胜利，实现中华民族复兴的伟大梦想。

5. 以密切党群关系为核心，大力推进党风廉政建设

在革命战争时期，党的优良作风促进了革命事业的发展，这也是我们党区别于其他政党的显著标志之一。执政党的党风问题是攸关党的生死存亡的大问题。事实表明，一个政党执政时间越长，越要加强党的作风建设。密切联系群众是我们党的一大优势，是党的优良作风的核心内容。党的十九大报告指出："我们党来自人民、植根人民、服务人民，一旦脱离群众，就会失去生命力。加强作风建设，必须紧紧围绕保持党同人民群众的血肉联系，增强群众观念和群众感情，不断厚植党执政的群众基础。"无论是在革命战争年代，还是在社会主义建设和改革开放新时期，我们党都要始终与人民群众保持着密不可分的血肉联系。伟大的事业必须有坚强的党来领导。只要我们党把自身建设好、建设强，确保党始终同人民想在一起、干在一起，就一定能够引领承载着中国人民伟大梦想的航船破浪前进，驶向光辉胜利的彼岸。

（作者：代大梅）

第二十二篇

试论大别山精神及时代传承

一、大别山精神的形成过程

大别山的革命红旗28年始终不倒，在这一历史进程中，根据特定历史阶段革命斗争的特点和社会整体的思想状态，大别山精神的形成过程大致可划分为萌芽、发展和定型三个历史阶段。大别山精神萌芽于大革命时期，发展于鄂豫皖根据地发展壮大时期，逐步定型于第四次反“围剿”失利到新中国成立时期。

（一）大别山精神的萌芽阶段

大革命时期，中国共产党很早就在鄂豫皖地区通过出版《少年黄梅》《黄安青年》等革命刊物，兴办平民学校、夜校，使马克思主义思想得到广泛传播。当时，统治阶级苛捐杂税多如牛毛，军阀连年混战，人民群众深受“军阀豪绅的种种恐怖，一般民众在这极端压迫之下，所以对共产党非常热烈地拥护”①。

党的四大以后，党组织秘密通过农民协会等革命团体，领导群众开展各种经济和政治斗争，农民高兴地说：“共产党是真正领导穷人革命的，一定要跟着共产党干到底!”② 但这一时期，人民群众对于党的思想理解还只是基于爱国正义基础之上，秦基伟在回忆录中写道：“不能否认，我对党和党领导下的革命，最早曾寄予一种行侠仗义杀富济贫的希望，甚至在我迈上革命之路的时候，也多少有一些行侠仗义的动机。但是，我参加革命的最根本的思想基础还

① 本书编写组：《鄂豫皖革命根据地史》第2册，河南人民出版社1989年版，第105页。

② 谭克绳、欧阳植梁：《鄂豫皖革命根据地斗争史简编》，解放军出版社1987年版，第8页。

是由于阶级压迫所产生的反抗意识。”①

（二）大别山精神的发展阶段

从大革命失败到鄂豫皖根据地发展壮大，“大部分群众因为经过几年斗争的锻炼和教育，以及统治阶级残酷的屠杀压迫，对革命较有深刻（认识），对党的政治主张也能接受，斗争也很坚决”②。当时“大家都有着长期奋斗的精神准备，这种精神是极其宝贵的”③。

1927 年 11 月，黄麻起义“暴动胜利后，群众革命情绪澎湃，到处赶制武器、军装、红带、火药，到处听到‘拥护共产党’‘是黑脚杆子的天下了’‘穷人伸腰了’‘什么时候打武汉……’，每个乡村市镇，日夜都在紧张地开会、工作，到处可看到男女老少喜形于色、熙来攘往”④。之后，相继爆发了商南起义、六霍起义，革命力量不断壮大，大别山精神在革命实践中得以锻造。

在党的领导下，广大群众全力以赴支援革命。“妇女们组织慰问团，孩子们组成儿童团、少年先锋队，青壮年农民组织担架队、运输队，日夜不停地送饭、送菜、运粮食、抬伤员，并且到前线参加战斗”⑤，多次打败了敌人的进攻，创立和保卫鄂豫边、豫东南和皖西革命根据地。

苏维埃政权的广泛建立，“农民分得了土地，工人改善了生活，妇女得到了解放，取消了债务，废除了苛捐杂税，土豪杀尽，政权到手，行路也得安心，呼吸感觉自由”⑥。人民群众开始第一次登上历史舞台，积极投入红色政权的创造、保卫和建设中，在斗争实践中使大别山精神得以发展充实。

（三）大别山精神的定性阶段

鄂豫皖革命根据地从红四方面军第四次反“围剿”失利被迫西征川陕，到“刘邓”大军挺进大别山，再到全境解放，既是大别山区党政军民最为艰难困苦的阶段，也是大别山精神在残酷的斗争中逐渐定型成熟的时期。

1932 年 10 月第四次反“围剿”失利，中共鄂豫皖中央分局和红四方面军主力撤出苏区，根据地武装力量大为削弱。1934 年 11 月，红二十五军实行战

① 秦基伟：《秦基伟回忆录》，解放军出版社 2007 年版，第 8 页。

② 《鄂豫皖革命根据地史》第 2 册，河南人民出版社 1989 年版，第 133 页。

③ 《鄂豫皖革命根据地史》第 4 册，河南人民出版社 1989 年版，第 8 页。

④ 《鄂豫皖革命根据地史》第 4 册，河南人民出版社 1989 年版，第 70 页。

⑤ 中共河南省委党史研究室、中共安徽省委党史研究室：《鄂豫皖革命根据地史》，安徽人民出版社 1998 年版，第 30 页。

⑥ 《鄂豫皖革命根据地史》第 2 册，河南人民出版社 1989 年版，第 426 页。

略转移，红二十八军继续坚守根据地，直至抗战爆发后被改编为新四军第四支队。在革命进入低潮期，面对国民党反动派的疯狂“围剿”和惨无人道的杀戮，根据地干部群众并没有被困难压垮。在党的领导下，根据地人民群众积极支持革命队伍，多次粉碎敌人“围剿”“追剿”“堵剿”“驻剿”，保住了鄂豫皖苏区。直到全境解放，大别山的武装斗争从未间断，革命红旗始终不倒。

二、大别山精神的主要内涵

（一）“坚贞忠诚”是大别山精神的核心要义

在革命斗争中，无论是胜利与失败、高潮与低潮还是顺境与逆境，“经过党长期培养和长期革命斗争锻炼的干部、战士和人民群众，对党、对共产主义事业具有无限的忠诚和坚定的信心”①。

一是自觉自愿投身革命事业。秦基伟在《黄安大捷》中说，黄安战役的胜利确实是人民的胜利。正如歌谣唱的“小小黄安，人人好汉；铜锣一响，四十八万；男将打仗，女将送饭”。鄂豫皖根据地之所以能够始终坚持革命斗争，就是因为人民将党的事业看作自己的事业，在敌人疯狂“围剿”时，广大人民群众能够参军入伍，投身于革命事业，保卫党和苏维埃政权；广大红军的战士也都知道他们为什么打仗、为谁打仗。

二是全心全意支持革命事业。徐向前在《历史的回顾》中指出：“红军的力量在于民众之中。反三次‘会剿’，拖得敌人捉襟见肘，精疲力竭，失败而归，就是因为有广大群众积极配合红军作战。”“红军有了群众的支持，如鱼得水，任我驰骋，这是弱小的红军能够生存、发展、克敌制胜的根本原因”。② 在敌人的反复“围剿”和“血洗”中，人民群众同党和红军生死相依。罗山县长岭岗贫农曾少山一家与便衣队及伤员一起上山躲避敌人“清剿”。敌人搜山时，他的孩子被惊哭了，为了革命同志的安全，他忍泪掐死了自己的孩子。刘伯承在《千里跃进大别山》中也指出：“他们全力支持我军，和我们同生死、共患难，不避风险地掩护我工作人员和伤病员，替部队保存物资、带路、侦察敌情，协助我军战胜了许多难以想象的困难。”

三是以实际行动捍卫革命事业。第一次国内革命战争失败之后，面对险恶形势，绝大多数的共产党员仍然坚定地站在惊涛骇浪里，坚守着自己的岗位，

① 徐向前：《历史的回顾》，解放军出版社1984年版，第73页。

② 徐向前：《历史的回顾》，解放军出版社1984年版，第89页。

领导革命群众与敌人作坚决斗争。中共商城党组织创始人、商城县临时办事处副主任詹谷堂，在敌人连续九天的酷刑审讯中，依然铮铮而言：“天上有多少星星，地上就有多少共产党！”红四方面军和红二十五军相继撤出苏区后，人民群众没有向反动派屈服。“时值冬季，逃到山上的群众挨饿受冻，宁死也不愿下山当国民党的‘顺民’，很多人饿死在山上。”

（二）“牺牲奉献”是大别山精神的鲜明特征

习近平总书记在金寨考察时指出：“一寸山河一寸血，一抔热土一抔魂。回想过去的烽火岁月，金寨人民以大无畏的牺牲精神，为中国革命事业建立了彪炳史册的功勋。”① 刘伯承在1949年谈到千里跃进大别山时说：“他们从大革命到现在，遭受过国民党历次大屠杀和抓壮丁，许多村子荒着没有人住，许多人全家被杀灭口逃出个单身。”② 大别山区先后有200多万人参军参战，近百万人英勇牺牲，仅登记在册的烈士就有130351名，仅金寨县就有10万优秀儿女参加革命壮烈牺牲，烈士占安徽省革命烈士总数的1/5以上。

战争年代，党领导的革命武装在大别山“五进五出”，老区人民在每一次主力转移后都受到敌人残酷摧残和迫害蹂躏。家家有红军、户户有烈士，牺牲奉献成了鲜明特征。黄麻起义后，黄安北乡的农民群众被杀者数以千计，仅在箭厂河的一块不足一亩的田地里就被杀害300余人，鲜血浸透了泥土，人们称这块田为“红田”。1932年，红四方面军撤出根据地后，敌人在金家寨附近的柳树湾、古碑冲和上楼房三处，共枪杀、活埋共产党员、干部、群众5600多人。1934年，红二十五军长征离开后，国民党对苏区进行疯狂“清剿”，所剿之处变成一片废墟，新坟叠叠。赤城县苏维埃政府所在地熊家河被洗劫成十室九空，渺无人烟。1948年，刘邓大军主力转出后，蒋介石对大别山实行“三光政策”，许多地方成了“无人区”。面对血腥屠杀，大别山人民一次次从血泊中站立起来，并踊跃参加红军。就连敌人也惊叹：“民众感受赤化过深，甘心从匪，虽死无怨，是吾清剿前途一大障碍也！”

革命战争时期，大别山区党政军民一不为钱、二不为官，他们一心为了革命的胜利视死如归。正如习近平总书记指出：“老区和老区人民，为我们党领导的中国革命作出了重大牺牲和贡献。这些牺牲和贡献永远镌刻在中国共产

---

① 《习近平在安徽调研时强调全面落实“十三五”规划纲要加强改革创新开创发展新局面》，《人民日报》2016年4月28日。

② 葛红国、裴志海：《大别山岁月》，北岳文艺出版社2015年版，第80页。

党、中国人民解放军、中华人民共和国的历史丰碑上。”①

（三）“一心为民”是大别山精神的本质要求

战争年代，共产党领导人民群众“进行土地革命，开仓廪，分土地，打倒国民党的政权，建立全国苏维埃政权，向着社会主义的方向前进”。《苏维埃政府临时大纲》规定：“苏维埃是工农代表会议，是工农民主专政的政权，是彻底替工农兵谋解放的政权，与地主、资产阶级、国民党政权完全对立。”

一是领导人民当家作主。黄麻起义后，黄安县农民政府成立，其施政纲领就是“实行土地革命，工农武装起来，推翻豪绅地主的统治，建立工农政权，实行民主自由，改善劳动群众生活；实行八小时工作制，增加工人工资；保护商业贸易，保护中小商人”②。正如黄安县农民政府主席曹学楷所说：“我们种田佬每年除了完粮饷送钱把大老爷，或者是被土劣贪官抓着打屁股、关牢房和砍脑壳以外，再不敢进大老爷的衙门。但是，今日我们种田佬、担粪的，公然自己组织政府，自己做起委员来了。这点证明我们革命的力量壮大，证明现在是劳农世界，无产阶级的世界了。”③

二是全心全意保卫人民利益。在持续的反“围剿”斗争中，党组织和军队始终以高度的政治自觉和铁的纪律，处处维护人民利益。1933 年 5 月，中共鄂东北道委第一次扩大会议决议案指出：“务必要使每个支部发动起来，每个党员在争取中心城市的整个斗争中担负一个具体工作，深入到群众中去动员去领导群众，党要严格执行面向群众，对于一切不接近群众、命令群众和在群众中浪漫腐化、作不正确的宣传鼓动的现象作严格斗争。”军队也制定了铁的纪律，徐向前指出：“我们有严格的纪律”，“不拿群众一针一线”，“不拿穷人粮食”，“对穷人态度要和蔼等，因而军队和人民团结一致”④。

三是着力解决人民疾苦。1931 年 9 月，中共鄂豫皖中央分局发出通知：“号召全体党员同志起来仿效胜利的苏联党的办法，执行‘共产党礼拜六’”。并指出：“礼拜六的工作是砍柴、抬木、锯木板，或者做砖瓦石子，如割谷子、运谷子、种粮食，或为机关本身去做，或帮助群众工作，按照物质的需要随时

---

① 《把革命老区发展时刻放在心上——习近平总书记主持召开陕甘宁革命老区脱贫致富座谈会侧记》，《人民日报》2015 年 2 月 17 日。

② 中共河南省委党史研究室、中共安徽省委党史研究室：《鄂豫皖革命根据地史》，安徽人民出版社 1998 年版，第 241—242 页，第 32 页。

③ 中共河南省委党史研究室、中共安徽省委党史研究室：《鄂豫皖革命根据地史》，安徽人民出版社 1998 年 12 月版，第 241—242 页，第 33 页。

④ 徐向前：《历史的回顾》，解放军出版社 1984 年版，第 60 页。

决定某项工作或者事先预计。”在“国民党军阀、豪绅地主百般的封锁，百般的破坏”，“弄得粮食困难成为最严重的问题”的时候，各地党组织和苏维埃政府通过各种途径解决人民群众的实际困难，工农红军利用战斗间隙，帮助农民抢收抢种；给农业发放贷款，帮助贫苦农民解决耕牛、农具、资金的困难等。在人民群众被铺时，积极设法营救被困群众。黄安县三区的地主豪绅诱捕十多名青年，便衣队得知后积极营救，营长率部包围敌人据点，迫使敌人把扣押的青年全部放出，群众欢欣鼓舞。

（四）“永跟党走”是大别山精神的永恒主题

大别山区的人民群众受压迫很深，与官僚、军阀、地主有不共戴天之仇。武装起义成功后，打土豪、分田地，搬掉了压在人民头上的“三座大山”，群众打心眼里拥护革命、拥护共产党。徐向前在《历史的回顾》中写道：“不论男女老少，都知道共产党是领着穷人打天下的。”

一是坚决贯彻党的决策部署。红二十五军根据中央“红军主力要作战转移，去建立新根据地”的战略部署，义无反顾开始了长征。西路军根据中央提出的“以在河西创立根据地，直接打通远方为任务，准备以一年完成之”，“广大指战员在极端困难的条件下，披坚执锐，喋血奋战，历时近五个月之久”。依据毛主席指示的“你们须立即准备突围，以最大决心，坚决奋斗，团结一致，才能克服困难，战胜危险”①，中原军区进行了震惊中外的中原突围。1947 年，国民党军队重点进攻陕北，刘邓收到毛主席陕北“甚为困难”电报，二话没说立即复电，半个月后行动，跃进到敌人后方去，直出大别山。

二是在肃反冤案中依然铁心跟党。张国焘积极推行错误的“肃反”政策，“将近三个月的‘肃反’，肃掉了二千五百名以上的红军指导员，十之六七的团以上干部被逮捕、杀害”。② 就在白雀园“肃反”期间，红四军还向外出击，不断取得战斗胜利。在作战中，有些被诬陷为“反革命”而遭逮捕的干部、战士，当被暂时释放出来并编为“突击队”时，毅然冲锋陷阵，奋不顾身地打击敌人，许多人为革命事业献出了生命。

三是在大是大非面前立场坚定。长征途中张国焘另立“中央”，分裂党和红军，遭到朱德、徐向前等领导人的抵制。同时，红四方面军官兵也支持中央决策，因而使张国焘的分裂行为破产。

---

① 中共中央文献研究室：《毛泽东年谱：1893－1949》下，中央文献出版社 2002 年版，第 76 页。
② 徐向前：《历史的回顾》，解放军出版社 1984 年版，第 152 页。

三、大别山精神的时代传承

面对长期而艰巨的历史任务以及准备进行具有许多新的历史特点的伟大斗争，亟须紧跟时代步伐、善于与时俱进，结合时代条件发扬党的光荣传统和优良作风。

（一）传承大别山精神，始终做到“信念坚定”

“信仰的力量是无穷的。信仰纯洁是共产党人最根本的纯洁。革命战争年代，无数共产党人为了革命的成功，南征北战，流血牺牲，靠的正是坚定正确的政治信仰。和平建设时期，无数共产党人为了社会主义事业，艰苦奋斗，无私奉献，靠的还是坚定正确的政治信仰。改革开放以来，无数共产党人为了国家富强和民族振兴，顽强拼搏，勇往直前，靠的仍然是坚定正确的政治信仰。”① 现实生活中，一些党员干部出现这样那样的问题，说到底是信仰迷茫、精神迷失的原因。今天要实现“两个一百年”奋斗目标、实现中华民族伟大复兴的中国梦，党员干部就要传承大别山“坚贞忠诚”的红色基因，始终做到“信念坚定”，在重大政治考验面前保持坚定的政治定力，树立牢固的宗旨意识。

（二）传承大别山精神，始终做到“奉献奋斗”

习近平总书记在考察安徽金寨时指出：“老区精神积淀着红色基因。在今天奔小康的路上，老区人民同样展现出了强烈的奉献奋斗精神。”② 从革命战争年代“牺牲奉献”到社会主义改革开放新时期的“奉献奋斗”，大别山的红色基因已经成为全党和全国人民宝贵的精神财富。在今天这种精神显得尤为重要，习近平总书记在参观《复兴之路》展览时指出：“中华民族伟大复兴展现出光明的前景”，“展望未来，全党同志必须牢记，要把蓝图变为现实，还有很长的路要走，需要我们付出长期艰苦的努力”。③ 党员干部既然要肩负起这样的历史责任，就要永远保持谦虚、谨慎、不骄、不躁的作风，永远保持艰苦奋斗的作风，勇于变革、勇于创新，永不僵化、永不停滞，为实现党在新时期的目标而奉献奋斗。

---

① 习近平：《扎实做好保持党的纯洁性各项工作》，《求是》2012 年第 6 期。

② 习近平：《我同老区很有感情》，《中国老区建设》2016 年第 6 期。

③ 《习近平谈治国理政》，外文出版社 2014 年版，第 36 页。

（三）传承大别山精神，始终做到“为民服务”

革命斗争中，党同人民风雨同舟、血脉相通、生死与共，既是中国共产党和红军“红旗始终不倒”的根本保证，也是战胜一切困难和风险的根本保证。党的最大政治优势是密切联系群众，党执政后的最大危险是脱离群众。在新形势下，党要把人民放在心中最高位置，就是要传承“一心为民”的红色基因，“为民服务”就是“党的干部必须做人民公仆，忠诚于人民，以人民忧乐为忧乐，以人民甘苦为甘苦，全心全意为人民服务”。[①] 顺应人民群众对美好生活的向往，保证人民平等参与、平等发展权利，使改革发展成果更多、更公平地惠及全体人民，朝着实现全体人民共同富裕的目标稳步迈进。

（四）传承大别山精神，始终做到“心中有党”

中国共产党的领导，是中国革命、建设、改革不断取得胜利最根本的保证。在革命战争年代，人民群众铁心跟党走，实现了中国从几千年封建专制政治向人民民主的伟大飞跃。在新时代，面对复杂的国际、国内环境，中国共产党要带领中国人民从站起来到富起来、强起来的伟大飞跃，实现中华民族的伟大复兴，就更需要党员干部传承“永跟党走”的红色基因，时刻谨记“心中有党”，“在思想上政治上行动上始终同党中央保持高度一致，对党忠诚、为党分忧、为党担责、为党尽责，竭尽全力完成党交给的职责和任务”[②]。

大别山精神诞生于革命战争年代，在历史上激励和支撑着大别山党政军民为了中国革命的伟大事业而英勇奋斗，并创造了辉煌的业绩。虽然历史已经离我们远去，但大别山精神仍然是我们宝贵的精神财富，需要不断传承和发展创新，丰富社会主义文化内涵，不断增强全党全国各族人民的精神力量。

（作者：邓正霖）

---

① 《习近平谈治国理政》，外文出版社 2014 年版，第 413 页。

② 习近平：《在纪念朱德同志诞辰 130 周年座谈会上的讲话》，《人民日报》2016 年 11 月 30 日。

第二十三篇

鄂豫皖革命根据地苏区群众工作经验

鄂豫皖革命根据地位于湖北、河南、安徽三省边界地区。第一次国内革命战争失败后，1927 年 11 月，共产党人潘忠汝、吴光浩、戴克敏、曹学楷等领导黄安（今红安）、麻城农民起义，建立革命武装，开展游击战争。1928 年至 1929 年先后建立了鄂豫边、豫东南、皖西三个革命根据地。1930 年 4 月，三个根据地连成一片，成为鄂豫皖革命根据地，并先后粉碎国民党军的三次“围剿”，将根据地扩大到包括黄安、麻城、商城、光山、六安、霍山、英山等 26 个县。鄂豫皖根据地先后诞生了红四方面军、红二十五军、红二十八军等主力红军，在第四次“围剿”失败后，红四方面军主力撤出根据地，向川陕地区转移。留下的红二十五军和当地人民一起继续坚持游击战争。可以说鄂豫皖根据地在开辟、发展、壮大过程中，当地的人民群众是最终的决定力量，“如何发动群众、如何依靠群众”，鄂豫皖根据地共产党在实践中摸索出一系列行之有效的群众路线工作经验。

一、高举宣传大旗，做好群众工作

宣传工作就是发动群众、说服群众、引导群众，从根本上讲就是把党的主张和路线、方针、政策等宣传到广大人民群众中。毛泽东在《论持久战》一文中指出：“如此伟大的民族战争，没有普遍和深入的政治动员，是不能胜利的……怎样去动员？靠口说，靠传单布告，靠报纸书册，靠戏剧电影……”① 虽然这是在 1938 年 5 月发表的，但这也是在中国的长期革命实践斗争中总结出来的经验，对鄂豫皖革命根据地也同样适用。

① 《毛泽东选集》第二卷，人民出版社 1991 年版，第 480—481 页。

鄂豫皖根据地的宣传形式是多种多样的，其中最主要的是通过报刊与宣传队。报刊是我党采取的重要文化宣传形式，有党报党刊、红军报刊、群众团体报刊、时政性报刊、专业性报刊。这些报刊都十分重视宣传的效果，所以其中的绝大部分文章不但观点鲜明，而且能结合当地群众的实际情况，注重宣传对象的特点，避免空洞、语言通俗、言简意赅。同时，这些报刊反应灵敏，能较快地将国内外的大事，尤其是党在各个时期的路线、方针、政策，以及作战情况及时报道出来，让当地群众能及时接受新事务。据不完全统计，至1932年春天有近50种出版物，如鄂豫皖特委发行的《党的生活》《列宁周报》，军委政治部发行的《红色战士》《红军党的生活》，皖西北特委发行的《火花》半月刊、《红旗》双月刊，黄安县委发行的《群众》，霍邱县委发行的《红光日报》等。宣传队在根据地出现得很早，早期只在纪念重大活动、重要纪念节时进行宣传，活动结束以后即刻解散。1931年10月，鄂豫皖分局决定宣传队由临时组织改为经常性组织，之后相继成立工会宣传队、妇生改善会宣传队、贫农团宣传队、赤卫军宣传队、童子团宣传队等。这一时期的活动比较多，形式也多样化，如政治演讲、随军宣传、张贴标签、散发传单、张贴标语、表演节目、漫画宣传等。宣传队用灵巧多变的形式向群众做好宣传工作，这些宣传鼓动不仅使党的路线、方针、政策深入人心，取得了良好的效果，也使鄂豫皖根据地军民精神生活丰富多彩起来，提高了军民的政治思想觉悟，使党的方针、指示变成群众的自觉自发行动来支持根据地的建设。

二、建立群众组织，开展群众运动

《鄂豫边第一次全体代表大会苏维埃问题决议案》中指出："党应该特别注意工人和劳苦农民的组织，因为他们是农村中拥护党的政策的主要成分。"1928年6月，根据当时革命形势的发展，党组织派出铁匠出身的党员在河南柴山保串联铁匠、铜匠、银匠组成修械小组，为红军修理枪支，制造大刀、长矛和"撇把枪"。1931年4月上旬，国民党军队对鄂豫皖革命根据地发动了第二次"围剿"，鄂豫皖军委兵工厂被迫从河南迁到湖北省黄安县。接着，建在河南省新县黄谷畈的红军造枪局与黄安县席家岗的红军修械所、鄂豫皖军委兵工厂合并，从此工厂规模扩大，职工达300余人。随着各种工厂的建立，工人队伍从无到有，由少到多，一步步地壮大起来。1931年4月，鄂豫皖苏区召开全区第一次工人代表大会，成立了鄂豫皖特区总工会。鄂豫皖苏区工会成立以后，领导包括产业工人、雇农、手工业者在内的全区人民，在开展土地革命，根据地的建设，保证红军人力、物力的供给，以及支援革命战争等方面做了大量的有重要影响的工作。在土地革命过程中，农村雇工是土地革命的主要依靠力量，大量的农村雇工、贫农、中农结成联盟一起向封建势力进攻，摧毁封建势力，无地少地者分得了土地，从而在土地革命中发挥重要影响。

此外，鄂豫皖革命根据地会根据各时期工作需要开展群众运动，调动人民群众的积极性，如鄂豫皖革命根据地在国民党第四次“围剿”后，苏维埃政权遭到破坏，粮食供应受到严重影响。在中央看来，鄂豫皖根据地的粮食危机“只有在耕种中厉行最大的组织的努力才能克服，其人再也没有出路”，因此根据地组织全体工农武装总动员，使用竞赛的方式激发群众开展“春耕夏收、秋收秋耕”运动，解决粮食缺乏问题。1931 年 9 月 10 日，鄂豫皖革命根据地正式提出“举行共产党礼拜六”的号召，最好是固定周举行一次。一个区域或一个机关因工作关系可定在不同日期或分班进行，礼拜六的工作就是砍柴、抬木、锯木板，或割谷子、运谷子、种杂粮，或为机关，或帮助群众工作，可按照物质的需要随时决定某项工作或事先预计。在礼拜六活动中，鄂豫皖苏区党政机关的党员干部利用空闲时间与当地群众一起参加体力劳动，与群众融入一体，帮助群众做了很多好事，与群众取得了亲密的联系，赢得了广大人民群众的拥护与爱戴。

三、编写革命歌谣，鼓舞群众斗志

鄂豫皖苏区党组织非常重视思想文化建设，注重利用戏曲、歌谣等百姓易于理解与乐于接受的形式来传播革命思想，鼓舞群众的革命斗志。鄂豫皖革命根据地建设时期出现了很多大家耳熟能详的革命歌谣，这些歌谣不仅内容简单易懂，唱起来也是朗朗上口，易于在群众间传唱。通过这种口口相传的方式将革命思想传播到更广阔的地方，并深入人心。

黄麻起义时，起义军高唱《黄麻暴动歌》：“民国十六年，革命大发展，湖北黄麻县，就把革命办……义勇队成立，防务会不变，军阀土豪反动走狗，一律要杀完。”黄麻起义失败之后，部分革命军转战到天台山，吴焕先教战士唱自编的歌谣：“深山密林是我房，沙滩石板是我床。尽管敌人逞凶残，坚决斗争不投降……”苏维埃政权建立后，鄂豫皖边区受苦受难的人们翻身做主，实现了工农民主专政，成了国家的主人。鄂豫皖苏区人民不仅坚决拥护苏维埃政权，为了表达广大劳苦群众翻身得解放和庆祝苏维埃政府成立时的喜悦心情，共产党员、佛堂坳小学校长罗银青在商城县工农革命委员会成立时创作了著名革命歌曲《八月桂花遍地开》。这首歌采用了大别山流行曲调“八段锦”，内容朴实、通俗易懂，深受当地百姓喜爱。后来这首歌从鄂豫皖唱到川陕边，再唱到陕甘宁地区。直到现在，提起这首《八月桂花遍地开》还有很多人都能不自觉地哼唱起来。

除此之外还有《黄安谣》《为什么贫富不均》《三大纪律八项注意》《红军纪律歌》等歌曲，这些歌曲形式自由，旋律明快，通俗易懂，成为向群众宣传的一种有效方式，既鼓舞了群众，也教育了党员干部，成为群众工作的有力武器，极大地激发了工农群众的革命热潮。

四、以身作则，干部率先垂范

以身作则，发挥党员的率先垂范作用，是维护党的形象，取得群众信任的重要基础，在鄂豫皖根据地，党组织发展党员的一个重要考察条件就是“党员的模范作用”。

1930 年，随着以柴山保为中心的革命根据地迅速发展，逐步成熟，党组织召开苏维埃工农兵代表大会。在这次大会上，特别强调“干部的自身教育，严格要求干部秉公办事，联系群众，发扬民主作风，不脱离劳动，积极工作，反对官僚主义、滥权舞弊、腐朽作风和浪费等行为。不能胜任的干部予以撤换，对违法乱纪的干部绳之以法，严加处理”。徐向前在回忆录中说，共产党员“吃苦在前，冲锋在前，行军要帮助背人、背枪、背行李，到了宿营地主动烧开水、烧洗脚水，还要做群众的思想工作”，“官和兵不太分得出来。吃一样的饭，睡的都是民房，铺的都是稻草”。

鄂豫皖根据地党组织从严治党，实行在党的纪律面前人人平等的原则，谁犯错谁受罚，不管职位的高低，使党员干部始终自觉保持党的先进性与先锋模范作用，如六安中心县委书记舒传贤，因为当时的炊事员手部受伤严重，无法继续下厨做饭，一时难以找到会做饭的人代替，于是自作主张跑回家叫自己的爱人陈春如临时代替，这虽然看似普通平常的事，但是在当时违反了党组织的规定，结果受到党组织“书面警告”的处分。这份处罚单尽管在我们现在看来处理得不尽合理，但是舒传贤还是态度诚恳，虚心接受了处罚，并作出了深刻检讨。蔡申熙是中国工农红军高级指挥员、军事家。1931 年他任鄂豫皖省苏维埃政府工农监察委员会主席，在一次战斗中受伤了，组织上为照顾他送来一些食品，他经常把食物送给战士，甚至把自己的衣服也送给有需要的战士。当时组织规定每月领取的生活费是 30 元，但他每次都只领取一半，把剩下的钱留给组织。

五、深入群众，体察民情

群众工作中最重要的一点就是要与人民群众拉近距离、贴近群众，鄂豫皖根据地政府强调，每一位党员干部都不能高高在上、轻视群众，要亲自深入到人民群体中，去聆听人民群众的心声，了解他们的所思所想，真心实意地帮助当地群众解决实际困难，维护群众的切身利益，真正做到为人民服务。

李先念是苏维埃政府主席，他很注重群众工作。在抗战时期，李先念等鄂豫皖革命根据地的各级党组织都把群众当亲人，他们经常身着农民衣装，穿着草鞋，参与到当地生产建设中，帮助群众春耕秋收、兴修水利等，当地的百姓流传着这样一首民谣："李师长，种南瓜，种的南瓜人人夸。陈大姐，种白菜，种的白菜人人爱。"徐向前到了鄂豫边，总是和群众打成一片，没有什么官架子，对待百姓和蔼可亲，取得了当地干部和群众的信任。他说只有这样，我们党才能立住脚展开工作。

一个政党想要发展壮大，想要成功贯彻其政治路线和政策议程，就必须深入群众，聆听人民群众的声音，汇总整理并分析群众的意见，取其精华，去其糟粕，并在实践中检验是否正确，及时发现和纠正错误。

六、结语

人民群众是历史的创造者，是社会变革的决定力量，同时也是我们党的事业的胜利之本和力量之源。鄂豫皖革命斗争时期，我党紧密依靠广大人民群众的力量与智慧、始终践行群众观点和群众路线，争取到最广大人民群众的支持和拥护。正是有了群众的积极参与，鄂豫皖苏区才能够在1932年秋达到鼎盛时期，并取得三次反"围剿"的胜利。在苏区和三年游击战争的艰难时期，鄂豫皖苏区经受着前所未有的严峻考验，即使如此，鄂豫皖苏区的革命红旗一直屹立不倒，究其原因，很重要的一点就是扎实有效的群众工作以及因群众支持而产生的巨大力量。

党在鄂豫皖苏区革命时期，在密切联系群众、紧紧依靠群众等方面积累了许多宝贵的经验，这些经验不仅是鄂豫皖革命斗争取得胜利的保证，而且在今天对我们党的群众路线工作也有一定的借鉴意义。

（作者：尤瑞红）

第二十四篇

鄂豫皖革命根据地上屹立的坚实制度

——人民检察制度的研究

土地革命战争年代，中国共产党领导人民武装夺取政权。在那个波澜壮阔的革命战争年代，人民军队浴血奋战，艰苦卓绝，取得了革命的胜利。在全国创建了井冈山、中央、湘鄂西、鄂豫皖、湘鄂赣等革命根据地。在这些革命根据地中，先后建立了湘鄂西、鄂豫皖两个中央分局。为捍卫和巩固红色政权，保护革命成果，中国共产党一边进行武装斗争，一边进行政治经济文化等建设，还不断加强法制建设，运用法律武器同敌人作斗争。

一、鄂豫皖革命根据地检察制度的雏形

鄂豫皖革命根据地是与中央革命根据地及湘鄂西、湘鄂赣等根据地遥相呼应的重要战略区域。而且鄂豫皖革命根据地中的金寨县更是兵家必争之地，在这里先后建立了12支主力红军队伍，从而成为红四方面军、红二十五军和红二十八军的主要发源地。革命战争年代，金寨县有10万多人民投身军队，绝大多数为国捐躯。从红军队伍中成长出59位开国将军，是全国第二大将军县。这里被誉为“红军摇篮，将军故乡”。这只是一个金寨县，整个鄂豫皖革命根据地更是英雄辈出。全盛时期，根据地有6座县城和26个县政权，总面积约4万平方千米，人口350万，主力红军发展到4.5万余人，地方武装20万余人，红四方面军是中国工农红军三大主力之一。

在旧中国，大别山地区的人民终年不得温饱，挣扎在饥饿、死亡线上。在这里曾经有农民爆发的抗租、分粮、驱逐外国传教士等斗争。1921年11月以后，鄂豫皖革命根据地相继建立了共产党组织，一些年轻的外出上学的学生首先把革命思想带回了这里。于是像星火燎原般，革命火种撒遍这里每个角落，

最开始只有年轻人、知识分子接受，渐渐地这种民主思想深入群众基层，革命烈火熊熊燃起，势不可当。在这里，我们党建立了地方政权，一套相当完备的政权体系应运而生。虽几经周折，不断失败，却依然挡不住鄂豫皖革命根据地人民前进的坚定步伐，用凤凰涅槃的勇气在这片土地上守护着家乡。

1931 年 7 月 1 日，在召开的鄂豫皖苏维埃第二次代表大会上选举产生了人民委员会和工农检察委员会。人民委员会下设革命法庭和政治保卫局，革命法庭内设国家公诉处和国家公诉员，人民检察制度的第一个国家公诉处和国家公诉人就此诞生了。颁布了《工农检察委员会条例》，规定工农监察委员会承担一般法律监督、检察革命根据地工作人员贪污、腐化和徇私舞弊的职能等，革命法庭的国家公诉处承担对刑事案件的公诉职能，政治保卫局承担批捕及对部分政治案件的公诉职能等。不久，又制定了《政治保卫局工作条例》《革命法庭的组织及其政治保卫局关系》《各种委员会工作概要说明》等法律法规，使革命法庭（国家公诉处）、政治保卫局的职责更加明确，办案规程更加明确具体。鄂豫皖革命根据地的人民检察制度在具备检察组织机构、检察人员配置和检察工作规程的基础上正式形成。

相对于今天的人民检察制度以及法律制度，鄂豫皖革命根据地的人民检察制度简单得多，而且又不那么完善。但是在土地革命战争年代能拥有这样的机构已经很好了，全国革命根据地遍布 16 个省 300 多个县，据不完全统计，总面积约 20 万平方千米，人口约 1500 万。革命根据地的斗争在人民群众的密切配合下，在人民司法机关的公平正义执法的配合下，沉重地打击和削弱了国民党反动派的黑暗统治，使中国革命深入人民心中。我党集全党智慧，正确运用马克思主义和中国革命实践相结合，总结革命战争时期的斗争经验，找到了一条挽救中华民族的道路。鄂豫皖革命根据地也在“左”倾错误路线中，实践出来正确的路线和一系列方针政策，形成优良的革命传统和作风，培育了大批工农红军和数以百计的地方武装力量，造就了一批领导骨干，积累了革命根据地建设和治国安民的经验，积累了我党运用法律武器打击敌人、保护人民、巩固政权的斗争经验，使中国共产党逐步发展壮大并走向成熟，为中国革命的胜利作出了巨大贡献。

二、鄂豫皖革命根据地人民检察制度的发展过程

关于人民检察制度的开启，鄂豫皖革命根据地也是较有发言权的，在这里具有人民检察性质的司法制度形成得最早。土地革命战争时期，中国共产党领导开辟的革命根据地，在武装夺取政权进行法律制度建设的初期，人民司法制

度尚不健全，检察制度也如雾里看花一般不明显，这是不争的事实。据了解，鄂豫皖革命根据地的人民检察制度产生于1931年，比其他革命根据地的产生时间要早。例如川陕革命根据地是1935年建立，其设置基本与鄂豫皖革命根据地一致。红二十五军在长征途中不但传播革命火种，而且也把鄂豫皖革命根据地的政权执行制度带进去。

1931年，鄂豫皖革命根据地召开了鄂豫皖第二次苏维埃代表大会，大会通过了《鄂豫皖苏维埃政府临时组织大纲》，选举产生了人民委员会和工农监察委员会。人民委员会下设革命法庭和政治保卫局，是鄂豫皖革命根据地的司法机关，分别担负着不同的人民检察职能，共同构成了在中国共产党领导下的鄂豫皖革命根据地的人民检察体系。

第二次苏维埃代表大会还选举产生了人民委员会，人民委员会下设革命法庭，卫祖胜任主席（工农检察委员会副主席）。此次大会制定的《鄂豫皖苏维埃政府临时组织大纲》及随后制定的《鄂豫皖区苏维埃政府革命法庭的组织及其与政治保卫局的关系》和《鄂豫皖区苏维埃政府各种委员会工作概要说明》，对革命法庭的机构设置及职能进行了规定。为建立健全革命法庭组织，鄂豫皖第二次苏维埃代表大会关于《鄂豫皖苏维埃政府临时组织大纲》条文中，对革命法庭的内部设置作了概要说明。同年10月4日和10月28日，又在《鄂豫皖区苏维埃政府革命法庭的组织及其与政治保卫局的关系》和《鄂豫皖区苏维埃政府各种委员会工作概要说明》中，对革命法庭的机构和职能作了进一步具体的、明确的规定，使革命法庭既有明显的宗旨又有一套比较完整的组织机构。

鄂豫皖革命根据地于1931年2月初就成立了政治保卫局，机关设在湖北省黄安县紫云区戴士英祠堂，1931年6月迁至新集。1931年7月1日，在召开的鄂豫皖第二次苏维埃代表大会上，以立法的形式在人民委员会内设置政治保卫局，局长周纯全，副局长曾传六。政治保卫局设局长一人，委员若干人，内设机构有办公室、执行科、审讯科、保卫科、看守队和特务队。县级设政治保卫局分局，区级设政治保卫局办事处，乡级以下不设政治保卫局机构。政治保卫局的职能包括很多权力，如侦查权、逮捕权、预审权、国家公诉权，在“肃反”扩大化中，负有审判权和处决权。可见，政治保卫局拥有很大的决定权，但是由于权力过大，运用不当就可能引起骚动。在“肃反”扩大化中，政治保卫局的职能被扭曲，成为个别人执行“左”倾路线、排除异己的工具。

实践证明，为保卫苏区的安全、巩固苏区的建设，法律赋予政治保卫局以适当的特权是必要的。但如果特权不受约束，脱离了党委和政府的领导，独行其是，必然成为少数人排除异己的工具，必将造成许多冤假错案，在人民军队和人民群众中造成恶劣的影响，给革命造成重大损失。这种权力带来的膨胀感实不可取。无论是在战争年代，还是如今新时代社会，权力都是一把“双刃剑”。领导干部必须意识到权力是一种责任、一种义务、一种约束、一种压力。把权力关进制度的笼子里，要加强对权力运行的制约和监督，让人民监督权力，让权力在阳光下运行。强化自上而下的组织监督，改进自下而上的民主监督，发挥同级相互监督作用，加强对党员领导干部的日常管理监督。只有这样，一个党、一个组织才能立于不败之地。

三、鄂豫皖革命根据地人民检察权的履行

黑格尔说过：凡是现实的都是合乎理性的，凡是合乎理性的都是现实的，也就是所谓的“存在即合理”。我们的鄂豫皖革命根据地人民检察制度，顺应历史发展，是应运而生。鄂豫皖革命根据地在武装斗争夺取政权和各项事业建设过程中，革命队伍里出现了一些叛变投敌、贪污腐化等危害政权稳固的现象，对此工农监察委员会、革命法庭、政治保卫局积极发挥其职能作用，有力打击和惩治了反革命、贪污腐化、徇私舞弊等犯罪行为，较好地维护了根据地的建设和发展。

1927 年，确山县临时治安委员会成立后，为实现人民当家做主清除不法分子，保护群众利益，公开审判了军阀县长王少渠，释放了无辜群众。1932 年 7 月，在国民党反动派对鄂豫皖苏区进行第四次“围剿”的严峻时刻，游击队长吕正勇（系红安县第四区一乡六村人），伙同村民潘何厚替土匪当侦探、送信，并屡次为土匪引路，企图破坏苏区政权。红安县苏维埃政府革命法庭主席闵丹桂带人将二人抓获，经审判后判处死刑，公开处决。另外，政治保卫局秘密逮捕并处决了叛变投敌的张德山。鄂豫皖区苏维埃政府一名司务长利用职务之便，贪污大洋 20 块，被逮捕并判处死刑。杨山煤矿的经理高振武利用职务之便，采用做假账的手段贪污销售款 1000 块大洋。查明案情后，革命法庭判处高振武死刑。被服厂的女职工将公家物品带回家供自己和家人所用，查明情况后，被处以死刑。

鄂豫皖革命根据地一边进行革命斗争，一边运用法律武器捍卫斗争的果实，同反革命、贪污腐化、徇私舞弊等犯罪行为作斗争，纯洁了革命队伍，净化了革命斗争环境。尽管在当时的历史条件下司法机关的作用发挥有局限性，但所起的作用还是不容忽视的。

四、鄂豫皖革命根据地的人民检察制度的历史贡献

鄂豫皖革命根据地的历史，是中国共产党历史的重要组成部分。它同其他革命根据地一样，都是由许多杰出领导人和成千上万优秀共产党员及广大人民群众一起用鲜血谱写而成，鄂豫皖革命根据地的党组织、红军队伍和广大人民群众都为着同一个梦想，凝聚成一股结实的力量。这股力量让中国的革命事业虽经坎坷，却不畏艰险，勇往直前。在鄂豫皖革命根据地的创立与发展过程中，为维护工农民主专政，中国共产党领导人民大众在利用武装暴动进行斗争的同时，不断加强法制建设，积极运用法律武器同敌人斗争。尽管当时的法制建设还不完善，又受到“左”倾政策的影响，但从革命根据地全过程上看，毕竟各种法律法规还是得到了不同程度的执行，对革命根据地和红军的巩固与扩大起了重要作用，并对依法治国做了十分有益的尝试，积累了经验与教训。

第一，保卫和巩固了鄂豫皖革命根据地的民主政权。鄂豫皖革命根据地在这一时期的检察工作，其中心任务始终是以检察职能服务革命斗争，维护革命秩序，保卫和巩固革命根据地的人民政权。这一时期，各级各类检察机关工作人员认真履行职责，积极投入工作，在打击敌人、保护人民、支援革命等方面做了大量的卓有成效的工作，为革命民主政权的巩固、为打破国民党反动派的“围剿”，乃至为取得抗日战争和解放战争的胜利作出了重要贡献。这一时期的检察人员，尤其是国家公诉人员在反“围剿”、反颠覆、反封锁、反腐败斗争中，充分发挥工农民主专政职能，积极运用公诉职能严厉打击各种反革命组织和活动，严厉打击各种刑事、经济犯罪。检察工作为支持革命战争，保障了革命群众的人身权利和一切法律上应得的权利。

第二，开创性地进行了一次马克思主义法制思想启蒙实践。鄂豫皖革命根据地的人民检察制度诞生于艰苦的战争环境中，这种法制实践对我们广大的人民群众来说是一次马克思主义思想的洗礼。检察工作实践这种法制启蒙和宣传作用在土地革命时期尤为明显。在我们大多数人心中，中华民族是一个古老的民族，有上下五千年的辉煌历史，当然封建思想观念会根深蒂固，这在苏维埃新政府的建设上是一个很大的阻碍。鄂豫皖革命根据地的工农检察委员会在检察工作中，一方面运用国家强制力通过检察监督、查处违法行为等手段，保障苏维埃各项法律法令的贯彻实施。另一方面，鄂豫皖革命根据地的检察人员一手抓办案，一手抓教育预防，在案件查处中重视对案件本身的教育功能，既打击犯罪，又宣传法制预防犯罪，同时也让群众参与办案。这对于检察制度本身就是很好的宣传，从各个层面彰显苏维埃法制的基本原则，使人人深切体会到

苏维埃一切权力属于人民，法律面前人人平等。在鄂豫皖革命根据地的人民检察制度中播下了马克思主义法制思想的种子，这为以后的法制建设埋下了深厚的根基。

第三，为我国人民检察制度建设积累了宝贵经验。最高人民检察院原检察长贾春旺在《加强理论研究构建中国特色社会主义检察理论体系》中强调，要加强对检察权配置的研究。检察机关的职权配置是否科学合理，关系到检察机关能不能履行好宪法和法律监督职责。一是赋予检察机关职务犯罪侦查权，这是宪法赋予检察机关法律监督职能的需要，是建设法治国家，依法治国的必然要求，是建设有中国特色社会主义法治国家的具体体现。二是公诉权是检察权的重要组成部分。鄂豫皖革命根据地的工农检察委员会、革命法庭、政治保卫局三个司法机关均担负有检察职能。除革命法庭里的国家公诉处担负有公诉权外，政治保卫局在必要时也担负着公诉权。三是司法机关之间分工负责，互相配合，互相制约的原则。鄂豫皖革命根据地建立了司法机关，除规定各个司法机关的职责外，还明确规定了司法机关之间的相互关系。在行使职能时，他们互相配合、互相协作、互相制约、互相监督。保证了案件依法办理，维护了鄂豫皖革命根据地法律的正确统一实施，为革命根据地创造良好的法制环境。

五、结语

鄂豫皖革命根据地从建立的那一刻起，就是代表着人民群众，就是全心全意为人民。它的人民检察制度服务了党，更是让群众看到了希望。一个民族有一群仰望星空的人，才有希望。鄂豫皖革命根据地的机构设置、政权的执行能力都让群众有了生存以及生活下去的期望。打破了几千年来的封建顽固思想，“官”不再是遥不可及，“民”也不再是最卑微的。鄂豫皖革命根据地人民检察制度在如今看来过于简单，有的操作甚至过于粗鲁。然而，万事开头难，革命的成功都是用鲜血换来的，这其中的牺牲不计其数。但我们的民主要敢于尝试，敢于向新事物抛橄榄枝，这本身就是不可阻挡的胜利。

（作者：王亚丽）

第二十五篇

中原大战时期鄂豫皖革命根据地的发展

土地革命时期，鄂豫皖三省党组织按照党的八七会议精神，高举武装斗争的旗帜，先后举行黄麻起义、立夏节起义、六霍起义等多次起义，组建了中国工农红军，开辟了以大别山为中心的鄂豫皖革命根据地。根据地的军民在党组织的领导下进行了英勇斗争，巩固和发展了革命根据地，使革命的红旗始终飘扬在大别山上。

鄂豫皖地区的革命之所以能够长期坚持，除了有中国共产党的有力领导，人民群众的大力支持，主力红军的英勇作战外，国民党新军阀内部的矛盾与战争也在客观上给根据地的创建和发展创造了条件。毛泽东曾指出："因为有了白色政权间的长期的分裂和战争，便给了一种条件，使一小块或若干小块的共产党领导的红色区域，能够在四周白色政权包围的中间发生和坚持下来。"①

1930 年爆发了中国近代史上规模最大，耗时最长的一场军阀战争——中原大战。国民党两派军阀几乎倾巢而出，投入兵力超百万以上，战况十分激烈。这场历时 7 个月的战争消耗了蒋介石大量的精力，使其无法分心再组织有效兵力对鄂豫皖地区的红军进行"围剿"。因此，鄂豫皖地区的党组织迅速抓住了这次机会，充分利用军阀混战的有利时机，巩固和发展根据地，壮大了鄂豫皖边区革命根据地的实力。

一、中原大战前的形势

（一）国民党所处的困境

1930 年，蒋介石的南京政府虽然取得了多次军阀战争的胜利，但是时局对

① 《毛泽东选集》第一卷，人民出版社 1991 年版，第 49 页。

其而言依旧不容乐观。连年的军阀内战消耗了大量的国库财政，宋子文推行的卖国主义金融政策把中国深深拖进了世界资本主义的经济危机之中，中东路事件引起的中俄武装冲突也迟迟没有和解。然而对于蒋介石来说，最严重的仍然是政治危机。一方面，国民党内部的矛盾还没有解决，反蒋的势力依然存在。经过 1929 年几次新军阀混战，桂系、冯系，张发奎等虽先后遭到了沉重的打击，但依然与南京政府保持对立，随时准备反击。除此之外还有东北的张学良和山西的阎锡山，二者都保存着强大的实力。另一方面，改组派继续串联反蒋，并频繁活动，利用南京政府的腐化堕落到处宣传，给蒋介石的南京政府造成了很大的麻烦。

此时，中国共产党所领导的红色革命也正在蓬勃发展着，灾难深重的中国人民在绝望中看到了中国共产党燃起的星星之火已趋燎原之势。国民党政权的反动统治越来越不得民心，人民群众参加土地革命斗争的热情越来越高涨。伴随着农民运动的不断发展，农民起义的此起彼伏，人民革命力量日益壮大，沉重打击着国民党的统治，这也是南京政府存在政治危机的根本原因。

（二）大战前鄂豫皖地区革命的形势

鄂豫皖地区的党组织通过土地革命，领导边区军民广泛发动游击战争，多次打败了国民党反动派和地方民团的进攻和“围剿”，建立了工农革命的武装和政权。从 1928 年到 1930 年春季，边区三省党组织先后建立了鄂豫边革命根据地、豫东南革命根据地和皖西革命根据地，组建了中国工农红军第十一军第三十一、三十二、三十三师，另外还成立了多支农民赤卫队。在多个县城成立了苏维埃政府，区、乡等基层革命政权也先后普遍建立。

到 1930 年 4 月，鄂豫边革命根据地已发展到北起晏家河、宣化店，南到黄陂北部，东临黄土岗、福田河，西达汪洋店、小何溪。在此纵横 170 余里的范围内，除七里坪、黄安城、八里湾三个孤立的敌人据点之外，都是根据地的基本区域，人口达 50 万。皖西方面，形成了东起淠河，西接商南，南抵金家铺、水吼岭，北起白塔畈、丁家集，纵 200 余里、横 100 余里，人口 40 多万的革命根据地；豫东南方面，南起松子关、长岭关，北到段集，西到大木厂、东岳庙，纵横约 150 里，人口也近 40 万。

此时的鄂豫皖边区革命根据地已初具规模，但三个革命根据地的党组织之间主要通过召开联席会议和交换文件的方式来保持联系和步调一致，并没有统一的领导机构。尽快在大别山区成立一个统一的领导机构，凝聚三省边区革命力量巩固和发展根据地，成为一项重要的战略任务。因此，这时候国民党蒋介石和阎锡山等人酝酿的“中原大战”给鄂豫皖边区革命根据地的整合提供了十分有利的契机。

二、中原大战时期鄂豫皖革命根据地的发展

（一）鄂豫皖革命根据地的统一

中原大战是从蒋介石和阎锡山的电报争论开始的。1930 年 1 月 22 日，阎锡山公开发表反蒋演说，提出建立“整个的党，统一的国”，反对蒋介石把持中央大权。2 月 9 日，蒋介石发电报回应：“武力平定两广，极为把握。”面对蒋介石的威胁恐吓，阎锡山不甘雌伏，随即回复电报。以此为开始，双方主要围绕着国家统一的方式、治党治国的原则以及国民党三届中央的合法性等展开了为期两个月的电报论战，一直到中原大战爆发，双方才停止了这场“辩论赛”。

在双方吵得不可开交之时，中共中央对鄂豫皖边区的革命斗争发展作出了重要的指示。1930 年 2 月底，由中共中央组织部部长、军委书记周恩来主持，中共中央在上海召开会议，讨论了关于鄂豫皖边区革命根据地的问题，对根据地之后的发展作出了重要的部署，并派遣郭述申、许继慎、曹大骏、熊受暄等人前往鄂豫皖边区担任党和红军的领导。3 月，由曹大骏主持在湖北黄安箭厂河召开鄂豫皖边区党代表大会。按照中央指示，会议选举成立了中共鄂豫皖边特别委员会，由郭述申、许继慎、曹大骏、甘元景、何玉琳、王平章、姜镜堂、周纯金组成常务委员会，郭述申任书记。4 月，由郭述申主持召开鄂豫皖边特委和红军领导干部会议，传达中央关于组建红一军及其军事工作的指示，组建了红一军前敌委员会，宣布将红十一军三十一师、三十二师、三十三师改编为红一军，许继慎任军长，曹大骏任政治委员，徐向前任副军长，熊受暄任政治部主任。至此，鄂豫皖边区形成了党对鄂豫边、豫东南、皖西三块革命根据地的统一领导。

（二）根据地在大战期间的发展

1. 国民党两派的战略布局

蒋介石对反蒋派采取的“紧缩”政策和打击手段，正好促进了反蒋势力走到一起，组成反蒋联合阵线共同讨蒋。反蒋各派虽因党政组织机构问题产生了很大的分歧，最终没有达成统一意见，但在军事上合作得比较顺利。因阎锡山的军事势力最大，各派共同推举阎锡山为盟主，参加的军事实力派主要有阎系、冯系、桂系和石友三等，政治派有西山派和改组派。汪精卫主持党务，冯玉祥负责前线军事指挥，阎锡山总揽军政大权。经过协商，1930 年 4 月 1 日，

阎锡山在太原宣誓就任中华民国陆海空军总司令。同一天，冯玉祥、李宗仁分别宣誓就职，随后其他将领也分别通电就职。在总司令部及各方面军成立后，反蒋联军的军事部署也基本完成。联军集中约 70 万大军，分别在陇海线、津浦线、平汉线以及粤汉线四路进军。其战略意图是沿津浦线南下的晋军（第三方面军）与陇海线上的西北军（第二方面军）及石友三部（第四方面军）合力攻占济南，推向徐州，威胁南京。桂系军队（第一方面军）沿粤汉路北上，与沿平汉线南下部队合力夹击湖北蒋军，会师武汉。之后联军合力围攻南京，一举推翻蒋介石的南京政府。

蒋介石面对反蒋联军的偌大阵势亲自担任总司令，调集主力部队与依附的各派系军队，投入对反蒋联军的作战。蒋介石认为“阎逆实为祸首，冯逆同为逆魁。其余桂逆等尚属局部之患”，因此其战略意图是将主力部队开往陇海战场，企图以强大的军事实力迅速击破阎冯军力，然后乘势南下，瓦解其余反蒋势力，迅速取得胜利。

2. 红一军兵分两路出击

5 月 11 日，“中原大战”正式打响。这场决战是以双方围绕着争夺陇海线上的战略要地归德开始的。蒋介石凭借装备精良、兵种齐全，有德国军事顾问团的指挥等优越条件，采取先发制人的策略，企图以外线进攻，一举夺取归德、亳州等地。一开始蒋军势如破竹，先后占领了归德、宁陵、睢县、民权等地，但由于西北军采取包围迂回的战术，与正面牵制蒋军的晋军夹击，蒋军因大败而后退。随后双方进入了拉锯战，都没有取得较大的突破。阎锡山趁着蒋军在陇海线鏖战之机，亲自指挥晋军第二路、第四路军沿津浦线进攻济南。由于蒋军主力被牵制于陇海线一带无法增援津浦线，只得节节败退。6 月 25 日，晋军攻占济南，直至 7 月下旬，整个津浦战场都在晋军的控制范围内。蒋介石初期的作战计划被全盘打乱了。

在平汉线上，早在大战全面展开之前，西北军就与蒋军在为争夺作战区域展开了激烈的斗争。4 月底，西北军的庞炳勋、吉鸿昌两部到达许昌、禹城一带，威胁平汉线蒋军的正面。虽然蒋提出“讨逆剿共，应分二事”，但此时为调整战略部署，也只能将原用于“围剿”红军的队伍调往前线。原本布置于鄂豫皖边区的夏斗寅十三师调往周口、淮阳、上蔡地区，与其他部队会合；徐源泉第十军（辖徐之四十八师，刘培绪的新二旅）调至确山、春水镇一带。因而鄂豫皖根据地周围敌人的兵力顿时空虚，除新调来的川军郭汝栋第二十军分布于鄂东北地区，潘善斋新编第五旅布防皖西外，各个据点大多为反动地方武装和民团驻守。根据中央军委的指示，红一军前委决定于 6 月向皖西地区发起进攻，进一步扩大根据地范围。红一军第二、第三师在军长许继慎，政治委员曹大骏的指挥下，接连解放流波礓、麻埠、独山、两河口等地，并第三次解放了霍山县城。敌军不甘失败，组织新编第五旅进行反攻，红一军迎头痛击，共毙、俘敌副旅长以下官兵700余人。7月初，第二、第三师在霍山县燕子河与中共英山县委领导的300多名游击队员会合南下英山，打击唐生智部韩杰旅。军部经过讨论后采取围点打援的战术进攻驻守金家铺之敌，将其围于狮子坳，等英山援敌赶到具歼之。这一仗全歼了韩杰旅1000余人，缴枪1000余支，极大地激励了英山人民的革命斗志。在战斗胜利后不久，英山各乡农民协会纷纷成立，建立了英山县革命委员会，县游击队扩编为中央独立第一师第五团。

5月下旬，在平汉战场上蒋军和西北军僵持在许昌附近。蒋军第三军团总指挥何成浚为攻下许昌亲临前线指挥，派飞机对许昌进行狂轰滥炸。在许昌守军指挥樊钟秀被飞机炸死后，冯玉祥采取果断措施亲自指挥许昌战役，并派西北军主力发起反攻。由于双方投入了大量兵力于许昌，导致平汉线南段兵力薄弱。红一军军部抓住了这一有利条件，经过多方面的调查，令红一师在副军长徐向前的率领下，向平汉线南段杨家店车站发起突袭。6月11日晚，红一师乘敌不备发动进攻，经过半小时的激战全歼蒋军守敌郭汝栋第二十军的两个连。战后进行了扩编，将根据地的一批地方武装和新兵共300多人编入红军，第一师由5个大队扩编为3个支队，每支辖4个大队，另有一个直属特务大队，红一师由原来的800余人扩充到1200余人。郭汝栋在得知杨家寨败仗后，急于对红军进行反击报复。红一师得到这一消息后决定采取引诱战术，以主力伏击敌人。为此，红一师派部分兵力前往郑家店引诱敌人。29日双方接触后，引诱部队边打边撤，待敌人被诱至伏击圈，红一师主力立刻发起进攻，打得敌人措手不及，大部被歼。此战总计毙、伤、俘敌团长以下官兵1000余人，取得了重大胜利。红一师的兵力再次得到扩充，达到1500余人。

7月下旬，红一师得悉蒋系钱大钧教导团从武汉调到花园驻防，通过中共孝感县委送来的情报了解其兵力及部署后，决定对其发起进攻。29日6时战斗打响，由于突袭成功，敌人仓促应战，迅速溃败。此战以极少的伤亡取得了全歼蒋嫡系1个团的战果，共毙、伤、俘敌团长以下官兵1400余人，缴获重机枪8挺，迫击炮5门。战后，第一师进驻小河溪。在这里，第一师进行了第三次扩编，全师组成2个步兵团、1个机炮混成团，共约3000余人。花园战斗的胜利，极大地鼓舞了铁路沿线和鄂豫边界地区的广大人民群众，青壮年农民响应根据地党和政府的号召，争先恐后报名参军。8月1日，第一师在小河溪召开隆重的庆祝大会，徐向前发表了热情洋溢的讲话，热烈庆祝南昌起义三周年和花园战斗的胜利。

红一军第一师在平汉线南段出击作战的胜利，使蒋介石后方受到严重威胁。于是，蒋介石急忙把地方反动武装戴民权部扩编为第二十五师，令其担任平汉线南段的护路任务。另调彭启彪新编第十四旅到花园附近布防。8 月 21 日，戴民权以 1 个旅来犯，第一师将其诱至地形条件、群众基础都较好的四姑墩，歼其 1 个营。戴民权又以两个团兵力进行反扑，第一师进行英勇抗击。恰在此时，军部率领第二、第三师由皖西赶到，立即投入战斗，向敌右翼迂回，配合第一师歼敌、溃敌各 1 个团，余敌连夜西逃。战斗结束后，红一军 3 个师于四姑墩胜利会合。

三、根据地进入新的发展阶段

从 6 月到 8 月，红一军抓住国民党中原大战的有利时机，兵分两路向外出击，在党委和军部的正确领导下，取得了一系列战斗的胜利，共歼敌 7000 余人。部队由改编时的 2100 余人发展到 5000 余人，根据地范围进一步扩大。红一军接连取得的胜利与根据地人民群众的大力支持是分不开的，徐向前曾说："红军有了群众的支持，如鱼得水，任我驰骋，这是弱小的红军能够生存、发展、克敌制胜的根本原因。"①

鄂豫皖边区各级党组织也在红一军四处征战的同时，积极发展党的组织和革命政权，不仅收复了失陷的根据地，而且开辟了新的革命根据地。六安、霍山党组织在红一军打败盘踞在根据地的敌人后，立即恢复了根据地的政权组织，六安、霍山两县重新四归党的领导，并成立了七区（麻埠）苏维埃政府。黄安、麻城、黄陂、商城、光山、罗山、潢川等县党员人数大大增加。同时，新成立了中共（黄）陂孝（感）北县委、县临时苏维埃政府和商（城）固（始）边区苏维埃政府，在光山县新成立了砖桥、双轮河、泼陂河、望城、夏清、杨帆桥等六个区苏维埃政府。

1930 年 10 月，中原大战以蒋军的胜利告终，蒋介石彻底打败了对其威胁最大的军事实力派，这也奠定了其在国民党独裁统治的基础。大战刚一结束，蒋介石就调集收编的大批军队准备对根据地展开新的"围剿"。但鄂豫皖革命根据地凭借着"中原大战"的空隙迅速巩固和扩大，红军的战斗力显著提高，根据地的群众基础也不断加强，已经有"直接威逼武汉进而与全国红色区域打成一片的前途"，鄂豫皖革命根据地的发展进入了崭新的阶段。

（作者：周杰）

① 徐向前：《历史的回顾》，解放军出版社 1984 年版，第 89 页。

第二十六篇

皖西革命根据地群团建设述论

群团——“群众性社会团体”的简称，是社团的一种，属于政治性社团，主要起着桥梁、纽带的作用。群团通过团结和动员广大群众，为苏维埃革命和建设服务，共同保卫革命果实。皖西革命根据地群团的类型主要有工会、共青团、儿童团、农民协会、妇女会、反帝大同盟、革命互济会等。本文主要介绍在土地革命时期，皖西革命根据地群团在各级党组织和苏维埃政府的领导和组织下，开展了卓有成效的发展建设，同时根据革命目标、组织原则及群团章程，在根据地革命和苏维埃建设中发挥了重要作用。

一、皖西革命根据地概述

皖西革命根据地，是土地革命时期中国共产党领导创建的一块革命根据地，是鄂豫皖革命根据地的重要组成部分。这块根据地是在商南起义、六霍起义的影响下逐步发展起来的，到 1930 年 4 月，以六安、霍山为中心，形成了东抵淠河，西接商南，南至金家铺、水吼岭，北起白塔畈、丁家集的皖西革命根据地，范围纵 200 余里、横 100 余里，人口 40 余万。具体包括安徽省现在所属的六安、金寨、霍山、霍邱、舒城、寿县、潜山等县（市）的大部分或部分区域。湖北省的英山、罗田以及河南省的商城、固始等县，当时也属于皖西革命根据地的范围。在根据地的区域内，先后建立了霍山县苏维埃政府、六安县革命委员会、英（山）霍（山）边区苏维埃政府、潜山县革命委员会一共 4 个县级革命政权。每个县级革命政权还下设若干区、乡、村等基层的革命政权。

随着皖西革命根据地的巩固和扩大，各级党委和苏维埃政府根据革命需要发展了各种群团，团结工农群众、宣传革命思想。

二、加强群团建设的主要做法

党组织十分重视群团的发展，采取了一些切实可行的做法，加强群团建设，使群团在革命斗争中发挥更好的作用。

（一）高度重视群团建设，积极调动群众参加群团

第一，高度关注群团工作，经常给以群团工作帮助和指示。1930 年 12 月，中央指出："摆在苏维埃区域内党部和青年团面前的任务，是要尽量地有组织地去夺取一切劳动群众，建立和发展工人、职员的职工会、雇农工会、贫农团、少年先锋队、赤卫队，等等。"在《给鄂豫皖特委的指示》中再次提道："尤其是各区域的群众组织（特别是赤色工会、雇农工会、贫农团等），与工人运动更要加紧去做。"皖西北特委也提出"坚决地建立各种工会、雇农工会、贫农团的组织和建立强固的领导，发展经济的政治的斗争，加强这些革命群众组织在苏维埃机关中的作用"。还专门提到青年团的建设，并指出："建立青年团工作，形成青年团在青年中独立领导执行党的政治路线。党必须把青年党员由党内化划分出来，去帮助青年团工作。"鄂豫皖中央分局也对互济会的工作，作出具体指示："各地党部必须保证有最忠实吃苦的党员和苏维埃工作人员专门领导互济会的工作。"从中央到地方，党组织经常讨论群团的工作、指导群团的工作。这样，党组织和群团的关系不仅是在会议和文件上，还在实际工作中建立起来了。

第二，积极选拔优秀的群团成员，参与到根据地的建设中。及时从群团中选拔优秀分子参与到根据地的建设中，既是保证群团组织沿着正确的政治方向发展的一种方式，也是党组织和苏维埃政府领导群团不断发展壮大的有效途径。通过学习和训练，少先队员和儿童团员对革命有着深刻的认识和坚定的信仰，他们积极拥护苏维埃政权，热烈地要求参加红军队伍，是名副其实的革命后备军。在一段时期内，皖西革命根据地的妇女工作做得很出色，当时"六霍两县的妇女对革命的认识非常之坚决，最好的要算霍山东北区、三区、六区，六安的三区和六区等处，妇女对革命热诚和努力较男子强之"。皖西北地区的青年妇女"有 80% 都出来参加革命工作了"。党中央对此曾高度评价，认为"妇女工作的开展，是六安党工作进步的表现之一"。

（二）依靠工农群众使组织规范化，增强群团的影响力和战斗力

第一，团结广大群众开展革命活动。土地革命时期，工人和农民阶级占总

人口的90%，他们是革命的根本力量。皖西各地的党组织，从贯彻八七会议精神开始，恢复并发展共青团、农民协会、工会等群团，还新建贫农会、反帝大同盟等组织。形成了党—群团—群众的领导体系，把成千上万的工农群众团结在党组织的周围，加强党群之间的关系，并产生了积极的影响。例如，在六霍起义之前，皖西地区只有六安县的一些区“赤色小组”发展成为县总工会，其余的县只有区工会。六霍起义胜利以后，依据全国总工会颁布的《苏区工会组织法》，各地逐步建立健全了工会组织。到1931年初，六安、霍山、霍邱、商城4个县的基层工会都建立起来，先后成立了县总工会，会员达到12500余人。在同级党委和苏维埃政府以及上级工会的领导下，工会积极输送优秀的工人和雇工参加红军、参与政权建设，领导工人群众大力发展手工业生产，支援革命战争。同时，监督8小时工作制度的实施情况，规定每月可以休息三天，并且增加成年人的工资，如果生病了工资正常发放，医疗费由雇主承担。工会保障工人阶级的利益，调动了工人的积极性，增加了工会的影响力。

第二，细化群团的领导体系，使组织规范化。随着根据地政权的创建和发展，各个群团组织覆盖到县、区、乡、村，有着比较完整的垂直领导体系，内部章程也对行为准则和组织规范作了明确的规定。在六霍起义之前，皖西没有县一级的团组织，只在区设有团支部。1930年2月，共青团组织恢复后，成立了六安特区临时委员会，下有5个支部、90多人。到年底，皖西根据地的团组织逐渐发展起来：县有团县委、区有团区委或总支、乡有团支部、村有团小组。1931年1月，少共皖西临时分特委正式成立，使团的工作系统地开展起来，成为党组织的得力助手。另外，群团之间允许交叉，成员可以根据需要参加多个群团，充分保障自身的利益。例如，妇女同志不仅可以参加妇女会，也可以根据自己的年龄、工作需要、意愿等，参加少先队、共青团、农民协会、工会等组织。以苏维埃革命为中心工作，各群团在党组织的领导下，平时组织群众生产学习，战时发动群众服务革命，带动根据地的群众全面投入到苏维埃革命工作中。

（三）开展理论教育和革命宣传，提高群团成员的革命意识

第一，大力开展思想和文化教育。在进行组织建设的同时，各群团组织根据自身特点，单独开展思想政治和文化教育。由于当时群众的文化程度普遍不高，教育方式多以识字班、夜校、培训班为主，从而把政治学习和文化学习结合起来，重点学习土地革命的纲领、路线、方针、政策，并对群团成员有步骤地进行社会主义和共产主义教育。早在1927年底，霍山和六安的党员和共青团员采取办农民学校和识字班的形式，讲授以农民协会为主要内容的《农民识

字课本》，宣传土地革命，恢复和发展当地的农民协会。1931 年 12 月，鄂豫皖特区总工会要求各级工会采取可行的办法开展学习，要“使每一个会员都是共产主义的运动者，使工会确实成为共产主义的学校”。在工会的领导和组织下，工人参加训练班、上工人夜校、加入工人俱乐部。通过学习，群团成员的思想觉悟和文化水平都有了明显的提高。

第二，同步进行革命宣传和政治动员。皖西北特委的机关报《红旗》《火花》，商城县委的《咆哮》《红日》等刊物，都积极地宣传革命。各级党组织不仅经常组织开展革命竞赛、唱红色歌谣、看新剧团演出等娱乐活动，宣扬党的主张，也通过政治演讲、标语涂写、漫画创作等形式，进行革命宣传和政治动员。苏区群众深切感受到“共产党好”，要积极地参加红军“推翻反动的国民党政权，建立苏维埃政权”。通过广泛的政治动员，群团成员的觉悟不断提高，掌握了革命的道理，懂得了怎样干革命。而且，经过教育和宣传的广大群众，此后在群团组织遭到破坏、停止活动的情况下，仍然采取各种方式，支援在大别山开展游击战争的红军、游击队、便衣队。他们冒着生命危险，送物资、传递消息、掩护和救治伤病员。

（四）不断完善法律法规，保障群团成员的合法权益

随着苏维埃政权的快速发展，皖西根据地的法治工作也在逐步完善。1930 年 4 月，六安六区苏维埃代表大会制定了《苏维埃条例》《雇农工资办法》《手工业工人办法》《土地政纲实施细则》等条例法规，这些区域性的法律法规，是党组织结合皖西的具体情况，由群众代表大会讨论制定的，体现了工农民主专政的性质。群团成员是根据地革命群众的主体，自然是这些法律法规的主要受益者。其中《雇农工资办法》和《手工业工人办法》的颁布实施，进一步凸显了党组织对群团成员权益的重视。根据地统一后，鄂豫皖苏维埃也制定了一系列的法律法规，如 1931 年 7 月，鄂豫皖第二次苏维埃代表大会制定的《婚姻问题决议案》规定：妇女同志有婚姻平等的权利，废除一切强迫婚姻、一夫多妻、童养媳、强迫守寡等，女子享有离婚、结婚的自由权。在保障劳动青年的利益方面，《劳动青年决议案》指出：“牧童、雇农、青年学徒，做工超过法令时间（六时与四时），必照时间增加工资，改良牧童、雇农、青年学徒的待遇。”

三、群团建设的主要成效

在党组织的领导和帮助下，皖西革命根据地的群团组织蓬勃发展，广大群

团成员紧紧地团结在党组织的周围，参与革命战争，进行土地革命，在加强根据地革命和苏维埃建设中，起到了显著的成效。

（一）支援根据地的军事斗争

群团积极响应党组织和苏维埃的号召，踊跃参军参战，增强了红军的力量。皖西地区最早成立的红三十二师和红三十三师，就是在农民武装的基础上发展起来的，而农民武装的很多成员都是农民协会中的积极分子。为了巩固和壮大红军，共青团积极动员，有计划地输送一批批的共青团员到红军队伍中。在皖西北地区，仅1931年8月就有2166人参军，其中共青团员207人。党组织还选派优秀的群团成员到彭杨军政学校学习军事知识，增加红军的军事人才储备。“皖西北的一百四十人中妇女同志要占三十人。”“各地派人党团员要占半数，特别是多派送团员。”1931年，红四方面军成立的少共国际团是一支娃娃兵，从团长到战士都是16～22岁的年轻人，绝大多数都是共青团员。这支年纪轻、装备好的队伍战斗力很强，参加过苏家埠战役，并随红四方面军向西转移。

除了参加红军外，群团成员还在侦察敌情、优待红军家属等方面作出了很大的贡献。1930年，六安六区的儿童团团员发展到6000多人，由于儿童不惹人注意，他们在传递文件、搜集情报等方面发挥了很大作用。妇女会除了组织洗衣队、看护队、担架队、运输队直接支援前线外，也参与到优待红军家属的工作中，“她们看见有些青年或成年男子当红军去了，分得的田地无人耕种，田地要荒起来，她们就有组织地代耕”。耕种红军公田、照顾红军家属、帮助烈属解决生活困难，使前线的红军战士不用为家庭分神，极大地巩固了红军队伍的稳定和发展。

（二）参与根据地的经济建设

皖西地区是农业区，自然经济占主导地位，尤其是敌人实行经济封锁后，发展以粮食生产为主的工农业就显得更加重要。由于缺少劳动力，群团成员响应各级党委和苏维埃政府的号召，积极参加生产劳动，“现在苏区每个青年团员（除工作人外）、少先队员、童子团员、青年妇女多半都加入了生产队，壮年人到前方去了，后方生产工作大部分是这些人做”。农业生产的有序开展，保障了粮食的产能。在工会的领导和组织下，根据地的产业工人和手工业者创办军事工业、恢复民办工业，他们自力更生、忘我工作，生产出大量的武器弹药和日常生活用品，支援革命战争、改善根据地的生活条件。

（三）参与根据地的政权建设

群团组织积极参与到苏维埃的日常工作中，在帮助苏维埃政府落实各种法律法规中担任了重要角色。例如在土地革命中，考虑到当地山多田少，六安六区的苏维埃代表大会通过的《土地政纲实施细则》和《森林办法》，确定了以按人口平均分配为原则，合理分配森林、山场和土地。在乡苏维埃的指导下，贫农团成员作为土改运动的受益者和参与者，广泛宣传新的土改政策合情合理、细致周到，消除了一些地主、富农的顾虑，推动了土改工作的快速发展。

党组织也会选拔一些优秀的群团成员进入政权机关参与到政权建设中，帮助苏维埃政府工作。“在地方捍卫及参加苏维埃各种建设方面，青年占有很大作用，而且表现得非常积极。”各地的苏维埃代表会中青年代表占50%，很多的工人和妇女也都被选举为委员和代表。

（四）参与根据地的文化建设

皖西北地区的文化教育非常落后，皖西革命根据地形成以后，党组织和苏维埃政府积极推动发展文化教育事业，各群团也把发展文化教育事业作为一项重要任务。各级团组织将政治立场坚定、文化程度高的优秀干部输送到学校当教师，同时要求文化程度低或者不识字的青年人到识字班学习；各县工会通过“流通训练班”和“读报小组”培养工人干部，提高工人的革命素质；教师由于工作的原因，若不能及时耕种分得的土地，农民协会组织人员代耕代种，确保不误农时。

反帝大同盟和宣传队等团体，通过召开群众大会、书写标语口号、画主题漫画、散发革命传单等方式，宣传和组织群众反对侵略战争、反对国民党反动派打内战，对打破国民党反动派的文化专制、反对封建文化和帝国主义的买办文化、形成浓厚的苏维埃革命文化，产生了积极的影响。

综上所述，在土地革命时期，群团为皖西革命根据地的建立、发展以及巩固作出了重大贡献。各级党组织也认识到群团建设的重要性，从思想、政治、组织等方面加强群团建设，强化其桥梁纽带作用。这些对保持群团组织的政治性、先进性，增加群团工作的群众性和科学性，至今仍有重要的借鉴意义。

（作者：陈仁喜）

第二十七篇

浅谈红三十二师、红三十三师的创立及历史意义

土地革命战争初期，在鄂豫皖边区爆发了三次大规模武装起义——黄麻起义、立夏节起义（商南起义）、六霍起义。立夏节起义和六霍起义的重要爆发地都在如今的金寨，这两次起义胜利后分别创建了中国工农红军第十一军第三十二师和第三十三师。这两支队伍也是金寨境内诞生的最早的两支红军队伍，它们的建立对皖西地区的革命斗争和创建豫东南及皖西革命根据地具有重要意义，为中国革命的胜利打下了坚实的基础。

一、红三十二师的创立

1928 年，豫东南地区逢大旱，秋收仅三四成，农民严重缺粮，中共豫东南党组织领导广大农民开展了“均粮斗争”。1929 年春，商南地区党员已发展到 300 余人，农协会组织普遍建立，中共商（城）罗（田）麻（城）特委决定举行商南起义。原定中秋节举行的起义，由于革命形势紧迫，中共商罗麻特别区委决定提前到 5 月 6 日，借敌人过立夏节的机会发动。因此，人们也称它为“立夏节起义”。

5 月 6 日夜，共产党员周维炯领导丁家埠民团顺利起义，一夜之间，吴家店、包畈、斑竹园、沙堰、沙河、西河、李集、南溪等 10 多个地方也举行了起义。起义时打出的口号是：“打倒土豪劣绅”“有饭大家吃、有田大家种”“没收地主土地”“建立农民自己的政权”。5 月 9 日，起义队伍会师斑竹园朱氏祠，当即召开建军大会，宣布成立中国工农红军第十一军三十二师，这既是金寨境内诞生的第一支红军队伍，也是鄂豫皖边区创建的第二支红军队伍。周维炯任师长，徐子清任党代表，漆海峰任参谋长。九十七团团长肖方，党代表金佛光；九十八团团长郑延青，党代表王子良；师直特务营营长姚弟圃，炸弹队队长廖肇炎，全师 200 多人，长短枪 36 条。

红三十二师成立后，立即展开了打击反动民团，开辟革命根据地的斗争，在南溪以西地区打退了王继亚、顾敬之等民团的进攻，占领了皖西重镇金家寨。

二、红三十三师的创立

1929 年 5 月，立夏节起义的胜利和红三十二师首次东进皖西，极大地鼓舞和支援了六霍地区的春荒斗争。霍山诸佛庵民团起义、六安武陟山农民暴动、六安县南庄畈（今属金寨县）六保联络自卫团起义相继举行，并分别组建了游击队。10 月初，经中央批准，中共中央巡视员方英在六安县郝家集召开六安、霍山、霍邱、寿县、英山、合肥六县党的代表会议，正式成立六安中心县委，检查并领导全面起义的准备工作，决定于 11 月 15 日开始在六霍一带发动秋收起义。1929 年秋，已掌握了 100 余支枪和 3000 名群众武装，起义条件基本成熟。

11 月 7 日，六安三区（独山区）农民协会秘书被地主武装自卫团逮捕，中共六安三区区委和区协决定组织营救，并将情况报告给中共六安中心县委书记舒传贤，舒传贤决定借此机会在六安三区举行武装起义。8 日晨，独山周围 15 个乡数千农民，手持大刀、长矛和土枪直驱独山镇，包围自卫团，迫其释放了农协秘书并交出 10 余支枪械，起义队伍占领独山镇。9 日，中心县委书记舒传贤赶到独山，召开会议决定紧急通知各区各县立即举行起义，以响应独山起义；成立三区工农革命委员会，组建辖 6 个中队的游击队和 2300 余人的赤卫队，严防六安守敌的进犯。随后，西两河口、龙门冲、郝家集等地农民纷纷起义。六安三区所辖 15 个乡范围，纵横几十里，全都飘起了革命红旗。中下旬，霍山西镇区域数百名武装农民，在红三十二师一部的支援下，一举歼灭西镇自卫团，捣毁了该镇事务所等反动机构，成立了西镇革命委员会和一支 360 余人的游击队。在此前后，金家寨、徐家集和桃源河等地的农民亦举行武装起义，并分别建立了革命委员会和游击队。

六霍起义胜利后，蒋介石以陈耀汉独立旅为主力，调集近千人的反动武装到六霍起义区域，纠集遭到六霍起义打击的反动民团和地主豪绅组成“反共队”“清乡团”，对起义军进行残酷镇压和血腥屠杀。由于六霍地区革命武装力量尚未统一，又未受过正规训练，因此遭受了很大损失，起义的领导骨干吴干才、朱体仁、许希孟等也被敌人逮捕并惨遭杀害。

中共六安中心县委认为“在严厉的白色恐怖下，除了武装抵抗外，别无出路”，尤其“革命群众都引颈望着红军来援助他们”，必须把分散的起义武装集中起来，改编为红军部队，才能便于统一指挥、领导。于是 1930 年 1 月 6 日召开会议，决定把独山起义的武装编为安徽红军游击队第一纵队，冯晓山任纵队长；把西镇的游击队编为安徽红军游击队第二纵队，徐育三任纵队长。

1 月 20 日，舒传贤主持召开六安中心县委常委和游击队党团负责人联席会议，宣布将上述 2 支游击队与六安六区游击大队合编为中国工农红军第十一军第三十三师，徐百川任师长，鲍益三任党代表，姜镜堂任师委书记，张建民任政治部主任（数日后由姜镜堂兼任）。下辖两个团：第一〇六团，冯晓山任团长，高天栋任副团长，余爱民（即詹慕禹）任党代表；第一〇七团，徐育三任团长，李锡三任副团长，孙能武（即汪维裕）任党代表。全师 200 余人，长短枪 145 支。

红三十三师组建不久即攻克霍山县城，使其成为红军在安徽省攻克的第一座县城，显示了刚刚诞生的红军部队的威力。

三、红三十二师、三十三师并肩作战，再创佳绩

红三十二师积极配合支援红三十三师并肩作战，巩固六霍苏区胜利成果，不断扩大苏区范围，积极创建皖西革命根据地，并使豫东南和皖西两块革命根据地连成一片。

1930 年 2 月中旬，商城县委命令红三十二师向东发展，与红三十三师共同开辟豫皖边区根据地。六安中心县委闻讯后立即决定：红三十三师与三十二师“会师麻埠，给六安的敌军主力张季荃部一个重大创伤，直攻独山河口，恢复三区工作，把三区和六区形成整个的赤区（长 140 里，横 60 里），同时伺机进攻苏家埠和霍山”。

为了便于统一指挥和行动，两师组成了前敌总指挥部，由周维炯、徐百川分别担任正、副总指挥。红三十二师和红三十三师合力作战，捷报频传。首先攻占麻埠，缴枪 30 余支；接着乘胜追击溃逃之敌，连续攻占独山、两河口，给予张季荃部和独山“自卫团”沉重打击，缴枪 16 支；又歼灭窜犯流波碴之敌英山“自卫团”一部，缴枪 10 余支。至此，独山、麻埠一带起义的基本区域完全恢复。

1930 年，七邻湾会议之后，红三十三师为了支援各地的农民武装起义，进一步扩大了游击战争的范围和规模。4 月 6 日，红三十三师根据中共六安中心县委的指示，派第一〇七团和潜山工农革命军协同英山游击队，前往英山开辟新区。沿途击败敌人的阻击，在 4 月 8 日攻克英山县城，缴获迫击炮 1 门和 16 支枪。中共英山县委趁势发动东北乡农民举行武装起义，在英山县东北部开辟

了一块纵 70 里、横 50 里的与霍山县苏区相毗连的新区。随后，建立了英（山）霍（山）边区苏维埃政府，黄永吉任主席。

4 月 12 日，应中共霍山县委邀请，红三十二师 2 个团、红三十三师全部和潜山工农革命军，再度向霍山县城发起进攻。在第二次解放霍山县城的战斗中，红军和赤卫队共毙、伤、俘敌 200 余人，缴枪 80 多支，活捉霍山县自卫团总指挥秦华轩，使霍山县反动势力遭到沉重打击。

4 月下旬，红三十二师和红三十三师各一部配合潜山工农革命军打回潜山，收复衙前镇，攻克水吼岭，重建天堂革命根据地，并且使其与六霍根据地连成一片。到 4 月底，鄂豫皖边区革命根据地已初具规模。皖西地区形成了一个北起丁家集、白塔畈，南至金家铺、水吼岭，东抵淠河，西接商南，纵 200 多里、横 100 多里，人口 40 多万的革命根据地；豫南方面，建立了南起松子关、长岭关，北到段集，西到大木厂、东岳庙，东与皖西革命根据地连接，纵横约 150 里的根据地，人口也近 40 万；鄂东方面，也建立起纵横 170 余里的革命根据地。6 月，与鄂豫边革命根据地建成统一的、全国六大革命根据地之一、位居全国第二的鄂豫皖革命根据地。

四、红三十二师、红三十三师的历史意义

红三十二师和红三十三师两支主力队伍，为创建豫东南、皖西革命根据地乃至鄂豫皖革命根据地奠定了基础，有力地振奋了大别山人民的革命斗志，既为中国革命的胜利打下了坚实的基础，也为其他地区的革命斗争提供了宝贵经验，具有重要的历史意义。

第一，红三十二师和红三十三师是在金寨境内创建的最早的两支红军队伍，也是两支大别山区组建较早的红军队伍，是中国工农红军第十一军、第一军、第四军和红四方面军的重要组成部分，是八路军第一二九师，中国人民解放军第七十一、第七十七、第七十八集团军的重要源头之一。1930 年 2 月，按照中共中央的决定，红三十二师、红三十三师和在湖北组建的红三十一师合编为中国工农红军第一军，直属中央军委指挥（这是第一支成军建制的中央红军队伍）。首任军长许继慎、政治委员曹大骏、副军长徐向前、政治部主任熊受暄。红一军下辖 3 个师、1 个预备队、1 个独立旅，全军共 2100 余人。第一师师长徐向前（兼）、政治委员李荣桂；第二师师长漆德玮、政治委员王培吾；第三师师长周维炯、政治委员姜镜堂；总预备队指挥王树声、政治委员曹学楷；独立旅旅长廖业祺。1931 年 1 月，红一军与红十五军又合编为中国工农红军第四军。同年 11 月 7 日，红四军与同在金寨成立的红二十五军组建成中国

工农红军第四方面军。这些部队不断发展壮大，后来成为八路军、新四军、中国人民解放军的重要组成部分。

第二，红三十二师和红三十三师创建以来的经验和教训都是宝贵的财富，让后来的革命斗争少走了很多弯路。首先，群众斗争离不开坚强的革命武装和人民群众的支持，必须把分散的起义武装集中起来，成立红军部队，并发动农民协会，救济贫苦百姓，安定群众生活，才能坚持长期的革命斗争。其次，领导干部表率作用强。红三十二师在支援六霍起义时，是师长周维炯亲自带队，每次战斗他都是身先士卒，勇往直前。领导干部表率作用发挥得好，使革命队伍产生了更强大的凝聚力。再次，要相互协作支持，形成合力。红三十二师刚建立时，商罗麻特别区委就召开会议，作出10条决定，明确工作方针和任务。其中包括“积极和鄂东红三十一师联络，共同开辟鄂豫边区根据地”，“积极向东发展，和皖西党组织取得联系，支援皖西地区武装起义，建立红三十二师的东方屏障”。在六霍起义全面爆发时，红三十二师全力支援六霍起义，与红三十三师并肩作战，先后攻下霍山县城、潜山。南庄畈六保联络自卫团起义、西镇起义时，当地党组织密切配合，起义都很顺利地成功。红三十二师在六霍起义初期攻打皖西重镇金家寨、流波碹，当地党组织提供了准确的情报，并派出农民武装人员配合，保障了战斗的胜利。而六霍起义能够胜利，红三十二师的大力支援是其中一个很重要的原因。最后游击斗争是适合我党实际的战争形态。红军创建初期，敌我实力悬殊，最终能够粉碎敌人的“会剿”，就是因为采取了毛泽东倡导和实践的游击战争。在敌以强大兵力向根据地“进剿”时，红军和游击队则采取敌进我退的方式与敌人兜圈子，调动敌人，疲劳敌人。敌人据地固守时，红军和游击队就在其周围活动，昼夜袭扰。敌人分进合击时，红军就找空子跳出敌人的包围圈，转到敌军侧后，攻击敌方后卫部队。敌人进行“搜剿”“清乡”时，红军就采取空室清野的办法，掩护群众向深山等安全地带转移，并在险要位置布置兵力打击敌人，歼灭其后续部队。敌人行军时，就派几人假装村民为其带路，大部队埋伏在路边趁机阻杀。如“徐夏会剿”时，敌人向挥旗山等方向寻找红三十二师主力作战，赤卫队员假装成地主为敌人带路故意向长岭关方向走，刚到长岭关就遭到了赤卫军阻击，杀敌30多人，剩余敌人不敢逗留，只能狼狈撤离。

第三，红三十二师和红三十三师的战士在频繁的战斗中得到锻炼，政治、军事素质都得到迅速提高，从中走出了无数优秀的革命领袖人物，虽然很多在后来的战争中英勇牺牲，但正是从他们矢志不移、百折不挠、不怕牺牲的英勇事迹中提炼出了“坚贞忠诚、牺牲奉献、一心为民、永跟党走”的大别山精神，激励大家不忘初心、传承红色基因，为实现中华民族伟大复兴中国梦而奋斗。据不完全统计，在当年红三十二师、三十三师的红军战士中，成长出了徐立清、陈先瑞、张贤约、陶勇、曾绍山等 32 位开国将军，还有数十位省军级以上的领导干部，他们为中国革命的胜利建立了彪炳史册的功勋。

（作者：江敏）

第二十八篇

鄂豫皖红一军的几场漂亮仗

2020 年，是红一军（中国工农红军第一军的简称）成立 90 周年。1930 年 5 月 23 日，红一军前敌委员会在安徽金寨流波碴召开六安中心县委和红一军第二师、红十一军第三十三师师委联席会议，决定以红一军第二师一部与红十一军第三十三师合编为红一军第三师。至此，大别山原有的 3 支红军队伍被统一改编为红一军。军长许继慎，政治委员曹大骏，副军长徐向前，参谋主任朱亚伦，政治部主任熊受暄。下设 3 个师、1 个独立旅；第一师师长由副军长徐向前兼任，政治委员戴克敏（后为李荣桂）；第二师师长漆德玮，政治委员王培吾；第三师师长周维炯，政治委员姜镜堂；独立旅旅长廖业麒，全军共 2100 余人。

红一军是大别山区组建的第一支统一领导统一指挥的成军建制的队伍（之前的红十一军虽然是按照统一的番号命名的，但是没有军部，并且分属鄂豫皖三省党组织领导），也是第一支直属中央军委指挥的红军，红一军的建立标志着鄂豫皖边革命斗争进入新阶段。

红一军成立后，根据中央军委指示，决定第一师向平汉铁路南段出击，第二、第三师东征皖西，先打击入侵根据地的敌人，然后再向南发展。

红一军前委决定由徐向前负责指挥第一师出击平汉线；由军长许继慎，政治委员曹大骏负责指挥第二、第三师东征皖西；独立旅留守在豫东南苏区，保卫和发展根据地。

在敌强我弱，武器装备落后，后勤缺乏保障的重重困难下，独立旅不怕苦、不怕难、不怕死，在艰险困苦中奋战，在崇山峻岭中游击，坚持与敌人顽强斗争，为保卫苏区作出重要贡献。第二、第三师在皖西地区转战，第一师积极向平汉路南段出击，打了很多大仗、恶仗、险仗、胜仗、漂亮仗，取得很大胜利，创造了辉煌历史。

一、英山之战：刷写了红军歼敌人数新纪录

1930年，蒋介石与冯玉祥、阎锡山之间的军阀混战在冀鲁豫三省爆发。鄂豫皖边区夏斗寅第十三师、徐源泉第四十八师、陈耀汉警备第二旅等均被蒋介石调去参战，鄂豫皖根据地周围敌人守备空虚。除新调来的川军郭汝栋第二十军布防在鄂东地区，潘善斋新编第五旅布防皖西外，各个据点大多为反动地方武装和民团驻守。红一军抓住这一有利时机积极实施进攻作战，向外发展。

6月中旬，在红一军军长许继慎及军部的直接指挥下，漆德玮、周维炯率第二、第三师进攻六安、霍山西部地区的反动据点，接连收复流波䃥、麻埠、独山、两河口等地。接着，东渡淠河，3次打下霍山县城，歼敌地方武装1000余人。此后，敌新编第五旅进行反扑，遭到红军迎头痛击，共毙、俘敌副旅长以下官兵700余人，缴获大量枪支弹药，包括机枪1挺、迫击炮1门，获得整编后的第一次大胜利。

7月初，军长许继慎率第二、第三师在金寨燕子河与中共英山县委领导的游击队会合，一同南下英山，打击唐生智部韩杰旅。11日，第二、第三师对盘踞在金家铺的韩杰旅一个团发起进攻。第二师突击金家铺，第三师和英山游击队在金家铺南面的狮子坳阻击北上援兵，截击金家铺南逃之敌，英山县游击队和当地群众一起破坏敌人的交通通信，扰乱敌人后方。战斗打响后，金家铺守敌因受到夹击，仓皇南逃，第二师跟踪追击将逃敌包围于狮子坳，并全部歼灭。第二天龟缩在县城的韩杰为挽回败局，率部向金家铺反扑。红一军早有准备，在金家铺北部的杨家河一带构筑工事，迎击来犯之敌。上午10时左右，韩杰部向红一军发起攻击，一次又一次冲锋都被击败。下午2时，红军向南穿插，部队与北面主攻部队协同发起反攻，使韩杰部溃不成军，残部南逃至浠水。13日凌晨，红一军乘胜收复英山县城。这一仗共歼敌1000多人，缴获长枪1100余支，轻机枪80余挺，子弹20多万发以及大批军用物资，这场大捷歼敌一个整编旅，既是第二、第三师东征皖西的又一次重大胜利，也是鄂豫皖红军前所未有的纪录。

二、花园之战：创造了红军以少胜多的经典战例

第一师在副军长兼师长徐向前的率领下，按照军部部署向平汉路南段出击，连战连捷，部队3次扩编，迅速发展壮大。6月11日晚，第一师夜袭杨家寨车站，歼敌第二十军2个连，缴枪120余支。随后移驻夏店，将根据地的一

批地方武装和新兵补入部队，进行第一次扩编，部队由800余人发展到1200余人。

6月29日，第一师在孝感县游击队的配合下，在杨平口地区伏击进攻红军的敌第二十军独立旅第一团和第二混成旅第四团。第一师将敌人诱入包围圈后，一边加紧包围，一边开展火线喊话，在敌军内部的共产党员也乘机鼓动士兵放下武器。在军事压力和政治攻势的共同作用下，固守顽抗的敌人全部缴械投降。此战历时半日，共毙、伤、俘敌千余人，活捉敌团长，缴枪800余支，取得了第一师扩编后的第一个大胜利。

7月下旬，徐向前率红一师一团、三团及特务大队再次出击平汉铁路，在攻克黄陂祁家湾车站后转至青山口时，得悉距该地40里的花园镇为刚从武汉过来的钱大钧部教导三师第五团驻守。该敌惧怕红军袭击，白天挖战壕，夜晚坐更，抢修工事。徐向前和党代表戴克敏交换意见，认为花园的敌人虽然装备较好，但战斗力较弱，红军经过杨家寨、杨平口战斗士气正旺，决定夜袭花园镇。

7月28日晚，部队从湖北孝昌的青山口出发。由于红一师刚刚扩编，各级干部都缺乏带领大部队行军的经验，走了十几千米后卫部队就掉队了，走在前的部队只好停下等待。徐向前心中十分焦急，由于失去了夜袭的时机，他当即召集紧急会议磋商。正在犹豫时，地方党组织来人报告："前一夜镇内的敌人仓库着火，敌人为了灭火折腾了大半夜，驻南街的敌八十三师留守连已撤走，敌人没有特别的戒备。"得知这个情况，徐向前和戴克敏当机立断，决定按原定部署行动。

7月29日黎明，特务队化装成赶集的群众，首先清除了敌人外围的岗哨。随后，部队主力从四面八方冲进花园街里。这时，敌人正在洗漱，发现红军后顿时大乱。不到3个小时，敌人大部被歼。

这一仗歼敌一个团1400余人，缴获重机枪8挺、迫击炮5门、枪800余支和大量物资弹药，而第一师仅有少量伤亡。袭击花园镇是一次非常出色的战斗，它以小代价取得了大胜利，成为人民军队以少胜多的经典战例。

三、四姑墩之战：显示出协同作战的强大威力

第一师在平汉线南段连战连捷，使蒋介石正在对冯玉祥，阎锡山作战的后方受到严重威胁。于是，蒋介石急忙将驻河南的戴民权新编第二十五师调入平汉线南段担任护路任务，另调彭启彪新编第十四旅到花园镇附近布防。

8月21日，戴民权以第一四七团团长戴鸣福为临时前敌总指挥，带领第一

四六、第一四七、第一四八团向第一师驻地小河溪进犯。第一师向四姑墩转移，诱敌深入。22 日，敌人进至四姑墩附近。第一师猛烈反击，歼灭敌一个营，敌人又用两个团反扑，双方展开激战。正在拉锯之时，突然在敌军背后涌出两支红军部队，与红一师一起对敌形成夹击，使敌军迅速溃败。这一变化出乎所有人的意料——原来这是军长许继慎带兵赶到了！红一师的指战员们纵情欢呼："许军长回来了！许军长带着部队回来了！"于是，红一军的 3 个师立即共同投入战斗，歼敌军 1 个团，溃敌 1 个团，余敌溃不成军，连夜向西逃窜。红一军 3 个师自建军以后在四姑墩第一次会合。23 日，红一军向西追击逃敌，追至平汉线附近。此时，敌新编第十四旅又从平汉线分 3 路进行反扑。红一军乘胜将其小河溪的 1 个团大部歼灭，其他两路敌人不战而逃。这两次作战共缴获长短枪 400 余支、迫击炮 3 门、机枪 2 挺。四姑墩之战的特殊意义在于鄂豫皖 3 支红军部队（红十一军的 3 个师）第一次展开协同作战。

四、东、西香火岭之战：标志着第一次反"围剿"全面胜利

红一军抓住蒋（介石）冯（玉祥）阎（锡山）中原混战的有利时机，积极实施进攻作战，于 6 月至 8 月转战六霍、南下英山、西击平汉路，接连取得胜利，3 个月时间歼敌 7000 余人。此时，红一军已由初建时的 2100 余人，发展壮大到 6000 余人。

10 月，蒋介石对全国各苏区进行大规模"围剿"。当时，豫鄂皖边区绥靖督办公署督办李鸣钟，指挥近 10 万人"围剿"鄂豫皖苏区，12 月初完成部署。红一军面对强大敌人，一方面以地方武装和广大人民群众相结合，开展游击战争，使敌人不敢冒进，并想方设法分散敌人"围剿"；另一方面集中红军主力突破敌人薄弱点，歼灭敌人有生力量，以转变战局。通过"主力出击、突然袭击"等方法，先后在姚家集、黄安、谢店、新洲打了 4 仗，给敌以痛击，打乱敌人的"围剿"部署。特别是新洲一仗，歼敌第二混成旅 2 个团，使敌人大为震惊。武汉行营急忙抽调 2 个师又 2 个旅企图南北夹击红军，但红一军已于 12 月 1 日东移休整。在研究红一军行动方向时，许继慎、徐向前等认为原计划向长江沿岸发展已不利于机动作战，而皖西根据地大部分已被敌侵占 2 个月之久，商南形势也十分危急，因而决定改变行动计划，转向皖西、商南作战。这样，敌人夹击红军的企图再次落空。

12 月 6 日，红一军率第一、第二师经罗田、滕家堡、松子关、吴家店等地进入商南与红三师会合。入侵根据地的敌军和民团极为凶残，在商南杀害许多

革命干部和群众，其行为令人发指。12 月 13 日晚，许继慎向全体指战员作战前动员："我们一定要打下金家寨，这是回师皖西的第一仗。打下金家寨，歼灭八大民团，才能挥师东进，收复根据地，为乡亲父老报仇！"次日，乘敌人还在酣睡，许继慎指挥部队发起冲锋，如滚滚山洪席卷金家寨。敌人东奔西突，不是死于刀枪之下，就是掉入寒冷刺骨的史河中。经过 2 个小时激战，歼敌四十六师 1 个营及反动民团千余人，缴枪 1300 多支、迫击炮 2 门。14 日下午，红军和金家寨群众召开庆祝大会，公审并枪决了反动民团头子。

15 日，红一军乘胜东进，在鹅毛岭溃敌 1 个营，缴枪百余支。16 日进占麻埠、独山，又经西两河口渡过淠河，18 日连克青山店、苏家埠、韩摆渡等地，歼敌 2 个营。尔后，红一军兵分两路围攻六安县城。以第一、第六团攻南面，第三、第四团攻西北面。许继慎到南门外三里岗以北指挥攻城战斗，但因城坚壕深，又有敌兵增援，红军激战一天未能奏效，红一师师长刘英也身负重伤。21 日，红一军考虑攻城不利即从六安撤围仍兵分两路，一路南下直逼霍山县城，另一路向西往石婆店，攻克霍邱县叶家集，使沦陷数月的皖西苏区大部收复。

国民党安徽省主席陈调元见六安城被围，霍山告急，慌忙调集第四十六师、警备二旅全力防守六霍，并寻机向红军反扑。敌"绥靖"督办公署督办李鸣钟也令第三十师 1 个旅由商城进占金家寨，新编第二十五师 1 个旅进占叶家集，计划组织新的合围。

红一军获悉敌人意图后，根据敌强我弱的形势，决定将红军主力集中于麻埠地区，诱敌深入，在运动中寻机歼敌。

12 月 29 日，敌四十六师从外线分左、中、右 3 路向麻埠地区合击。左路 3 个团从霍山城出发，经诸佛庵由南向北进击；中路 2 个团从六安苏家埠出发，经独山由东向西进击；右路 1 个团从六安韩摆渡出发，经石婆店由北向南进击。敌人来势汹汹，不可一世。而进占金家寨、叶家集的敌第三十师新编第二十五师各 1 个旅却迟疑观望，按兵未动。这样，敌四十六师就处于孤立冒进的地位。

针对战场局势，久经战争考验的许继慎早已胸有成竹，与徐向前副军长果断决定：集中优势兵力歼敌一路，再及其余，采取各个击破的战术，首先打击冒进之敌。遂派地方武装游击队、赤卫队对付敌左路 3 个团，采用游击战方式拖住敌人，迟滞敌军进军速度争取时间，配合主力歼敌；由徐向前率红一师一、三团和红二师四团北出东香火岭，迎击敌中路 2 个团，同时调红二师六团自叶家集南下石婆店一带，钳制敌右路 1 个团；许继慎率军部直属队特务营（交通队、手枪队、警卫连）坐镇麻埠，统一指挥。

香火岭（今鲜花岭）是六安到麻埠必经的咽喉要地，进山道路两旁都是陡峭的山峰，一路均是狭长山沟，是非常理想的伏击战场。12 月 30 日，天气晴间多云，虽值冬季也不太冷。红军清晨出发，及早到达指定位置埋伏，严阵以待。

敌军左路 3 个团经黑石渡过淠河时，遭地方武装袭击后队伍大乱，沿途多次受阻，因而进展迟缓。敌中路两个团进至东香火岭后以纵队行进，红一师一、三团和红二师四团居高临下发起冲锋，首先将敌先头团包围，敌纵队被拦腰截断。顿时，枪声、炮声、手榴弹爆炸声、冲锋号和喊杀声震天动地，把敌军打得晕头转向。经过 4 个小时激战，敌先头 1 个团被歼灭，敌另 1 个团向香火岭以东逃窜，在同兴寺被红一、三团包围歼灭。正值红一、三团在同兴寺与敌激战之际，敌右路 1 个团进至西香火岭，军部令红二师师长周维炯率红四团迎击。红四团乘敌试探性前进时先发制人发动突击，歼敌先头 1 个营，活捉敌团长柏心山，余敌溃不成军，掉头向石婆店方向逃跑。红四团夺路猛追 20 余里，在石婆店附近与从叶家集南下的红六团前后夹击，将其全歼。敌左路 3 个团在地方武装阻击下，直到下午才进至麻埠外围，乘红军在同兴寺激战之隙，攻占了麻埠附近的梁山寨，并有一股敌军闯入镇内。而镇内仅有红一军军部的警卫部队，形势非常危险。许继慎军长凭着丰富的作战经验沉着应对，一边指挥警卫部队和机关人员在赤卫队配合下，坚决将敌人赶出镇外；一边速调红一团回援，内外夹击敌人。左路之敌见红军顽强反击，又得知中路已被歼灭，立即狼狈回逃。东、西香火岭战斗，红一军以 4 个团兵力全歼敌四十六师 3 个团，溃敌 3 个团，毙、俘敌团长以下 3000 余人，缴获长短枪 1700 余支、迫击炮数门、电台 1 部。

此外，还歼灭六安保安总团第二团队。这是中国工农红军以少胜多的著名战例。这一战斗标志着红一军的作战形式已由游击战转向运动战，也是打破敌军皖西“围剿”的关键一仗，给敌四十六师以毁灭性打击，迫使其残部退守六安、霍山县城，敌第三十师、新编第二十五师退回商城，不敢复出。

1931 年 1 月 3 日，红一军留第三师第七团在皖西活动，军部率第一、第二师向豫南进击。14 日，进至商城二道河西南的四姑墩地区，正向叶家墩子的反动民团一部展开攻击时，由金家寨退往商城的敌第三十师彭国桢旅带 1 个团突然从背后的山上扑下来，经两个多小时的激战将该敌全歼，缴获山炮 2 门、枪 400 余支。至此，进攻鄂豫皖边区的敌军完全转入守势。1931 年 1 月，鄂豫皖苏区第一次反“围剿”获得全胜。

（作者：胡遵远）

第二十九篇

许继慎：为党为国捐躯的红军杰出将领

2020年，是中国工农红军第一军（简称红一军）诞生90周年。红一军是1930年由中国工农红军第十一军第三十一师、三十二师、三十三师改编而成的，是大别山区组建的第一支统一领导、统一指挥的成军建制的红军队伍（之前的红十一军虽然是按照统一的番号命名的，但是没有军部，并且分属鄂豫皖三省党组织领导），也是第一支直属中央军委指挥的红军队伍。当时，红一军军长为许继慎，政治委员曹大骏，副军长徐向前，参谋主任朱亚伦，政治部主任熊受暄，下设三个师、一个独立旅。红一军的组成，标志着鄂豫皖边的革命斗争进入了一个新阶段。

许继慎，1901年出生，安徽六安人。1924年5月考入黄埔军校第一期，同年转入中国共产党，参加了第一、第二次东征，是中国工农红军早期杰出将领。1988年11月，被中央军委确定为中国人民解放军33位军事家（后增至36位）之一；2009年9月，被评为100位为新中国成立作出突出贡献的英雄模范之一。

一、光辉的人生足迹

许继慎于1920年考入安徽省立第一甲种工业学校，不久转入安徽省立第一师范。1921年，加入了中国社会主义青年团，成为安徽早期的社会主义青年团员之一。1922年秋，他当选为安徽省学生联合会常务委员兼联络部部长，先后参加和领导了以安徽学联为主体的安庆“六二”学潮、驱逐六安知县骆通和反对曹锟贿选等一系列反帝反封建的革命运动。1923年10月，遭到反动当局的通缉，被迫逃亡上海，进入上海大学旁听学习。

1924年5月，许继慎考取黄埔军官学校，成为第一期学员。入校不久，他结识了蒋先云，先后阅读了《共产党宣言》《阶级争斗》《唯物史观》以及《马克思主义十讲》等著作，是军校“青年军人联合会”的主要领导人之一。

同年9月，他认识了周恩来，并在周恩来的直接领导和亲切教诲下，从事革命活动。毕业后，他被分配在军校新编教导第二排任排长。第一次东征时，许继慎因作战英勇，成绩显著，被提升为连党代表。棉湖战役后，调任连长。第二次东征时，升任七团党代表办公室少校干事、代理团党代表。1926年，他调至干部训练班第二中队担任中队长。“中山舰事件”后，黄埔军官学校和军中的中共党员均被迫离职，他乘隙回乡探亲。1926年7月参加北伐战争，担任叶挺独立团第二营营长。同年冬担任由叶挺独立团扩编的第四军第二十五师七十三团参谋长。1927年春，调任叶挺第十一军第二十四师第七十二团团长。5月，夏斗寅发动叛乱进袭武汉，他率部英勇阻击，配合其他各部平定了叛乱，为保卫武汉立下大功。后至上海养伤，未及参加南昌起义。9月受党中央派遣，回皖西组建革命武装。不久，被人告密，他遭受通缉而被迫离开皖西，再度赴上海，在中央军委直接领导下从事革命活动。1929年1月，中央军事部长、组织部长周恩来在处理中共六霍县委与中共安徽省临委之间的分歧时，他奉命开展一段不公开的统战工作。

1930年3月，中央决定将鄂东北、豫东南、皖西北的3支红军队伍合编为中国工农红军第一军，派许继慎任红一军军长。4月至5月，他到达鄂豫皖边区，与曹大骏、徐向前一起，胜利完成红军的整编组建工作。6月，他率红一军向六安、霍山地区的反动据点发起进攻，先后收复流波,	麻埠等地，同时攻克霍山县城，歼敌地方武装千余人，继而又攻克英山、罗田等城镇，壮大了红军，巩固和扩大了鄂豫皖根据地。8月，红一军与鄂豫皖边特委联合组成“京汉特区行动委员会”，他奉命出击平汉线，进攻中心城市，途中因敌固守未克而受阻。10月中旬，红一军攻克光山后改选前委，因军内错误认为他在平汉线上“作战不力”，故未选他为前委委员。12月，国民党反动派对鄂豫皖根据地发动了第一次大规模的“围剿”，他率红军东出皖西，获得了东、西香火岭战斗的胜利，取得了第一次反“围剩”的成功。

1931年1月，红一军与红十五军被合编为红四军，许继慎改任第四军第十一师师长。2月下旬，他率红十一师向河南省信阳以南的平汉铁路进逼，先后袭占了李家集和柳林车站，接着在湖北省孝感双桥战斗中，全歼敌三十四师。4月，张国焘作为六届四中全会后的中央代表，到鄂豫皖根据地主持中共鄂像皖中央分局工作，“改选”了当地的党和红军的领导。许继慎被调任红十二师师长兼皖西军分会主席。因其坚决反对和抵制张国焘强令推行的“左”倾冒险主义错误政策，遭到张国焘的忌恨。9月，他被张国焘非法逮捕和严刑逼供。11月，张国焘以“改组派”“第三党”“AB团”等罪名将他秘密杀害于河南光山白雀园。

二、英雄的战斗传奇

许继慎自幼聪明好学、才思敏捷、知书达礼，深受老师和同学的喜爱。他的一生虽然很短暂，但是很奇特，留下了很多传奇故事。

（一）勇猛过人，两次坐在担架上指挥打仗

1926 年 7 月，国民革命军誓师北伐。此时，许继慎任叶挺独立团第二营营长，他上任后的第一次战斗就是强渡汨罗江，攻打湖南平江。战斗中，许继慎带领全营官兵向敌人发起猛烈攻势，摧毁敌人的城郊堡垒；接着又在平江城下消灭了守教的预备队，冲进城直捣敌军司令部，守军头目陆法自杀，敌群龙无首，平江不攻自破。在攻打湖北汀泗桥和贺胜桥的战斗中，独立团以铁军的姿态猛烈进击，打通了通往武汉的大门，许继慎领导的第二营在战斗中发挥了巨大作用。贺胜桥之战担当正面攻击的是叶挺独立团，军阀吴佩孚亲自督战，调集数万重兵，构筑了三道防线和环形工事。战前，叶挺把独立团机枪连调给二营营长许继慎，并对他说："许营长，我把全部家当都交给你了，你要小心，要勇敢。"许继慎率领独立团二营勇猛冲锋，连破敌军几个阵地。在猛烈攻击中，突然一颗子弹击中许继慎的右肩膀，子弹穿进胸部，再从左肩膀穿出，顿时鲜血染透了他的衣服。几个战士要把他抬下战场，许继慎坚持重伤不下火线，即使坐在担架上，也要坚持指挥战斗。战士被他的战斗精神感动，更加勇猛冲杀，最终胜利占领贺胜桥。作战结束后，连长卢德铭兴奋地跑来向许继慎报告："营长，我们胜利了，通往武昌的最后一道大门打开了！"可是，许继慎却没有出声回答，卢德铭走上前一看，才发现许继慎已经昏死过去了。战后，叶挺含着热泪对许继慎的勇敢作战倍加称赞。

1927 年春，许继慎调任叶挺领导下的第二十四师第七十二团团长。5 月，在蒋介石的唆使下，夏斗寅率部发动叛乱进攻武汉。当时，毛泽东、周恩来等中共领导都在武汉城内，夏斗寅妄图把武汉城内的共产党人一网打尽。为保卫武汉，七十二团团长许继慎率部抗击 3 倍于己的敌军。在战斗中，许继慎先是腿部受伤，他用绷带简单地包扎一下，继续冲锋指挥，接着一颗子弹穿透他的左肋，他仍继续冲锋，然后又一颗子弹击中他的右助，鲜血流了一地。许继慎虽然身受重伤，但是仍然坚守阵地指挥战斗，最终以一个团的兵力打退了敌人一个师的进攻，立下了首功。当叶挺看到许继慎时，许继慎躺在担架上，浑身裹满了绷带，气若游丝。经过很长时间的抢救，他终于醒了过来。

（二）能力非凡，两次刷新红军歼敌记录

1930 年 6 月，许继慎率领刚刚组建的红一军两个师向六安、霍山等地进攻，取得了连战连捷的辉煌胜利，特别是英山之战歼敌一个整编旅，这是鄂豫皖红军前所未有的大捷和最新记录。

1931 年 1 月，许继慎率领的红军与蔡申熙带领的红十五军合编为红四军，蔡申熙和许继慎分别由军长改任红十师和红十二师师长（许兼任中共皖西军委分会主席）。合编后，许继慎率部先后袭击了李家集和柳林车站，歼灭了国民党军第十二师守敌 1 个营、击溃 2 个团，击毙旅长侯镇华。3 月，许继慎和蔡申熙密切配合，在湖北广水双桥镇地区全歼国民党第三十四师，生俘师长岳维峻以下官兵 50 余人，缴获各种枪炮 6000 余支（门）。这是红军历史上第一次取得歼敌一个整编师的辉煌胜利，许继慎再一次刷新了红军的歼敌纪录。

（三）功垂青史，建立两大功勋

许继慎的一生为革命建立了两大功勋。一是亲自组建和直接领导了英雄的红一军。他带出来的红一军是一支兵强马壮的正规军，人数有 1 万多，是全国主力红军之一。到 1931 年 5 月第二次反“围剿”结束时，红四军已发展到近 2 万人，装备也得到空前改善，这些都与许继慎密不可分。二是积极参与、全力支持鄂豫皖革命根据地建设与发展。鄂豫皖革命根据地最终连为一体，形成了东西长 300 多里、南北宽约 150 里，拥有近 250 万人口的广大苏区。在许继慎的积极参与和艰辛努力下，鄂豫皖苏区最终成为全国第二大苏区，这些同样也与许继慎的贡献紧密地联系在一起。

三、坚定的政治立场

许继慎在担任红一军军长期间，以极大的政治勇气抵制了“立三路线”的错误。1930 年，在“左”倾冒险主义指导下的中央和长江局不断发布命令，要求红一军切断平汉路，进逼武汉，提出“打到武汉过中秋”的口号。前委在开会讨论时，许继慎尖锐地指出：“要攻克武汉这样的大城市，没有几个军是不行的。”9 月中旬，许继慎等按照上级要求，率领红一军在袭击广水、进攻信阳两次攻坚战中伤亡惨重，未能成功。为避免更大损失，许继慎从实际出发，灵活作战，率部离开铁路沿线，南返根据地附近作战。一路上他选择弱敌，出其不意，消灭了好几股地方武装，帮助地方建立游击队、扩充部队。11 月，他率部奔袭新洲，以迅雷不及掩耳之势，将国民党郭汝栋第二混成旅“包

了饺子”，缴获大批枪支和军需物资。12 月初，国民党反动派对鄂豫皖根据地发动了第一次大规模的“围剿”，许继慎断然决定回师皖西，先后恢复金家寨、麻埠、叶集等根据地，取得了一个又一个胜利。

1931 年 11 月，红四军军中弥漫着肃反狂潮，张国焘中了敌人的反间计，逮捕了许继慎，并在审讯中施以酷刑，许继慎被折磨得遍体鳞伤。两个多月的时间内，就有 2500 多名红军官兵惨遭杀害；受到许继慎牵连的一大批红军官兵被行刑人员拉着排队走到河边，一个一个地被杀害。得知这些情况后，这位在战火中成长起来的铁将军再也控制不住失声痛哭，闹革命还有谁怕死？天下哪有自己人杀自己人的道理啊？这是替反动派杀红军呀！在张国焘亲自主持召开的“公审大会”上，许继慎忍着剧痛，十分艰难地从担架上坐起来，痛斥张国焘：“我许继慎对党对革命问心无愧。我相信，总有一天，党会对我作出公正结论的，你张国焘是代表不了党的！”张国焘在“公审”后下令将许继慎秘密杀害。

1945 年党的七大会议上，中共中央为许继慎平反昭雪，并恢复他的党籍，追认他为革命烈士。在延安时期编纂的革命烈士名录里，许继慎排在第一位。1981 年，胡耀邦在纪念中国共产党成立 60 周年大会上称许继慎“早年为党为国捐躯的人民军队的杰出将领”。

（作者：胡遵远）